新経済学ライブラリー1

現代経済入門

竹内 啓 著

新世社

編者のことば

　経済学にも多くの分野があり，多数の大学で多くの講義が行われている。したがって，関連する教科書・参考書もすでに多くある。

　しかし現存する教科書・参考書はそれぞれ範囲もレベルもまちまちばらばらであり，経済学の全体についてまとまったビジョンを得ることは必ずしも容易でない。

　そこで何らかの統一的な観点と基準の下に，体系的な教科書・参考書のライブラリを刊行することは有意義であろう。

　経済学を体系化する場合に，おそらく二つの方向がある。一つは方法を中心とする体系化であり，もう一つは対象分野，あるいは課題を中心とする体系化である。前者はいわゆるマルクス経済学，近代経済学，あるいはケインズ派，マネタリスト派などというような，経済学の特定の立場に立った体系ということになる可能性が大きい。このライブラリはそうではなく対象分野を中心とした，体系化をめざしている。それは経済学の既成の理論はいずれにしても，経済学において，というよりも現実の社会経済の問題すべてを扱うのには不十分だからであり，また絶えず変化する経済の実態を分析し，理解するには固定した理論体系では間に合わないからである。

　そこでこのライブラリでは，学派を問わず，若い世代の研究者，学者に依頼して，今日的関心の下に，むやみに高度に「学問的」にするよりも，経済のいろいろな分野の問題を理解し，それを経済学的に分析する見方を明確にすることを目的とした教科書・参考書を計画した。学生やビジネスマンにとって，特別の予備知識なしで，経済のいろいろな問題を理解する手引として，また大学の各種の講義の教科書・参考書として有用なものになると思う。講義別，あるいは課題別であるから，体系といっても固定的なものではないし，全体の計画も確定していない。しかしこのライブラリ全体の中からおのずから「経済」という複雑怪奇なものの全貌が浮かび上がってくるであろうことを期待してよいと思う。

竹内　啓

まえがき

　私がこの本で意図したことは，いわゆる「経済学」のできあがった理論体系に対する「入門」ではなく，現実の経済の中にある論理を明らかにし，それによって経済というものに対する見方を示すということであった．

　本来，現実の経済というものは一つであるが，それに対する理論的理解を表す経済学には，昔からいくつもの考え方があり，それから発していくつかの学派が成立している．つい先頃までの日本では，カール・マルクスの考え方に依拠するマルクス経済学と，英米の経済学を受け入れいわゆる近代経済学との二大学派があった．そして近代経済学の中にも，ジョン・メイナード・ケインズの考え方にもとづくケインズ経済学と，より古くからの自由主義経済の考え方を引き継ぎ，最近アメリカで支配的となった市場経済の効率性を強調する新古典派経済学との二つの潮流がある．さらにそれぞれの中にもまたいくつかの考え方が分かれている．そうしてそれぞれの学派の考え方に立って，それぞれに異なる「教科書」や「入門」が書かれている．

　私はできるだけ，特定の「学派」の考え方には影響されないで，むしろそれぞれの学派の考え方を検討するための出発点となり得るような教科書を書きたいと考えた．もちろん学問上で一つの問題について見方が分かれるとき，どちらにも偏らない中立的な立場を取ることはできないから，自ずから私自身の考え方は現れざるを得なかった．その中で努力したことは，できる限り経済学の「原点」に還ること，つまり現実の社会的課題に対応して，その中にある論理を汲み上げようとした経済学の古典，とくにウィリアム・ペティやアダム・スミスの本の精神に学ぶことであった．

　もちろん現代の経済は，ペティやスミスの時代より遥かに発展し，それだけその論理も複雑になっている．経済学が（そして一般に社会科学が）自然

科学の多くの分野のようにいわば直線的に発展せず，新しい考え方が何回も生まれてくるのは，現実の経済の発展とともに，新しいアプローチを必要とする新しい問題が生まれてくるからであり，そのこと自体を経済学の欠点と考える必要はない。しかしまた経済の発達にともなって，経済学の論理そのものが複雑高度化したり変わってしまったりするというものでもない。複雑な経済現象の基盤にある論理はやはり変わらないものがあるのである。

この本の原稿が書きつつある間にも，現実の経済は大きく変化した。そのことはつねに視野に入れつつ，論理を展開することを心がけたつもりである。

この本は一切の予備知識を前提しないことを建前としている。したがって通常の経済学の教科書で用いられている数学の使用を最小限にとどめた。経済学では物理学などとは違って，数学が理論の本質的展開をもたらすことはあまりないが，数学的記号と表現を用いることによって，論理を単純明快に示すことができる場合は少なくないので，この本にも若干は数学的表現を用いなければならなかった。けれども数学的予備知識がないことによって本質的な理解が妨げられることはないようにしたつもりである。

この本を書くことをお約束して以来長い時間が経ってしまったが，ようやく完成できたのは，新世社の小関清，御園生晴彦両氏の長い間にわたる御激励と御鞭撻のおかげである。また御園生氏には小節の見出しや，レイアウト等について多大のご努力を頂いた。両氏には改めて感謝する次第である。

また手書きの原稿からの作成に当たっては，有森代紀子，今村真紀，脇真由美の方々にお世話になった。御礼を申し上げたい。

私が東京大学経済学部で勉強を始めてから，経済や経済学について，教えを受けまた示唆を得た先輩，同僚，友人は数え上げることは不可能なので，ここに記すことはできないことをお許し頂きたい。

最後に，結婚以来40年以上にわたって，私の生活と仕事を身心両面で支え続けてくれた妻かづえに対して，感謝の意を表したいと思う。

2001年初夏

竹内　啓

目　次

1　経済学とは何か　　1

- 1.1　経済学とは何か …………………………………………2
- 1.2　財・サービスの生産 ……………………………………6
- 1.3　社会的分業 ………………………………………………10
- 1.4　交換と流通 ………………………………………………16
- 1.5　貨幣と経済システム ……………………………………19
- 1.6　資本と資本主義 …………………………………………25
- 1.7　経済の自然的基礎 ………………………………………30

2　経済システム　　39

- 2.1　フローとストック ………………………………………40
- 2.2　生産要素の配分と利用 …………………………………42
- 2.3　経済体制の変遷 …………………………………………49

3　市場の構造　　65

- 3.1　市場の仕組み ……………………………………………66
- 3.2　市場における行動と限界原理 …………………………69
- 3.3　間接税と補助金 …………………………………………79
- 3.4　需要曲線，供給曲線を用いる分析 ……………………81
- 3.5　限界生産費低下の場合 …………………………………83
- 3.6　競争市場の効率性 ………………………………………86

3.7 独占の影響 …………………………………… 88
3.8 2つの商品の関係 ……………………………… 97
3.9 一般均衡 ………………………………………… 101

4　市場経済システム　　　　　　　　　　　103

4.1 労働力市場 …………………………………… 104
4.2 資金市場 ……………………………………… 108
4.3 資産市場 ……………………………………… 111
4.4 流通機構 ……………………………………… 117
4.5 金融制度 ……………………………………… 122
4.6 世界市場と国際貿易 ………………………… 129

5　経 済 主 体　　　　　　　　　　　135

5.1 企　業 ………………………………………… 136
5.2 家　計 ………………………………………… 145
5.3 政　府 ………………………………………… 152
5.4 市場経済の効率性 …………………………… 168
5.5 世界市場と国際分業 ………………………… 174
5.6 市場経済のグローバル化 …………………… 178

6　所得と分配　　　　　　　　　　　183

6.1 所得の形態 …………………………………… 184
6.2 勤労所得の格差 ……………………………… 185
6.3 個人業主所得 ………………………………… 192
6.4 所得と分配 …………………………………… 198

7 国民経済　207

- 7.1 国民経済計算 …………………………………208
- 7.2 マクロ経済学の考え方 …………………………214
- 7.3 貨幣とマクロ経済 ………………………………227
- 7.4 産業構造 …………………………………………230
- 7.5 国民所得の分配 …………………………………235
- 7.6 国富と資産 ………………………………………237

8 経済循環　241

- 8.1 景気の周期的変動 ………………………………242
- 8.2 景気の極端な変動 ………………………………250
- 8.3 現在の経済状況と経済政策の役割 ……………255

9 成長と発展　257

- 9.1 経済成長の格差 …………………………………258
- 9.2 経済成長の構造 …………………………………260
- 9.3 経済成長と労働力 ………………………………264
- 9.4 経済成長と資本蓄積 ……………………………269
- 9.5 経済発展のための自然条件 ……………………276
- 9.6 経済成長における離陸過程 ……………………283
- 9.7 経済発展の成熟段階 ……………………………288

10 21世紀の課題と経済学　291

- 10.1 科学技術と経済 …………………………………292
- 10.2 21世紀経済の方向と課題 ………………………298

10.3 自然の制約と環境問題 …………………………………306
10.4 経済学の役割 …………………………………………316
10.5 人類社会の理想と経済学 ………………………………323

索　引 ………………………………………………………………327

1 経済学とは何か

　この本のタイトルは「現代経済入門」であって「経済学入門」ではない。経済学の入門書はすでに数え切れないほど出版されている。現在では経済学というものが一つの確立された専門学問分野となっているので「経済入門」という名の本の中には、確立された経済学を前提として、それの導入という形になっているものが多い。

　しかし経済学の前提となるものは、あくまで現実の経済であって、でき上がった経済学の体系ではない。現実の経済をどのように理解するかということが経済学の本来の課題であり、またその成果は現実にもどって政府の政策や、企業や個人の行動の中に生かされなければならない。経済から経済学へ、そして再び現実の経済へ結び付ける基本的な論理を示すことがこの本の目的である。

1.1 経済学とは何か

■ **人々の「暮らし」と経済学**

（1）「経済」とは

経済学とは何か。それにもっとも簡単に答えるとすれば、それは経済についての学問であるということになるであろう。

実は経済学とは何かという問いには、これまで数多くの答が提案されてきた。それについては後にまたふれるが、しかしここでは簡単に「経済学とは経済に関する学問である」ということから出発しよう。

そうすると次の問題は、当然「経済とは何か」ということになる。しかしこの問いはきわめて簡単なようで、ある意味では答えにくいものである。

経済ということばは、日常よく使われているが、しかし「経済とは何か」と改めて尋ねられると答にとまどうのではなかろうか。

ここでは「経済」とは「人々の暮らし」のことであると定義しよう。人々は生きていくために「暮らし」をたてていかなければならない。すべての人間の活動は、まず人々が「暮らし」ていけるということを前提にして成り立っている。人間の「暮らし」を立てていくことにかかわる活動を経済活動と呼ぶことにすれば、それは人間の生存を支えるもっとも基本的な活動であるということができる。

（2）「暮らし」と環境・資源

人々が「暮らし」を立てていくために、もっとも重要なこととは自然およびほかの人々との関係である。

人間は自然の恵みがなければ生きていくことはできない。人間も地球上の自然の中で生まれた生物の一種である以上、地球上の自然に依存しなければ生きていくことができないのは当然である。自然の中で、人々の生活に影響する一般的な条件を自然環境あるいは単に「環境」と呼ぶことにしよう。それは大気、水、土壌、空間としての土地、適度な気候、気象などである。ま

た自然の中で人間が生きていくために利用できるものを「**資源**」と呼ぶことにする。それには動物や植物のような生物資源，鉱物のような無機資源がある。生物資源は一般にある程度まで増殖し，あるいは，一度減少しても回復することがあるが，無機資源は使ってしまえば，原則として自然に回復することはない。そこで前者を「再生可能な資源」と呼ぶことがある。

これまでの経済学は自然環境や自然資源を軽視，あるいは無視する傾向があった。実はよりくわしくいえば，19世紀までの経済学は，自然の制約，特に農業生産のための土地の有限性ということをかなり強く意識している。ところが20世紀になって工業やサービス業が中心的な産業となると，経済学はとかく人間の基本的な生存が地球上の自然にあることを忘れるようになった。

しかし最近になって，改めて地球環境問題などが強く意識されるようになって，地球上の自然の有限性が事新しく強調されるようになった。われわれは人間の経済活動のもっとも重要な基盤が，地球上の自然であることを最初にはっきり確認しておこう。

■ 経済システム

（1） 人間相互の関係

経済活動のもう一つの重要な側面は，他の人々との関係である。人間は一人では暮らしていくことはできない。人間は生まれてから少なくとも10年くらいは，親かそれに代わる人の保護がなければ生きていけない。そればかりでなく，実は大人でも多くの人々の助け，あるいは協力がなければ生きていくことができない。無人島で暮らしたロビンソン・クルーソーでも，難破船から持ってきた多くの品物がなければ生きていけなかったであろうし，そうしてそれらの品物は多くの人々の手によって作られたものであることは疑いない。そのうえ何よりも大事なことはロビンソン・クルーソーが一人で暮らしていくのに必要とした知識や技術は，過去多くの人々の努力によって生み出され，そうして彼に伝えられたものだということである。

（2） 経済システム

　実際われわれは，ほとんど意識することもなく，非常に多くの人々とかかわり合って生活している。われわれが日常生活の中で利用したり，使用したりするものは，きわめて多種多様に上るが，それらはすべて非常に多くの人々の手を経て生み出され，使われるところまで持ってこられたものである。またわれわれは自分の仕事を通じて，多くの人々の生活に直接間接に影響を及ぼしている。人々の経済生活は，ほとんど無数といってよい膨大な人々の関係の網の目を通して成り立っているのである。このような人々の暮らしの中の関係を作り出しているのが社会システムというものである。特にその中で暮らしに直接かかわり合う部分が**経済システム**と呼ばれる。そのような経済システムがどのような構造を持ち，どのように機能しているかを理解することが経済学の目標である。

　われわれは日常の暮らしの中で，すべてのものごとが，大体において期待された通り行われていくことを当然と思っている。少なくともお金さえあれば，望みの物を手に入れ，サービスを受けることができるし，また自分の行う仕事は大体において予想されたような結果を生み出している。しかし実際それがどんなに多くの人々の働きにかかわり，どんなに複雑なメカニズムを通して行われているかを考えてみれば，これは実は甚だ驚くべきことといわねばならない。

（3） どのようにしてシステムは成立するか

　本当に驚くべきこととは，始めから何か不思議なこととして現れているものではなく，人々がごく当然のことと思っていて，しかしよく考えてみると実は複雑で微妙な仕掛けによって成り立っているというようなものなのである。そういう意味で，これほどに複雑，膨大なメカニズムを通して，人々の暮らしが日常的に障害なく営まれているということこそ，驚くべきことといわねばならない。それを可能にするシステムは，人々が長い間にわたって，意識的，あるいは無意識的な努力を通して作り上げてきたものである。それがどのようにして成り立っているかということをあきらかにすることが，経

済学の第一の課題である。

　かつての1930年代の大不況のときには，多数の失業者が食物もなく町をさまよい，他方農村では農作物が売れずにやがて腐っていく，工場では機械が使われずにさび付いていくというような状態がアメリカやヨーロッパの国々で生じた。最近の旧ソ連においては社会主義経済体制が崩壊して生産が激減して生活物資が不足し，生活が急速に悪化した。また第一次大戦後のドイツや，最近の南米諸国のようにハイパーインフレーションが起こると物価が猛烈な勢いで上昇してお金の価値がなくなってしまい，誰もお金で物を買うことができなくなってしまった。そうすると生産や流通も止まってしまい経済システムは崩壊する。このように社会システムは異常を来たして，人々の暮らしが円滑に営まれなくなるようになることもある。そうすると人々はそのような「異常事態」がなぜ生じたかの説明を求めようとする。しかし「異常」を理解するためにはその前に，どのようにして「正常な」経済システムが動いているかを理解しなければならない。

■ 経済システムを理解する

（1）「正常」を知る難しさ

　経済システムの「正常な」動きを理解することも実は容易でないことを，まず確認しておく必要がある。経済学といえども，現実の経済システムの動きを完全に把握しているわけではないことを，断っておくべきであろう。それは経済システムがどんなに複雑，膨大なものであるかを考えれば，了解できることである。

　一つの社会を，一人の人間にたとえることができよう。人間が生きていくということは，数兆ともいわれる膨大な数の細胞の働きと協力，そうしてそれらが作り上げている多くの器官の機能によって，行われていることなのである。われわれは一人の人間が生きているということを，特に不思議なこととは思わないが，しかしそれが実はいかに巨大で，複雑なシステムの動きの結果であるかを考えれば，人間が生きることができるということ自体が，実

に驚くべきことといわねばならない。ところが普通の人は正常に生きていることを不思議と思わず，機能に異常が生じたり，それが甚だしくなって死んでしまったりすると慌ててその原因を求め，それを直そうとする。しかし病気や死を理解するためには，まず人間の健康や，正常な「生」を理解しなければならない。それが生理学や解剖学の課題であり，あるいは医学の基礎になるべきものである。

（2） 経済学の課題

経済システムが正常に機能して，人々の暮らしが円滑に行われ，社会が存続して行くことは，ある意味で社会が生きていくことであると見なすことができる。そしてその生理を理解することが，経済学の課題であると考えられる。

ある意味で経済学の創始者といえるウィリアム・ペティ（William Petty, 1623-1687）は17世紀当時の西ヨーロッパ諸国の社会経済システムの分析を「政治的解剖」political anatomy と呼んだ。これは上に述べたような意味での経済学の課題を適切に表現したものといえよう。

1.2　財・サービスの生産

■ 経済の基本的過程

（1） 財とサービス

人々が暮らしていくためには多くの「もの」を必要とする。人々にとって有用なものを経済学においては「**財**」と呼んでいる。また人々にとって有用な人間や「もの」の働きを「**サービス**」という。

財やサービスを生み出すことを「**生産**」という。生産されたものを，人々が必要とするところに持ってくることを「**流通**」，そうしてそれを人々に分け与えることを「**分配**」という。

「財」や「サービス」が利用されて，有用性がなくなってしまうことを「**消費**」という。さらにその結果，無用になったものを処理することを「**廃棄**」

ということにしよう。

生産，流通，分配，消費が経済の基本的過程であることは古くから経済学が認識してきたところであるが，ここでは「廃棄」ということも特に付け加えておく。というのは，人間は不要となったものを自然の中に放出することによって，自然環境を一段と悪化させ，結局は人間生活に害を及ぼすことがあるからであり，特に最近になってこのことは大きな問題となっているからである。また経済学がこの問題を無視してきたことが，問題を適切に処理することを妨げてきたのも事実である。

(2) 3つの生産要素

財やサービスの生産に必要な基本的な要素を**生産要素**という。生産要素には3つの種類がある。一つは先に述べたような意味での「**自然**」であり，よりくわしくは自然環境と自然資源である。第二は自然にあるものを加工したり，必要なところへ運んだりする人間の働きである。経済学ではそれを「**労働**」と呼んでいる。第三は生産の過程の中で使われる，これまでに生産された財である。

その中には原料や燃料，あるいは部品のように，新たな財やサービスの生産のために使われてしまうものと，道具や機械，設備や建物のように，生産の過程の中では消滅してしまわないものとがある。前者を「**中間財**」，後者を「**資本財**」あるいは単に「**資本**」という。また前者を「**流動資本**」，後者を「**固定資本**」と呼ぶことがある。「資本」あるいはそれを一つの集まりと考えた「**ストック**」が第三の生産要素と見なされる。

(3) 第四の生産要素

経済学では「労働」「資本」「土地」を基本的な3つの生産要素と見なしてきた。「土地」は「自然」を代表するものと考えることができる。しかし「土地」をはぶいて「労働」と「資本」だけを生産要素とすることも少なくない。「土地」は実際には人々によって獲得され，手を加えられたものであるので，「資本」の一部と見なされるのである。

しかしこれは正しくない。というのは，自然環境や自然資源は，人間社会

が存続する基盤であって，人間が作り出したものではないし，人間が新たに作り出すことができるものではないからである。自然を独立の生産要素と見なさないのは，人間の手を加えない自然はそれだけでは価値がないと考えるからであるが，それはそのような自然が無限にあるという錯覚にもとづいた考え方であるといわねばならない。

実はこのほかに生産に必要な重要な要素がある。それは先にロビンソン・クルーソーに関しても少しふれた，知識や技術，あるいはもっと形式的でない「ノウハウ」などである。またある意味では生産組織や法制度などの社会の「仕組み」も生産に貢献するストックと考えられる。それは多くの人々の経験や探求の蓄積として伝えられてきたものである。それは目に見えない「ソフト」な「ストック」あるいは無形の資本と考えることができる。それを第四の生産要素と見なすこともできるし，また「ストック」の中に，機械設備や建物のような「ハード」なものと，このような「ソフト」なものの二種類があると見なすこともできるであろう。しかしいずれにしても「ソフト」な「ストック」の要素を軽視してはならない。

このような「ソフト」な「ストック」の蓄積は，これまでの経済学では，外から与えられるものとして，無視される傾向があった。しかし最近では「研究・開発」として，それが企業や国の意識的な努力として行われるようになり，その経済的意味が改めて認識されるようになった。

■ 財・サービスと労働

（1）「労働」をどう考えるか

人間のしている仕事の中で，どういうものが有用な財やサービスの生産にかかわる「労働」であり，どういうものがそうでないかということについては，経済学の中でいろいろな議論が行われてきた。

犯罪や非合法行為はもちろん有用な「労働」とは見なされないが，有用な「仕事」であっても，人々の暮らしを維持するのに直接役に立つ「生産的労働」と，そうでない「不生産的労働」を区別するという考え方もあった。そうし

てその場合，さらに「生産的労働」をどのような範囲に限るべきかについて，いろいろな考え方があった。

狭い考え方では，直接有用な財の生産にたずさわる労働だけを「生産的」と見なすという立場もあった。このような考え方によれば企業の管理や営業などの間接部門や，運輸，流通，あるいはサービス部門などにおける労働は，すべて「不生産的」と見なされることになる。

しかし「財」はただ生産されて，その場所にあるだけでは有用なものとはならない。それを必要とする場所に適切な時にもたらされなければ役に立たない。またそれを生み出すためには，生産に直接かかわる仕事だけでなく，それを可能にする組織を作り出すことや，生産のための技術やノウハウを獲得することも必要である。

また文化的な活動や医療など「財」の生産にかかわらないが，直接人間生活に有益な影響をもたらすものは有用な「サービス」の生産と見なされるべきである。そういう意味では，社会的に有用な仕事と見なされているものは，すべて経済学的な意味での「労働」と見なされるべきであり，「生産的労働」と「不生産的労働」を区別するのは適当でないというべきである。

（2） 家事労働はサービスの生産か

経済学は原則として人々の暮らしの社会的側面にかかわるものである。しかし自分自身のためのものであっても，有形な「もの」を自分で生産し，自分で消費する場合は，経済学的な意味での「財」の生産・消費と見なされる。農家が自家消費のために食糧を生産する場合がその例である。

これに対して私的生活の中で，あるいは自分自身のために行う「もの」の生産にかかわらない仕事は，経済学的な意味での「サービス」の生産・消費とは見なされない。家族のために行う家事労働がその典型的な例である。

この場合，同じ仕事であっても，家事使用人が雇主やその家族のために，原則として有償で行うものは「サービス」を提供する労働であると見なされる。また家庭内の家事の一部，洗濯や炊事などの仕事が，クリーニング業，あるいは調理済み食品の販売という形で，営業活動の対象となると，それは

経済的な「サービス」活動と見なされるようになる。スポーツなども自分自身の楽しみのために行う場合は経済活動ではないが，人に見せて楽しませるために，対価を取って行うようになれば「サービス」の生産と見なされることになる。

ここには矛盾があり，特に家庭内で女性が行う「家事」が「労働」と見なされないことについては女性の立場からの批判がある。しかし「サービス」の自家消費を無条件に自分自身や家族のための生産であり，かつ同時に消費であるとするのも難しい。家事労働にしても，自分自身のために行う仕事までも「労働」と見なすのは無理であろう。問題は「主婦」が家族のために行う家事をどうとらえるかである。それは家族内における仕事の分担が，どのような社会的意味を持つと考えるかにかかっている。

ただし前近代社会では，生産の場と家庭とが切り離されておらず，生産にかかわる仕事と家事とのはっきりした区別もなかったのである。近代になって生産や，その他の社会的な仕事の場が家庭から切り離されるようになってはじめて，もっぱら「家事」に従事する「主婦」というものが生まれたのである。そこで問題はむしろ家庭が人間そのものを維持し，また次の世代の人間を生み育てる場であるのに，それが単に「消費生活」と見なされることにある。その点はなお後に述べる。

1.3　社会的分業

■ 分業と経済システム

(1)　分業とは

人々の暮らしは，非常に多くの人々の労働の結果に依存して成り立っている。すべての人々は社会的なシステムを通して，他人の労働に依存するとともに，また多くの人々の暮らしに直接，間接に役に立っている。

いい換えれば，人々が暮らしていくためにしなければならない労働を，そ

れぞれが分担して，必要な仕事がなされるようになっている．人々の仕事を分担して有用な結果を生み出すことを**分業**という．そうしてそれが社会的過程を生み出すことを**社会的分業**という．人間が生きていくために必要な仕事を，すべて自分のために自分でするのではなく，社会的分業を通して協力して成し遂げるということは，人間社会の特質であり，経済システムは**社会的分業の組織**であると考えられる．

（2） 社会的分業

分業の重要性を強調したのはアダム・スミス（Adam Smith, 1723–1790）である．彼は有名なピン工場の例で，ピンを針金から作るのに最初から最後まで1人でやれば，1日にせいぜい20本しか作ることができないけれども，その工程をいくつかに分けて，何人かで協力して，一人一人はその1つの工程だけを受け持つことにすれば，一人当たりにしてその何百倍も生産することが可能であることを説いた．しかしこれはいわば作業場内，あるいは**組織内分業**である．このような分業は非常に原始的な社会でも行われているし，場合によっては動物が獲物を追うときにも行うことがある．けれどもより重要なのは，異なる場所，異なる組織の間で行われる分業である．それが本来の社会的分業といわれるものである．そうして人類文明の発展は社会的分業によるところが大きい．

社会的分業が発達すると，その成果を相互に利用し合うための組織が作られなければならなくなる．そのために成立したものが経済システムである．

システムということばは広く用いられるが，簡単にいえば，いくつかの構成要素が組み合わされて，一定の働きをするように作られたものをいうと考えることができる．

■ 人間社会と分業

（1） 家族の中の分業

経済システムは，現代の社会では，非常に複雑に，そして何層にも作られている．経済システムの，あるいはどんな社会システムでも，一番基本的な

構成要素は一人一人の人間，すなわち個人である。

　次に個人が集まってできるもっとも基本的なシステムは家族である。それはいうまでもなく夫婦，親子の関係を基盤として作られるものであり，ほとんどすべての社会において，人々の暮らしの基本的な単位となっている。

　家族の重要な機能は，それが人々が毎日の暮らしを営んでいく場であるだけでなく，次の世代の子供を生み，育てる場であること，すなわち人間自体の**再生産**の場であるというところにある。人間は生まれてからかなり長い間，一人で生きることはできず，親からの世話を受けなければならない。また多くの老人も世話をしてもらう必要がある。そこで次の世代の子供を養育し，前の世代の世話をするために作られたものが家族である。

　家族を作るのは人間だけではない。生まれた子供がすぐに独立することができないような高等動物，哺乳類や鳥類は子供を世話するために家族を作る。動物の家族の形はさまざまである。メスとオスとが交尾し，子供を生み，子供が離れるまでの間だけ家族を作るものもあれば，同じメンバーがずっと一緒に暮らすものもあり，また一匹のメスと一匹のオスが一緒に暮らす場合もあれば，一匹のボス・オスが何匹かのメスを従えて暮らすものもある。

　人間の場合にはいわゆる単婚家族，すなわち一組の夫婦が中心となって家族が作られた場合が普通であると考えられている。しかし中心となる夫婦のほかに，年とった親の世代や未婚の兄弟や親族が一緒に暮らす場合は少なくない。これに対して，近代社会ではいわゆる核家族，すなわち夫婦とその未成年の子供だけが一緒に暮らす形が標準的とされている。

　昔は家族は生活の全体の場であった。つまり人々は家族を単位として生産し，消費し，また祭りや社交などの経済外の社会的活動を行った。その中で幼い子供を除く家族のメンバーはそれぞれ仕事を受け持ち，家族内で分業が行われていた。そこではまた男女の間の分業，いわゆる性的分業が成立していた。

（2）　私生活の分離

　近代になると，経済活動の中で生産にかかわる部分はますます家族の生活

の場すなわち家庭の外で行われるようになり，家庭はもっぱら消費の場と見なされ，家族は**消費者**という概念で理解されるようになった。これは後に述べるような商品経済，さらに資本主義経済の発展の結果である。

ただし近代になっても，前近代から続いている産業分野，特に農業においては，それに従う人々の家庭すなわち農家は生産の場でもあり，消費の場でもあった。

家族の間では，原則として商品経済の論理，すなわちお金を媒介とする"もの"あるいは"サービス"の交換の関係は成り立っていない。そして家族関係の外部が商品経済の経済的関係がすべて商品関係によって規定されるようになると，家族内の関係と家族の外の人々の関係とがまったく異質なものとされるようになり，家族内のことは「**プライバシー**」，すなわちまったく私的なこととされ，「**パブリック**」，つまり社会的な意味を持つ分野の外にあるものと見なされる。そこは社会の干渉を受けないが，その中では家族のメンバーが自由に行動することのできる場とされるようになった。

しかし，近代社会のこのような考え方には一つの欠陥があるといわなければならない。それは社会存続のもっとも重要な条件である人間そのものの再生産を，プライバシーに属することとして，社会的な場の外に置いてしまったことである。そのためにどのようにして人々が生まれて，育てられ，そうして次の世代の子供を生み，育てるのかという過程が，社会的な展望の中に入ってこないことになったのである。このことは近代社会における人口問題や雇用問題にいろいろな形での困難をもたらすことになった。これについては後に述べる。

■ 家庭内の労働

（1） 何が「生産的」か？

もう一つの問題は，家庭の中のことはすべてプライバシーに属するとされたために，家庭の中で行われる仕事はすべて「不生産的」と見なされる。あるいは同じことになるが「生産的」と見なされないということになり，家庭

の外でサービスとして売ることのできる労働，あるいは商品として売ることのできる財を作る労働だけが「生産的」と見なされるようになったことである。そのことから家庭内の家事はもっぱら担当するいわゆる専業主婦は「無業者」と見なされることとなった。けれどもハムにするために豚を飼って育てることは"生産的"な仕事だが，人間の子供を生み，世話をし，育てることは「不生産的」な仕事だというのは，まったく倒錯した考え方ではなかろうか。

しかし現実の社会では豚の子供を育てて売れば，お金が入るが，子供を育てることは直接お金にはならない。子供が後に親を養うことになったとしてもそれはやはり「プライバシー」に属することだから社会的には考慮に入れられないからである。

家庭内のことは「プライバシー」として，いわば外からの干渉を受けないで済むということになったことは，個人生活の自立と自由をもたらすという意味にもなったが同時に，家庭を社会生活からは切り離し，孤立化させることともなり，そのことがまた問題を生み出すことにもなった。

最近になって，多くの先進諸国の女性は，いわば家庭の中に閉じ込められていることに反発し，男性と女性との性的分業が，家庭の外と中，社会の中と外という形に固定化されることに反対して，家庭の外に仕事を求め，ますます多く「生産的労働」とされている仕事に参加するようになった。

このことはそれ自体，本来人間は男女は平等であり，すべての人が社会的活動に参加する社会が平等に与えられるべきであるという観点からすれば，望ましいことではあるが，しかし家事労働，特に子供の養育や老人の介護の仕事がなくなるわけではないし，またその必要性が減るわけでもない。

（2） 家事の外部化

実際しばらく前までは，いわゆる主婦のほかに，下男，下女，小間使い，女中，書生，執事などと呼ばれる，家事サービス専門の労働者が数多く存在し，中流以上の家庭はほとんどすべてそのような人を雇用していた。現在でも一般的な所得水準が低く，所得の不平等が大きい開発途上国では多数の家

事使用人が存在している．しかし先進国では所得が平等化し，賃金が上がったばかりでなく，雇用関係といっても特定の人への従属化を意味するような家事サービスの仕事は好まれなくなって，家事使用人の数は激減した．したがって現在ではいわゆる専業主婦が減ったことも含めて，家事労働に投入される労働時間数は大きく減っている．

このことが可能になったのは，次の理由による．一つはいわゆる家庭用電気機械，すなわち洗濯機，冷蔵庫，掃除機等の普及，および電力，ガス，水道等の施設化による使いやすいエネルギー，水の供給により，家事労働の生産性が著しく向上したことであり，消費生活が向上し，複雑化したにもかかわらず，そのために必要な家事労働に要する時間が減少したことである．もう一つはこれまで家庭内で行われていた仕事の一部がサービスあるいは商品の形で社会的に提供されるようになったこと，すなわちいわゆる「外部化」が行われるようになったことである．つまり家庭内にしても社会的分業が進んだことである．

家事労働の「もの」にかかわる面については，このような「外部化」は恐らく今後も進むであろう．しかし「人」にかかわる面，すなわち子供の養育や老人の介護にかかわる面では，機械化による生産性向上や，外部化には限界があるといわねばならない．それは現在の社会の一つの困難な問題となっている．重要な点は次の世代の人間すなわち子供を生み育てることおよびこれまで社会に貢献してきた老人の世話をすることは本来社会的に重要な意味を持つことを認識することである．

最近ほとんどすべての先進国では出生率が大きく低下し，長期的には人口が減少する傾向にあるが，ここには大きな問題が含まれている．逆に開発途上国では，出生率が高く，人口が急激に増加して「人口過剰」といわれる問題が生じている．それは開発途上国ではこれまで衛生状態や一般的な生活条件が悪く，出生率とともに死亡率が高かったので，人口増加率はそれほど大きくなかったが，近代的な公衆衛生や医療技術によって死亡率がかなり大きく下がったのに，伝統的な家族関係や社会生活の枠組みは変わらないために

出生率は依然として高くなっているからである。この問題についてもまた後に述べる。

1.4　交換と流通

■ 生産と消費を結ぶ「流通」

現在の社会において，人々が生産する財やサービスはほとんどすべて他の人によって利用，あるいは消費される。逆に自分が必要とし，手に入れて，利用したり消費したりするものは，ほとんどすべて他の人々，しかもさらに大部分は，まったく知らない人々によって生産され，もたらされたものである。

社会的分業が発達すれば，人々が自分自身や自分の家族のために生産を行う。それを直接消費するということはむしろ稀になる。一般に生産と消費とを結び付けるのが広い意味の**流通**である。広い意味の流通には，交換，収奪，贈与あるいは配分の3つのタイプがある。

（1）交　換

異なる財やサービスを持つものの間で，原則として両者の合意によって，それぞれが持っているものを相手に提供するのが**交換**である。財貨だけでなく，一方が労働を提供し，他方がそれに対し，貨幣や財を支払うのも交換の一種である。

（2）収　奪

これに対して財やサービスを，それを持っているものから強制的に収支するのが**収奪**である。強制的に働かせて労働を提供させるのも収奪の一種である。近代社会では，国家あるいはそれと同様に正当な政治権力が，租税の徴収あるいは懲罰として行う以外には，収奪行為は犯罪として禁止されている。もちろんどんな社会でも，泥棒，強盗などの犯罪による収奪は絶えることはないが，しかしそれらは経済学では考慮の対象としない。

（3） 贈与・配分

　他方与える側の一方的な意志によって，財やサービスを提供するのが**贈与**あるいは**配分**である。個人間では贈与は家族内において生活物資やサービスの提供のほか，社交的行為として行われる。それは普通はあまり大きな経済的意味を持たないとされる。

　これに対し，政府やその他の公的機関は，財やサービスを無料，あるいは形式的に定めた価格で，一方的に配分することがある。戦争や災害などの非常事態において生活物資の配給などはその後者である。また通常の場合でも，教育，治安維持，消防などのサービスの大きな部分は，公的機関によって一方的に配分されていることが多い。もちろん政府やその他の公共機関が提供するサービスでも，一定の価格で，かつそれを利用する人の希望によって提供される場合には，そこで行われているのは交換である。

■ 流通と経済システム

（1） 流通の必要性

　経済システムが円滑に機能するためには，特に社会的分業が高度に発達している場合には，必要な財やサービスが十分に生産されるだけでなく，それを適切に流通させることが必要である。そうでなければせっかく生産された財も使われずに腐ってしまったり，あるいは無意味に消費されてしまったりする。また必要なものが生産されず無用なものが生産されて，生産要素が無駄に使われてしまう。かつて旧ソ連の社会生産内生産体制の中では，国家の一方的管理の下にあった流通システムの機能が著しく悪かったために，財の不足と，不足な財の滞貨が同時に起こり，それが経済全体の効率を著しく低下させたのであった。それが社会生産的政治経済システム崩壊の少なくとも一つの主要原因であった。

　昔から，流通の過程において，財は形や機能を変えることはない。したがってそこには新しい価値は生まれないという考え方があった。そのために流通の役割は軽視され，また場合によっては流通から利益を得る商売は，不当

な利益をむさぼるものであるという考え方もあった。江戸時代「士農工商」と商人が最下位におかれたのも，また旧ソ連において流通が軽視されたのも，このような考え方からきている。

（2） 流通の役割

財やサービスは生産されても，それが適切な場で適切に用いられるだけでは，その有用性を発揮することはできないから，流通を軽視することは正しくない。また流通を単に財の移動，つまり「物流」としてだけ考えるのも正しくない。重要なのはどんなものがどこで生産されているか，あるいは提供されるか，またどんなものがどこで必要とされているかを結び付けることであり，その情報機能を果たすことが流通の役割なのであり，実際私達が日常的に消費し利用している無数といってよい財やサービスは，私達がそれらがどこで誰によって生産され，誰の手を経ていれてきたかまったく知らない間に，複雑な流通のメカニズムを通って，私達の手に入っているのである。

（3） 市場経済と流通

現在の発達した社会においては，流通の大きな部分は交換の形で行われている。さらにそれは一般に貨幣（お金）を媒介として，売買という形で行われている。そこで強い意味の流通とは，このような売買によるものを意味する。

売買によって流通が行われる場を**市場**という。市場で売買されるものを商品という。つまり商品とは交換するために生産される財やサービスのことである。流通の大部分が市場で行われているような経済システムが，**市場経済**あるいは**商品経済**である。

発達した市場経済においては，流通のためのきわめて複雑なシステムができ上がってもいる。それが流通機構であり，またそこで行われている活動が商業である。市場（しじょう）というのは，一般にこのような複雑な流通の場をいうのであって，それを生産者と消費者とが互いに直接交渉して取引をする市場（いちば）のような単純なものと考えてはならない。

1.5 貨幣と経済システム

人々の暮らしの中で「お金」というものが，中心的な意味を持つことは誰でも知っている。お金がなければ，暮らしていくことはできないし，お金があれば，ほとんど何でも手に入れることができる。お金，つまり経済学のことばでいえば「貨幣」は，現在の経済の中でもっとも重要な位置を占めている。しかし「貨幣」は誰でも身近に知っているものでありながら，しかしそこには何か神秘的な，わからないところがある。経済学はこの「貨幣」の神秘をあきらかにしようとしてきた。しかしいまでもそれが完全に解明されたとはいえないところがある。

■ 経済システムの中の貨幣

（1） 交換の媒介手段

現在では，ほとんどすべての財やサービスは，二人の当事者が相互に与え合う，交換という形で人々の間を動いている。社会的分業は交換ということを通して可能になっているのである。アダム・スミスは「交換」をするということを，動物と異なる人間の特質と考え，そうして交換を通じて社会的分業が促進されたと考えた。自分が利用したり，使用したりするためでなく，交換するために生産される財やサービスは商品という。そうして大部分の財やサービスが商品として生産されている経済を商品経済という。

しかし商品を直接交換し合うだけでは，その可能性は限定される。商品Aを持っている人Ⅰは，それを交換してBを欲しいと思っても，商品Bを持っている人Ⅱは，商品Cを欲しいと思い，商品Cを持っている人Ⅲは，商品Dを欲しいと思う，ということでは交換は成り立たなくなる。そこでいまここに誰でもが欲しいと思う商品Xがあるとして，それを持った「商人」が現われて，まず彼がそれをⅠの持つ商品Aと交換すれば，Ⅰは次にそれをⅡの商品Bと交換し，ⅡはまたそれをⅢの商品Cと交換し……というようにして，

商品の「流通」が可能になる。そうして商品Aを手に入れた商人は、またそれを欲しいと思う人を見つけて、その商品と交換するであろう。

このような「商品X」がつまり貨幣というものである。そういう意味で貨幣は交換の媒介手段として使われるような、誰でも知っている、誰でも欲しがる商品であるということになる。歴史的には、米や布のようなものが貨幣の役割を果たしたこともあった。

（2）　貨幣の誕生

しかしここですでに一つ奇妙なことが起こる。貨幣はとりあえず、誰でも欲しがるものだといったけれども、貨幣となる商品は、誰かによって使われてしまうことなく、人々の手から手へと渡っていかなければ、交換の媒介手段としての役割を果たすことはできない。米を手に入れた人がそれを食べてしまったのでは、米は貨幣としての役割を果たすことができない。貨幣は誰でも欲しがるものであるといったけれども、それは貨幣となる商品Xそれ自身が自分にとって有用なためではなく、それは何とでも交換できる、つまり他の人々は誰でもそれを欲しがるということが前提できるからなのである。つまり貨幣というものは自分には直接必要ないが、他の人はそれを欲しがるものだと、誰もが考えるために、誰もがそれを欲しがるという奇妙な性質を持ったものなのである。

そういう意味では、米のような、むしろ誰にでも直接有用なものでは貨幣として都合が悪い。**金・銀**のような貴金属は、その「有用性」が何かわけのわからないものであって、しかも人手を次々と渡り、時間が経っても質が変わらない、交換する商品の「価値」に合わせて分割したり、加えたりすることができる、というような便利な性質があり、しかもそれを獲得するのは容易ではないので、少量でも「高い価値」を持つとされ、また運搬も容易である、というような性質があるので、結局歴史的に貨幣としてもっとも一般に用いられるようになったのである。

しかし金銀が貨幣として用いられるようになっても、いちいちその品質を確かめたり、あるいはその重さをはかったりするのは面倒である。そこで商

品流通がある程度広範に行われるようになると，国家権力は一定の重量を持つことを保証した通貨を発行するようになった。さらに貨幣を用いる人は，金や銀としての素材そのものを利用するわけではなく，それが一定の価値を持つことが広く認められていればよいのであるから，通貨が発行されるとそこに含まれている金銀の量とはある程度無関係に，それを通用させるようになった。

（3）兌換紙幣と不換紙幣

さらに金銀は持ち運びに便利であるといっても，大量の金銀や通貨を運ぶのはやはり不便である。そうすると金銀や，あるいはそれを素材とした通貨でなく，単に金あるいは銀と交換することを保証した，政府の発行する**兌換紙幣**，あるいは中央銀行が発行する**兌換銀行券**が用いられるようになった。そうするとそれが実際に金あるいは銀に交換されることはあまりないから，政府はその保有する金あるいは銀に対して，その何倍も兌換紙幣を発行することができる。

存在する金銀の量は限られているので，商品流通は拡大するのに対応して，金銀や，金銀貨だけを貨幣として用いたのでは，貨幣が不足する可能性がある。兌換貨幣を発行すれば，増大する貨幣の必要に容易に応ずることができる。のみならず政府はこのようにして収入を増やすことができることになる。

さらに政府は，とくに金銀などとの交換を保証しない紙幣を発行して貨幣として通用させようとすることになる。そうして法律によってそれを貨幣として受け取ることを強制する。これが**不換紙幣**と呼ばれるものである。ヨーロッパでそれを最初に発行したのはフランス革命のときの共和国政府であった。しかし中国ではそれよりはるかに古く元代にはすでに紙幣を貨幣として用いており，それより前の唐・宋の時代から金属それ自体の価値とは無関係な銅銭を貨幣として用いていた。

■ 国家と貨幣経済

（1） 国家の影響と通貨

　政府が不換貨幣を発行したりすることができるということから，貨幣の実体は，その金・銀などの商品としての価値にあるのではなく，**国家**がそれを貨幣として承認し，それを商品の代価として受け取らなければならないと定めたことであるとする，**貨幣国定説**という考え方も生まれた。

　実際通貨を発行するということは，国家権力の重要な機能と考えられ，それを冒すこと，つまり「にせ金」を作ることは国家に反逆する重罪と考えられたのである。さらにある国の発行した通貨は，その国の領域内だけでなく，それを越えて，いろいろな意味でその国の政治的，経済的影響の及ぶ範囲にまで通用したものであった。そうしてそれはその国との通商の際に，用いられただけでなく，その国の外にある地域内での取引の際にも交換手段として利用されたのである。日本では奈良時代から通貨が鋳造されたが，それはほとんど通用せず，室町時代に至るまで，中国の銅銭が標準的な貨幣として用いられたのであった。

（2） 不換紙幣の限界

　国家が通貨を発行できるといっても，それには限界がある。金銀などのいわゆる本位貨幣についてはいうまでもなく，兌換券においても発行高は政府が保有する金銀の量によって制限される。といって不換紙幣をむやみに発行すれば，物価が上昇し，貨幣の価値がなくなって，ついにはそれを貨幣として通用させることができなくなってしまう。これがフランス革命のときに発行されたアッシニア（assignat）という不換紙幣について起こったことであり，またいわゆる**ハイパーインフレーション**という状況が生じたときに起こることである。

　インフレーションは一般に後に述べるような貨幣数量説によって，通貨量が取引される商品の量に対して多くなりすぎることから，物価が上昇することによって起こるといわれているが，しかしこの場合それは逆であって，ハイパーインフレーションといわれる状況の下では，通貨の信用がなくなった

ために物価がどんどん上がり続けて，貨幣の供給が間に合わず，何兆というような大きい額の紙幣や銀行券が発行されるようなことになるのである。

(3) 国家による保証の崩壊

このことは貨幣の本質が，その価値に対する人々の**信用**にかかっていることを示している。すなわち人は，人々が貨幣が価値を持つことを信頼するであろうということを信じるときに，その貨幣を受け取るのである。そうでなければ人々は貨幣を受け取ろうとしないか，あるいは多額のものでなければ受け取らないであろうし，また受け取った貨幣はまたなるべく早く有用な物に換えてしまおうとするであろう。ハイパーインフレーションは，このように貨幣に対する信用が失われたときに起きるのである。自国政府の発行した通貨でなく，外国の通貨の方が通用したりするのも，自国の政府や自国の経済に対する信頼がないからである。また兌換通貨の方が一般に信用があるのは，それがとにかく金銀という「もの」に裏付けられているからである。

■ 貨幣の価値と商品経済

(1) 貨幣の価値尺度機能

貨幣は単に交換手段としての役割を果たすだけではない。すべての商品はそれがどれだけの貨幣と交換されるかを示す，つまり「値段をつける」ことによって，その価値が価格という形で表現されることになる。そこで貨幣はつまり商品の価値をはかる「ものさし」として，すなわち「価値尺度」として機能することになる。そうしてすべての商品は価格をつけられることによって，相互に量的に比較可能になる。すなわち価格2,000円のA商品は，価格1,000円の「2倍の価値がある」と考えられるようになる。

経済学において，昔から商品がこのように量的に比較可能になるのは，それぞれがいちいち異なる使用上の有用性，経済学で用いられたことばでは「使用価値」を持つほかに，何か共通の一定のものを，一定量含んでいるからであると考え，それを「価値」と呼んだ。そうしてそのような「価値」がどこからくるのかについての議論がなされた。しかし商品がそれぞれ本来，何ら

かの共通の「価値」というものを持っているから、それを貨幣ではかることができる、と考えるのは、ちょうどすべての物質が質量という共通の性質を持っているから、それを重さという形ではかることができるというのと同じく、きわめて自然な考えのようであるが、本当は正しくない。多種多様な商品の中に、本来的に共通な「何ものか」が含まれているわけではない。むしろそれらがすべて一定量の貨幣と交換されるようになって、はじめて相互に比較可能となるのである。

（2） 貨幣による価値の評価

商品経済が全面的に発展すると、本来商品として生産されたものでないものでも、貨幣で取引されたり、あるいは貨幣額で評価されたりするようになる。民事裁判での損害賠償は、結局最後には一方が他方に一定額の貨幣を支払うという形で決着することになるが、それは名誉や、場合によっては人命までも貨幣で評価することを意味するとも考えられる。もちろんどんな社会でも「金で売ってはならない」とされるものもある。選挙の票を金で買うことは、買収行為として罰せられる。また人命も賠償などという形で結局金で評価されることがあるといっても、人命を金で買うことはもちろん許されない。人間自身を商品として売買する奴隷取引は、19世紀までは世界各地で容認されていたが、現在では少なくとも原則としては全世界的に禁止されている。

しかし商品経済においては、すべてのものが貨幣で取引される傾向があり、そうして貨幣額がそのものの「価値」を表すと見なされることになりがちである。芸術作品なども競売されるようになるだけでなく、その価格が芸術作品の価値を表すと考えられがちである。一度1億円で買われた絵は、100万円で売られる絵の100倍の「価値」があると思われるようになる。

（3） 価値貯蔵手段としての貨幣

さらに貨幣は、それを手に入れても、すぐに他のものと交換しないでしまっておいて、必要なときに使う、つまり後で他の商品を買うために使うことができる。すなわち貨幣は価値をためておく手段、つまり「価値貯蔵手段」

として用いることができる。この目的のためには，貨幣として用いられるものは時間が経っても質が変わらないものでなければならない，のみならず，むしろ具体的な有用性と結び付かないほうが望ましい，というのは，たとえば米などは基本的に必要なものであるが，しかし人が食べられる米の量には明確な限界があるから，米がそれを越えて大量に貯まると，それは価値がなくなってしまう。これに対して金銀などというものは，具体的な有用性がはっきりしていないだけにまた，いくら貯めても，そのために価値がなくなることはないと思われるのである。

1.6　資本と資本主義

■ 貨幣の蓄積
（1）利　子

　貨幣という価値を保蔵することができるようになると，それを一定期間ほかの人に貸して，後に返してもらうこともできるようになる。そこで欲しいものがあるのに当面貨幣がなくて手に入れることができない人が一方にあれば，そこに「貨幣」の「貸借」という関係が成立することになる。その場合借り手は貨幣を返すときに，最初の額に加えて，さらに余分の額を加えて支払うのがふつうである。これが「利子」である。

　昔から貨幣はただ保蔵しておいてもそれだけで増えるわけではないから利子を取ることは不当であるという考え方があり，キリスト教やイスラム教ではそのように考えていた。しかし現在必要なものがあってもお金がないために買うことができないとき，すぐ手に入るお金と，1年後になって手に入るお金では，たとえ同じ額でも価値が違うと考えることは当然であるから，利子の存在そのものを不当と考える必要はない。

　けれどもどんな社会でも，困っている人に金を貸して，後で強引に元金と利子とを取り上げ，その人をより一層貧しい境遇に陥れる「強欲な金貸し」

というイメージがあり，金を貸して利子を取ることを生業とする人が一般にあまりよく思われないことが多かった。

(2) 価値そのものとしての貨幣

貨幣が価値の尺度となり，さらに価値を貯蔵する手段として使われるようになることから，もう一歩進むと貨幣は一切の具体的な有用性から離れた「価値そのもの」を表すと考えられるようになる。そうすると本来貨幣というものは，それによって何でも買うことができる，つまり何にでも交換できるがゆえに価値があったはずであるのに，逆にすべてのものは貨幣に替えられることによってはじめて「価値」あるものであることが立証されると思われるようになる。商品を生産する目的は，それを自分が直接消費するための財やサービスと交換するためではなく，貨幣を求めて「売る」ことにあるとされるようになる。

そうなると人が豊かであるということは，本来有用な財を多く持っていることであると考えられるが，いつか逆転して「金持ちである」，つまり多くの貨幣を所有することを意味するようになる。

■ 資本と資本主義

(1) 商品生産と貨幣

ところで貨幣そのものはただ保有していただけでは増加することはないが，そこである商品を買い，それを他の所で売ることによって「もうける」，つまり額を増やすことができる場合がある。また単に商品を買入れて売るだけではなく，原材料，機械・道具などを買い，人を「雇う」つまり労働を買って，商品を生産し，それを売って利益を得ることができる場合もある。このような場合，貨幣という形にあった一定の価値は，商品と労働という形に変わった後，さらに貨幣の形になるまでの間に増大したと考えられる。一定の経済活動にかかわることによって価値が増大する，あるいは増大することが期待される貨幣は「**資本**」と呼ばれる。そして貨幣がこのような形で機能している経済システムを「**資本主義**」という。

（2） 「資本」の2つの意味

資本および資本主義ということばには，多くの混乱がある。先には「資本」ということばを過去の労働によって作られた「もの」の蓄積であると定義し，ここではそれをまた違った意味で用いている。前の定義はすべての経済システムに当てはまるものであるのに対して，後者は特定の経済システムにのみ当てはまるものである。それと区別するためには改めて前者を資本ストックと呼ぶこともある。

しかし資本主義的なシステムが一般化している社会では，資本とは一定額の貨幣であるというよりも，それが表している「価値」そのものであると考え，そうしてすべての資本ストックはまたそれ自体一定の「価値」を持つもの，あるいはむしろ「価値」が特定の形を取ったものと考えられるので，ことさらに同じ「資本」ということばが2つの意味に用いられるのである。

（3） 「資本主義」ということば

もう一つのことばは「資本主義」capitalism であり，ここで–ism という部分が「主義」と訳されているが，ここではそれは一定の主張や思想を意味するものではない。–ism はいろいろな形の抽象名詞を作る接尾語であって（たとえば rheumatism リューマチなどもその例である），この場合それは経済システムの特定の形を意味するものである。そうしてそのようなシステムが社会全体の中で主要な部分を占めているとき，その社会を資本主義社会というのである。

また，貨幣を資本として商品や労働を買うために使うことを**投資**するという。投資された資本が再び貨幣の形に戻ったとき，増加した部分を資本の**利潤**という。投資する目的は利潤を得ることであることはいうまでもない。

■ 資本と利潤

（1） 等価交換と利潤

商品というものが，何か本質的な「価値」を持つと考えられるようになると，今度は交換に際して，等しい価値を持つものを交換するのが正当である

と考えられる。あるいはむしろ「価値」というものは交換の際の基準になるべきだと考えられるかもしれない。

たとえばある商品が普通一個500円で売られるとすればそれはその商品が500円だけの「価値」を持つからであると考えるのは自然であろう。もしそれをたまたまある人が600円で売るとすれば，その人は100円だけ不当に高く売ったことになり，450円で売るとすれば50円だけ安すぎる価値をつけて損したと考えられる。

交換の基準となる価値を**交換価値**という。そうして価値の等しい商品が交換されることを**等価交換**という。商品経済の中では等価交換が行われるのが自然であると考えられる。

しかしここで困難が生ずる。もしすべての交換において等価交換が原則であるならば，それを繰り返すことによって価値を増やすことはできないはずである。そうすると資本の利潤はどこから生まれるのかという問題が生ずる。すなわち商業者が商品を安く仕入れて高く売り，それによって利潤を得たり，資本家が賃金を払って労働者を雇い，労働者の生産したものを売って利潤を得ることができるのはどうしてかという問題である。

それは商業者か生産者から不当に安く売ったり，あるいは消費者に不当に高く売ったりするためか，または資本家が労働者に不当に安い賃金しか払わないためではないか，という考え方も生まれた。つまり資本の利潤というものは本来不当な利益であり，生産者，消費者あるいは労働者を搾取したものであるという説が生じた。

(2) 利潤の発生

しかし商品が「もの」として一定の「価値」を持っており，それはいつでもどこでも一定であるはずだと考えるのは誤りである。「価値」とは商品に対する社会的評価であり，それを具体的に表しているのが商品の価格である。その意味では，商品は生産者の手もとにあるときより消費者のところにあるほうが価値が高くなると考えてもよいわけであって，商品を売りたい人のところから買いたい人のところに移し，いわば価値を高めたことについて，そ

れを仲介した人が利益を得ても，特に不当なことはないはずである。

そもそも交換は等価交換であるべきだといったけれども，他方では交換は互いに自分の必要としないものを必要とするものと交換するのであるから，本来そこではどちらも利益を得るはずであり，そうでなければわざわざ交換する必要はない。まったく同じものを交換し合う人はいない。だから資本主義システムの下で生ずる利潤が本来不当なものと考える必要はない。

商品の価格がどのように決まるかについては第3章で詳しく述べるが，商品経済において利潤が生まれることは自然である。ここで一定の社会システムの下で自然に生まれることと，その道徳的倫理的正当性とは別のことであることをはっきり認識する必要がある。つまり商品経済の中で自然に発生する利益は，それ自体が正しいとか正しくないとかいうべきものではない。

（3） 論理的考察の重要性

社会科学の目的は，一定の社会システムの下で，人々の行動によってどのような結果が生ずるであろうかを，客観的，論理的にあきらかにすることであって，人々の行動やその結果を道徳的に判断したり批判したりすることではない。

もちろんそこで生ずる結果が倫理的にあるいはその他の観点から望ましくないとすれば，それに対して何らかの方策を論ずることが考えられなければならない。しかしそれは特定の人々を道徳的に批判したり，あるいは罰したりすることによってではなく，社会システムやあるいはその中での人々の行動を規制するルールを考えることによって，人々の行動がより望ましい結果を生むようにするのでなければならない。

それが政策論の問題であり，そしてそれは社会科学的な論理に基礎を置かなければ有効でない。経済問題についても適切な政策は正しい経済学の論理にもとづかなければならない。そこで道徳的判断を早急に下すことはかえって有害である。

1.7 経済の自然的基礎

■ 経済システムと自然

　経済とは人間が暮らしを立てていく社会的システムである。そこで人間はいろいろな形で自然とかかわり合って生きているのである。そこで人間と自然との関係という方向から，より立ち入って考えてみよう。

（1）　物質不変の法則

　財やサービスの有用性の源泉をより深く求めると，物質（素材），エネルギー，情報の3つの要素に分解することができる。どんな財もそれ自体一つの物質である。

　サービスは無形のものであるが，しかし何らかの物質を利用しなければそれを生み出すことはできない。しかし物質というものは，形を変えることがあっても，本質的に不変である。つまり物質不変の法則が成り立つ。もちろん厳密にいえば，核反応の場合にはある元素が他の元素に変化したり，物質がエネルギーに変わったりすることがあるが，そのことは量的にいえば無視してよいであろう。

　したがって「生産」といっても，厳密にいえば人間は「物」を生み出すことはできないのであって，ただできることは形を変えたり，結合の仕方を変えたり，場所を移動したりすることでしかない。また「消費」といっても「物」を消滅させてしまうことではなく，単に形を変えてしまうだけである。つまり人間は経済の仕組みを通して，地球上の物質の形を変え，動かしているのであるが，それはごくわずかの例外（宇宙空間から飛び込んで来る隕石や，宇宙空間へ放出される物質）を除けば，すべて大気圏を含む地球上のどこからか来て，地球上のどこかへ行っているのである。つまり人間の行動によって，地球上に物質の流れが作り出されているのである。

（2）　物質の循環

　よりくわしくいえば，実は人間の活動がなくても，地球上には大気の流れ，

海流，そして生物の活動を通じて，物質の流れが生じているのであって，人間の活動はそれに加え，あるいはそれを変えたりしているのである。このような物質の流れは，一方向的なものであったのでは，いつまでも続くことはできない。つまり基本的にはそれは物質の循環でなければならない。もしそうでなければ，やがて物質の流れが止まってしまうか，変わってしまわざるを得ないであろう。

実は自然のままでも地球上の物質の流れは長期的には大きく変わってきた。特に約5億年前，本格的な生物が生まれた以後，地球上の自然は大きく変わった。しかし人間はその流れをあまり急速に変えることによって，その流れが続くことを不可能にし，結局人間活動を続けることを不可能にしてしまう危険をもたらしている。それが資源問題の本質的な意味である。

たとえば石炭や石油など，**化石燃料**と呼ばれるものは，3億年くらい前にはきわめて濃度の高かった大気中の二酸化炭素（CO_2）ガスの中の炭素を，植物が同化したり，あるいはそれを動物が食べたりして体内に同化したものが，長い期間，地中に埋まっている間に炭化し，あるいは液化したものである。人間はそれを地中から掘り出して燃やすことにより，再びその炭素を CO_2 の形で大気に戻しているわけである。そうするとこのような過程が無限に続けられないことはあきらかである。

昔の生物が地中に取り込んだ炭素分が，すべて大気中に戻されてしまえばそれで終わりである。そうして石油については地中にある資源量はそれほど多くなく，今のままの水準で消費を続ければ数十年で尽きてしまうといわれている。ただし石炭についてはかなり多量に存在し，数百年分あるといわれている。

これに対して毎年一定の量の薪を伐り出して燃やしても，その分，樹木が毎年成長して補われているならば，人間が薪を燃やして空気中に放出する CO_2 の中の炭素分に当たる炭素は空気中から樹木に固定されることになり，大気中の炭素と樹木の中に固定されている炭素の量は一定に保たれ，したがってまた炭素の流れは一定に維持することができる。すなわちそこでは安定な物

質循環が成立していることになる。

■ 経済システムとエネルギー

（1）エネルギー保存の法則

しかし物質の形を変えたり，位置を動かしたりするのはエネルギーが必要である。特に人間にとって有用な形に変えたり，必要な場所に持ってくるためにはエネルギーが必要である。

エネルギーについては2つの基本法則がある。一つは「エネルギー保存の法則」である。エネルギーは，運動エネルギー，化学エネルギー，電気エネルギー等に形を変えることはあっても，その全体の量は変わらないというものである。

地球は太陽から光線の形でエネルギーを受け取り，他方周囲の宇宙空間に熱を放出している。また地球内部では核反応が行われており，そこからも熱の形でエネルギーが出ている。

地球全体のエネルギー量は一定に保たれている（実は地球の内部にも地球形成の際に生じたエネルギーが蓄積されており，それは熱として地表に伝えられ，あるいは火山活動などのところで表れる）。人間はこの地球上にあるエネルギーを利用しているが，しかし人間がエネルギーを使っても，それはエネルギーの形を変えるだけで，エネルギーの総量を変えるわけではない。

（2）エントロピー増大の法則

エネルギーについてのもう一つの法則は，「エントロピー増大の法則」といわれる。熱は常に温度の高い方から低い方に流れ，その逆の方向に流れることはない。したがってあるシステムの外からエネルギーが加えられなければ，そのシステムの中の温度は次第に一様になる。エネルギーが一様でない状態を「エントロピーが低い」といい，エネルギーが一様な状態を「エントロピーが高い」という。そうするとすべてのシステムは，外からエネルギーを加えなければ，エントロピーが低い状態からエントロピーの高い状態に移っていき，逆は起こらない。これを「エントロピー増大の法則」という。

1.7 経済の自然的基礎

　そこでエネルギーを利用して何らかの目的に合った変化を起こさせるためには，エントロピーの低い状態のエネルギーがなければならない。高温の熱だけでなく，高電圧の電気，分解すると熱を出す化合物，高い所にある物体などはいずれもエントロピーの低い状態にある。人間だけでなく，すべての生物はこのようなエントロピーの低いエネルギー，いわば「マイナスのエントロピー」を利用しなければ生きていくことができない。植物は太陽光の形で地球に送られる低エントロピーのエネルギーを利用して光合成を行い，生きていくために必要なものを生産している。動物は植物や他の動物を食べることによって低エントロピーのエネルギーを得ている。人間は動植物だけでなく，化石燃料や水力など多くの源からエネルギーを得て利用しているが，それらは原子力エネルギーと地熱を除けば，ほとんどすべて太陽光線の形で地球に送られた低エントロピーのエネルギーが形を変えたものである。

　地球をその周囲の大気圏を含めて一つのシステムと考えると，それは太陽からエネルギーの高い光線つまりエントロピーの低いエネルギーを受け入れ，低い温度の熱つまりエントロピーの高いエネルギーを周囲の空間に放射している。それはエントロピーの小さいエネルギーを受け入れ，エントロピーの大きいエネルギーを放出することを意味している。その間のエネルギーの流れによって，地球上の気象現象や海流が起こり，また生物の生命活動も営まれる。人間が利用できるのはこの流れの一部であり，それによって物質の形を変えたり，移動させたりすることができるのである。

　地球上の自然条件が安定しているためには，このようなエネルギーの流出が安定していることが必要である。人間がエネルギーの流れを大きく変えると，地球上の自然条件が思わぬ形で望ましくない方向に変化してしまう可能性がある。これが環境破壊というものの本質であると考えられる。

　エネルギーについては，利用できる「マイナスのエントロピー」に限界があるということと，昔からいわば地中に蓄えられていた太陽エネルギーと考えられる地中にある化石燃料を掘り出して燃やして，現在受けている太陽光以外のエネルギー源からエネルギーを取り出したりすると，地球上のエネル

ギーの流れが乱されて、自然条件が変わってしまうかもしれないという2つの面から問題が生ずる。

■ 経済システムと情報

（1） 「情報」によるエネルギー利用の方向付け

ところで物質を望ましい形に変えたり、必要な所に移動させたりするためには、単にエネルギーを加えるだけでなく、そのエネルギーを適切な形で加えなければならない。このようなエネルギーの方向付けを与えるものが**情報**である。もっとも広い意味での知識や技術は、このような情報を表していると考えられるが、人間の持っている知識や技術ばかりでなく、生物の遺伝子も、その子孫を形成する情報を含んでいると考えられる。

（2） 複製可能性

情報についてもっとも重要なことは、その複製可能性である。つまり一度作られた情報は、原則として何度でも繰り返して利用することができるし、その間減ることはない。もちろん情報は実際にはそれを担う物質的な媒体を必要とするが、しかし一定量の情報に対して一定量の物質を必要とするわけではない。きわめて少量の物質に莫大な情報を貯えることができることは、コンピュータのメモリーや生物の遺伝子を思えばわかる。

情報はそれを担っている物質が破壊されてしまわない限り消滅することはない。一方新しい情報は絶えず生ずるから、原則として情報は増大することになる。このことが人間社会が時とともに「進歩」することができることの基本的な理由となっている。

■ 自然環境と人間

（1） 自然の制約

人類はその発生以来、自然と交渉して暮らしてきたことはいうまでもない。自然は基本的には人間が暮らしていくためのすべての物質やエネルギーの源泉であり、人間はそのような形でいわば自然の恵みを得ることによって生き

ていくことができるのである。しかし自然の恵みは無限ではない。利用できる自然の恵みには限界がある。自然に生存している植物や動物は採り尽くしてしまうとなくなってしまうかもしれない。農業を行うにしても農耕に適した土地には限界があるし，また過度の農作を続けると土地の地力がなくなって，やがて農作ができなくなってしまう。燃料としての薪を得るために過度に木を伐ってしまうとやがて森林が破壊されて荒地になってしまうかもしれない。近代になって石炭や石油を大量に消費することによって，産業が大いに発展したが，それもやがてなくなってしまうのではないかということが心配されている。

自然は人間に恵みを与えるだけではない。時には異常な気候や気象，地震，噴火などによって人間に大きな損害を与えることもある。また自然の中には猛獣や病原菌，病原ビールスなど，人間を損なうものもある。

したがって自然はまた人間の生存と活動を制約するものでもある。

(2) マルサスの『人口論』

人間社会に対する自然の制約に関してロバート・マルサス（Robert Malthus, 1766-1834）は18世紀の末，『人口論』（1798）（本来の本の標題はもっと長いが普通簡単にこのように呼ばれている）を著して，次のように説いた。

> 人間の性的欲望は自然なものであり，もし制約がなければ人口は幾何級数的に2倍，4倍……と増大する。他方人間は食料やその他の生活資糧がなければ生きていくことができないが，食料はせいぜい算術級数的に2倍，3倍……としか増やすことができない。したがって人間社会は貧困と窮乏を免れることはできない。

このような論理は一見疑問の余地のないもののように見えるかもしれない。今でも世界の多くの地域で多くの人々が貧しいのは，その地域の人口が多すぎるからだという議論はしばしば行われる。また最近では食料だけでなく，エネルギー資源や環境も考慮して，いわば地球上の自然は有限であるのに，現在でも人口が増加し続けているから，まもなく重大な問題が起こると警告する人もいる。1971年にローマクラブは『成長の限界』という報告書を出版して，世界全体の成長には，自然資源と環境の面から制約があり，しかもそ

の限界はまもなく越えられてしまうであろうと主張して反響を呼んだ。

(3) 技術の進歩による改善

しかしこれに対して次のような反論もある。人間は技術を発展させ，よりよい社会経済システムを作り出すことによって自然の限界を越えることができる。そもそも貧困が存在するのは社会における分配が不平等なためであり，それを人口過剰のためであるとするのは，不公正な社会システムに対する批判をそらそうとするものであるというのである。

基本的には人間が地球上で行い得る経済活動に限界があることは明白である。また人口が無限に増加することができないということも疑問の余地はない。しかし技術の発展とよりよい社会経済システムを作り出すことによって，人間は全体として自然をよりよく利用し，そこからより多くのものを得ることができるようになってきたことも事実である。

(4) マルサスの予言の妥当性

長い間に人口は大きく増加し，20世紀末の現在では世界の人口はほぼ60億に達し，マルサスの「人口論」が出されたころから見ても6倍以上になった。しかもこの間1人当たりの，食料を含む生活物資の量も大きく増加した。現在世界でも豊かな国々，つまり北米や西ヨーロッパ，日本などの大多数の人々は昔の貴族に比べても遥かに豊かな暮らしをしている。貧しい国々を含む世界全体を見ても1人当たりの総生産は，たとえば200年前と比べて数倍になっていると思われる。マルサスの予言はその後の200年間には大きく外れたといわねばならない。

しかし人間社会は，自然の制約を考えることなく，技術の進歩によって無限に成長を続けることができると考えるのも正しくない。歴史上のある段階で，一つの社会が技術の進歩と社会システムの整備によって，生産を増加させるとともに人口も殖えていくうちに，やがて自然資源や環境を過度に利用することとなって，資源を枯渇させてしまったり，森林を破壊したり，土壌を劣化させたり，河川の水や地下水を汚染したりして，生産や生活のための自然的基盤を破壊してしまい，増加し続ける人口を養うことが困難になるこ

とも起こったのである。そうなると多くの人々が貧窮し，それとともに社会秩序も乱れて，社会システムが混乱に陥り，生産が一層減って，人々の生活の困難がますます増大し，結局は戦争や内乱，そして飢饉や疫病によって多くの人々が死に，衰退することになったのである。

このようなことが起こったのは，自然の資源や環境を利用する技術が発達しても，同時に自然資源を保全したり，環境を保護したりする技術が生まれるとは限らず，また社会システムが自然を利用することを推進するような性格を持っていても，それを保全することについて十分配慮するとは限らないからである。

（5） 人口変動のメカニズム

また人口についても，人間社会において次の世代の人々を生み，養育するシステム，簡単にいえば人間の再生産のシステムはかなり複雑であって，その論理は簡単ではない。

一般に人々の暮らしに余裕があれば，人々は多くの子供を産み育てることができるし，また人々がひどく困窮すれば，子供を育てることも困難になり，もっと極端に最低限の生活も維持しなければ多くの人が死に，人口は減ってしまう。

しかし人口は人々の生活に余裕が生ずれば必ずどんどん増えてしまうというものでもない。生産の増加が人口の増加によって吸収されてしまうのではなく，一人一人の生活を豊かにすることに使われたり，あるいは文化的な活動や，場合によっては権力者のぜいたくのために使われることもあるからである。もちろんある場合には，人口がその時の技術の水準や社会制度の下で自然の制約が許す以上に増加してしまって多くの人々が困窮に陥るということも起こったのである。その時には「人口過剰」ということもいえるが，しかし一般的にいって人々の貧窮の原因が人口過剰にあるというのは誤りである。

経済システム

　人々の暮らしを維持するために作られたのが社会経済システムである。社会経済システムは人間社会が発展するとともに，発展しまた変化してきた。

　現在では市場経済，あるいは資本主義経済が世界的に支配的な社会経済システムとなっている。それは社会の生産力を大きく発展させたが，しかしまた多くの問題も含んでいる。

2.1 フローとストック

■ フローとストックの概念

(1) フローとストック

　生産，流通，消費の過程で財やサービスが作られ，動いていく。そのような過程を**フロー**と呼んでいる。これに対して，機械，設備，あるいは土地などのように生産，流通，消費の過程で直接形を変えることはないが，必要な役割を果たし，経済的な意味を持つものは**ストック**と呼ばれている。

　経済学ではフローに注目することが多い。アダム・スミスは「年々生産される必需品，便宜品がその国の富である」といっているが，これは「国の富」とは，毎年生産される財，サービスのフローにほかならないという考えを表している。現在では後に第7章で述べるように，それは「国民総生産」（GNP：Gross National Products）という概念で表されている。

　これに対して，一国が保有している富は，その土地や財などのストックで表されることも多い。現在の国民経済計算体系では一国のストックの合計は「国富」ということばで表されている。

(2) フロー中心の論理

　現在の経済学はもっぱらフローの概念を中心に論理を構成している。そこでストックを利用して財やサービスの生産を行うときには，ストックから無形のサービスが流出して財やサービスの生産に貢献していると想定する。実は財やサービスの生産に利用されるストックは，摩耗したり，劣化したり，変形したりして，やがて有用性を失う。これをストックの**減耗**という。そこで生産をいつまでも続けていくためには，その分を補わなければならない。企業などではそのために減価償却費を積み立てている。

　ストックの利用によるサービスの流出ということと，その減耗との間には関係があるが，それは直接結び付けられるものとは限らない。機械や設備，あるいは建物などは使用したり利用したりしなくても，減耗する。ストック

の利用がサービスの流出を意味するというのは，一つのフィクションにすぎないともいえる。

■ **ストックの再評価**

　経済をストックを中心として見る見方もあり得る。実は昔は立派な家屋敷や多くの宝石などを持っていることが豊かさを表すと考えられていた。これに対して，ジョン・スチュアート・ミル（John Stuart Mill, 1806–1873）はストックよりフローが重要であることを強調して，「戦争などで多くの建物や設備が破壊されてしまうと，一国の富がすっかりなくなってしまったように感じられるが，しかしそれは案外早く回復してしまう。それは一見すると目立たないフローが大きな量となっているからである。逆に立派な建物や設備があっても年々生産される財が少なければ，人々は貧しい」と述べている。しかし逆に現在ではフローのみが強調されてストックが軽視されすぎる傾向がある。

　確かに戦後日本は，多くの家屋，工場，設備等のストックを空襲などによって破壊され，また戦争の影響で国土は荒れて，きわめて惨めな状況に陥った。しかし数年後には経済は回復し，その後フローがどんどん増大して，経済は拡大を続けて，世界でもっとも豊かな国の一つといわれるまでになった。このことはストックよりはフローのほうが重要であることを立証しているように思われるかもしれない。

　しかしストックとして，いわゆる資本ストック，つまり過去に生産された財だけでなく，大地やその他の自然そのもの，および**無形の技術**や，**社会制度**なども考慮に入れなければならない。また人間，あるいは労働を提供できるものとしての労働力もストックとして考えなければならない。そして労働力は単なる人間としてではなく，**教育**や**技能**を備えた，一定の質を持ったものとしてとらえる必要がある。つまり一人前の大人の労働力にはそれだけの手間がかかっているのである。

　戦争で負けた後の日本にも，日本の自然は残された。また技術は，当時の

先進国にかなり遅れていた部分もあったとはいえ，明治以来の蓄積があった。そして何よりも優れた労働力となり得る人間が多くいたということが，急速な復興をもたらした第一の要因であった。第1章で述べた無形のあるいは「ソフト」なストックは戦争によっても破壊されなかったのである。

2.2　生産要素の配分と利用

　経済システムが円滑に機能するためには，生産を行うための生産要素が適切に配分され，利用されなければならない。よりくわしくいえば，第1章でもふれた労働，資本，自然の3種類の生産要素が，適切に利用されなければならない。

■ 労　働

（1）　労　働　力

　労働を提供するのはいうまでもなく人である。労働を提供する能力を持ったものとしての人を**労働力**ということがある。そうすると経済システムの運営のためには労働力を適切に配分し，かつそれから労働を引き出さなければならない。労働の提供は，労働する人に対して強制される場合と，労働する人が自発的に，あるいは同意して行われる場合とがある。

（2）　強制された労働の提供

　労働する人が，他の人の完全な所有物とされ，所有者の意のままに労働を強制される場合，その人は**奴隷**である。奴隷は家畜と同じように商品としても扱われ，売買される。人類史上，どこの地域でも奴隷は存在し，19世紀になって一般に禁止されるようになるまで多くの場所で奴隷制度は存続した。

　しかし労働の提供を主として奴隷に求めるような，ことばの本来の意味での**奴隷制社会**が存在したかどうかは疑問である。少なくともそれは広い範囲にわたって長期間存続したことはなかったと思われる。というのは奴隷制社

会が社会として存続するためには，奴隷がたえず再生産されなければならないが，奴隷を家畜のように飼育して新たな新世代を生産するということはほとんど行われず，奴隷は侵略や略奪，あるいは同じ社会内での一部の人々の没落によって供給されたものであり，したがって新たな奴隷の安定的な供給はできなかったと思われるからである。

奴隷よりもっと一般的であったのが，領主や君主などの権力者に対して，一定の労働を提供することを強制された不自由民である。特に農業を主な産業とする社会では，農民の大部分は領主に対して，領主の土地の耕作やその他の労働に従事することを強制される農奴であった場合が多い。

（3）自発的な労働の提供

労働をする人が自発的に働く場合，直接自分自身のために働く場合と，何かのものとの交換によってほかの人のために働く場合がある。

自分自身のために働く場合にも，直接自分で生産する財を消費する場合と，他の人に売るための財やサービスすなわち商品を生産する場合がある。**農民**が自家消費のために農作物を作るのは前者の場合であり，**職人**が自分で作ったものを自分で売るのは後者の場合である。

かつて農民は領主や地主のために労働を提供する以外は，自分自身の消費のために多くのものを生産していた。すなわちほとんど**自給自足**の生活を営んでいた。しかしこのような場合でも，実は個々の農民，あるいは農民の家族がばらばらに労働をしていたのではなく，農業労働の大きな部分は農民達の自発的な努力により，協同して，あるいは調子をそろえて行われていた。そうしてそこには労働だけでなく，年々の祭りや，結婚，葬礼なども取りしきる人々の集団，すなわち**共同体**が存在していた。人々の共同体への参加は強制されたものではないが，しかし実際には人は生まれたときからその場所の共同体に属しているものとされていた。つまり人々はこのような共同体を離れては生きていくことができなかった。

（4）賃金労働と労働力の市場

何らかのものを得てほかの人々のために働くのには，2つの場合がある。

一つは特定の労働を一定の対価で行う場合であり，大工などの職人の仕事のしかたである。これは労働サービスそのものを売ると考えられる。

もう一つは他の人のために一定期間，一定の条件で働くことを約束し，その人の指示に従って働く場合である。すなわち他の人に雇用される場合である。この場合に働く人は一定時間働くことのできる能力を提供したので，売っているのは労働ではなく労働力であると考えられる。

労働力を売ることによって得られるものが**賃金**であり，またそれによって行われる労働を**賃金労働**という。現在では農業などの一部の産業を除けば，先進国ではほとんどの産業の労働は賃金労働によって行われている。賃金労働が一般に行われるようになると，いわば労働力が商品として扱われることになり，そこに労働力の市場が成立して，賃金はそこで決定されることになる。そうして労働力の配分はその市場での取引によって決定されることになる。

しかし市場で求められる労働力の量，つまり労働力に対する需要は，働くことのできる人々の数，つまり労働力の供給と一致するとは限らない。もし需要が供給より少なければ，そこに売れない労働力，つまり雇用されない労働力，失業が生ずることになる。この問題についてはなお後に述べる。

■ 資　本

（1）資本ストックの所有による分類

資本ストックの利用は一般にその所有者によって行われる。資本ストックは政府等の公共機関および私企業や個人によって所有されている。資本ストックが大部分私企業や個人に所有されて，商品としての財やサービスを生産あるいは提供するために利用されている経済システムを**資本主義経済**という（第1章1.6参照）。これに対して資本ストックが大部分政府や公共機関によって所有され，かつ利用されているのが**社会主義経済**である。

（2）減価償却費

資本主義経済の中では，私企業や個人は資本ストックを所有し，賃金労働

を用いて財やサービスを生産，あるいは提供し，それを販売して利益を得る。

すでに述べたように資本ストックを利用すれば，次第にその価値が失われる。このような資本の消耗分を補って，いつかそれを新しい資本でおき換えるために貯えておくのが**減価償却費**である。企業が財やサービスを売って得られた売上金から，その生産の際に投入された原料や燃料等の価格，支払われた賃金，および減価償却費を除いた残りが，企業の**利潤**である。資本主義経済において企業活動は主として利潤を獲得することを目的として行われる。

（3） 公共資本

資本主義経済の中で，政府や公共機関が所有する資本の一部は，一定の財やサービスを提供して販売するために使用される。それは政府や公共機関によって行われる企業活動であると考えられる。他の部分は無料で国民にサービスを提供するために利用されたり，あるいは資本の利用が直接無料で提供される。一般の行政機関や，公教育のための資本が前者の例であり，一般の道路などが後者の例である。このような資本は**公共資本**あるいは**社会資本**と呼ばれる。

公共資本は政府によって，購入あるいは建設される。そのコストは政府によって支払われることになる。それは結局は国民からの税金によって賄われるのであるから，それが無料で提供されても，実は間接的に国民がその費用を支払っていることになる。ところが公共資本については一般に減価償却の考え方が適用されない。そのため公共資本利用のコストが歪んで表れることになりやすい。つまり公共資本がある時期に盛んに建設されるとその時期にその建設に要するコストは国民の負担となって表れるが，次にそれを利用している間は，それを利用するコストは表れないことになるのである。

ところがそれがやがて減耗して使えなくなってしまうとその減耗分はそれを別なものでおき換える費用が問題となってくるのである。だから後に述べる国民経済計算では公共資本についても資本減耗を考えるのである。

■ 自　然

（1）　土地と地代

　ストックとしての自然，つまり広い意味の自然環境や自然資源のうち，空気，水等は原則として自由に利用されてきた。これに対して土地は農業の成立以来，もっとも重要な生産要素として個人および家族，共同体，あるいは国家によって所有され，その利用についていろいろな社会的規制が存在してきた。

　土地の所有者が，それを他の人に利用させ，その代わりに獲得するのが**地代**である。地代は貨幣で支払われる場合以外に，その土地からの収穫物の一部や，あるいは無償で提供される労働という形で支払われる場合もある。それは現物地代，あるいは労働地代とよばれる。市場経済が発達する以前の前近代社会では現物地代や労働地代が一般的であり，またそれが地主や領主，あるいは国家の主要な収入源であった。

　現在では地代を獲得できる土地は，それ自体商品と同じように売買される。そこであたかも土地を本来商品であるかのように見なして，地代はそれを一定期間利用するというサービスに対する対価として支払われる価格であるとする考え方がある。その場合には土地は資本ストックの一種であると見なされることになる。しかし地代は市場経済の発達以前から存在したものであり，国家による所有も含めて，土地の所有ということから直接生じたものであることに注意しなければならない。

　地代は，特に農業との関係においては，土地の持っている**生産力**の使用に対して支払われるものであるという考え方もある。しかし都市の住宅地のような場合には単に空間としての土地の使用に対しても支払われたのであって，地代は土地そのものの価値に対してではなく，土地が限られていること，そしてそれが所有されていることから生ずるものであると考えなければならない。したがって土地の利用に対する要求が強くなれば，土地そのものは変わらなくても，地代や土地価格は上昇する。

（2） 自然資源

　鉱物などのいわゆる再生産不可能な自然資源，あるいは森林資源，魚類などのいわゆる再生産可能な自然資源については，国家や領主，土地所有者，あるいは特定の共同体や団体などが，一定の権利を持ち，独占的にそれを利用あるいは接収したり，利用したり，あるいは一定の使用権を取って接収する権利を与えたりする。誰の所有地でもない海洋の魚類などについては，沿岸の海産物については一定の人々が漁業権を持っていたが，それ以外については最近までは誰でも自由に獲ることができた。しかしいまでは沿岸の国が権利を持つようになった。

（3） 環境問題と資源の活用

　空気や水あるいは日光など，環境を構成する自然，いわば環境資源は，最近まではほとんど自由に利用されてきた。しかし人々の経済活動の結果として，空気や水の汚染，騒音，太陽光の遮断などの環境問題を起こすことが認識されるようになり，かつその一部は深刻な公害問題となった。これは経済活動によって，ふつうは経済的考慮に入れられていない損害が生ずるものとして，マイナスの経済外効果（**外部不経済**）と呼ばれている。しかしそれは経済の外にある問題というよりも，人間の活動を支える自然ストックの消耗，あるいは破壊として正面から取り上げられなければならない問題である。

　ここで空気や水は自由にあるいは土地はただで使われてきたといったが，しかし水については多くの農業社会において水は重要な資源であり，ある場合にはそれを管理することが国家権力の源でもあったので，その管理には大きな注意と努力が注がれてきた。灌漑や排水の施設を作ることは，農業社会においてもっとも重要な公共工事であった。また農業用の水の利用については，共同体間および共同体内部で，注意深く詳細な取り決めがなされていた。ときには水の利用をめぐる対立が激しい紛争を引き起こすこともあった。

　自然環境を構成している多くの要素，すなわち河川，森林などは，長い時間人間が手を加えた結果，現在の姿になったものである。そうしてそれらはまた手を加えずにおけば，長い間には変化してしまう。したがってストック

としての自然環境を，自然が人間活動と無関係に作り上げたものであるとすることも，人間が自由に作り上げたものであると考えることも誤りである。それは人間と自然とが共に働いて作り上げたストックであると考えなければならない。

■ 生産要素の利用における問題

（1） 生産要素は収入をもたらす

三種の生産要素は，それぞれ有用な財やサービスの生産に必要なものであり，したがってそれらを提供することに対し，その所有者に何らかの形での報酬あるいは収入がもたらされるのは当然であると考えられる。逆にすべての収入はこの三種の生産要素の提供からもたらされるものであると考えられる。そこでまたすべての財やサービスの価値はこれらの生産要素の利用によって生ずるものという考え方が生まれた。

（2） 不労所得の問題

しかし生産要素の中で，資本ストックや自然環境の所有から生ずる収入は，本来その所有者の努力によるものではないし，特に地代はその土地固有の価値と無関係に上昇することがあるから，自ら「汗して働く」労働の場合とは違って本来「正当なものではない」という考え方も生まれた。さらに本当に生むものは労働だけであって，資本家の得る利潤や，地主の得る地代は労働者の生産したものの一部を取ったものにすぎないという考え方が生じた。これが労働価値説であり，マルクス経済学の基本的な考えである。

この問題に関して，資本ストックや自然資源が価値を生むか否かということと，資本や自然資源の所有者がその価値に当たる分を収入として得ることが正当であるかということとは，別の問題であることに注意すべきである。特に土地所有者が，外的条件の変化によって生じた地代や土地価格の上昇分を，すべて獲得する正当な「権利」があるかには疑問があることは，19世紀以来多くの人々によって指摘されてきた。

（3） 知的ストックの利用

なお生産要素としてもう一つ，技術，知識等の「ソフト」なストックも考慮すべきではないかということを先に述べた。このようなストックは一般に得られた後は減価することはないし，また，自由に利用することができる。しかし新しい技術や知識の獲得には手間も費用もかかることが多いので，その一部は特許権や著作権によってその利用が制限され，それを獲得するために努力した人に収入が保証されるようになっている。

この問題は最近知的所有権の問題として，改めて取り上げられるようになったが，科学的知識のような広い意味のソフトなストックの完全な私有を認め，そのすべての利用について対価を求めることを許すのは適当でないであろう。人類の知的資産は本来，人類の共有の財産であって，それの私的所有を認めることは人類社会の進歩を阻害することになるであろう。もちろんこのことは人類の知的進歩に貢献した人に対して，経済的に報酬を与えることを否定するものではない。しかしそれを知的ストックの利用価値と直接結び付けることは合理的ではない。

2.3　経済体制の変遷

■ 原始社会の社会構造

（1） 自然への依存

第1章で述べたように人々の暮らしは社会的分業によって成り立っている。社会的分業のあり方を決める社会的枠組は**経済体制**と呼ばれる。

人類が発生したのは数百万年前といわれるが，その後長い間，人類は自然にある植物や動物を採取したり，狩猟をして生きていた。すなわち人々の生活は全面的に自然資源に依存していた。

このような段階では人間の得ることのできる食糧には限界があり，一定の地域内で生きられる人間の数は多くなかったはずである。一方人間はまた大

型の肉食獣に襲われたり，食料がなくなって飢えたり，病気になったりすることも多く，死亡率が高かったので，あまり人口が増えることもなかった。このような時代には人々はいくつかの家族からなる比較的小さい集団を作って生活しており，それぞれの集団はそれぞれ自分達で採取や狩猟を行って，自給自足の生活をしていた。異なる集団が互いに接触したり交渉を持ったりすることはあまりなく，ある程度以上離れた集団は互いにまったく無関係に暮らしていたであろう。

（2） 社会的分業の萌芽

他方それぞれの集団の内部では人々は互いに協力し合い，また子供を生み育て，老人を助けるなどの点で分業を行っていたであろう。人々の毎日の暮らしは，食べられる植物や獲物をどれだけ見つけられるかにかかり，人々の行動の仕方は大部分慣習に従っていたと思われる。それだけで決められない問題が生じたときは首長の命令や，あるいは一定の資格を持つ人々の集会の決定に従ったであろう。いずれにしてもこのような**原始社会**における社会構造はきわめて簡単であった。

■ 共同体から国家へ

（1） 農耕・牧畜の発達

約1万年前，農業と牧畜が成立し，野生の植物や動物が人間に都合のよい形で栽培されたり飼育されたりするように変わると，食料やその他の目的に利用できる財の量は大幅に増大し，またその供給が**安定**するようになった。人々は規則的に食事を取り，衣服を身につけあるいはしっかりした家に住むことができるようになった。

人々は自分が消費する以上のものを生産することができるようになった。人々は生活の中で，いろいろなものを利用し，消費するようになり，また直接の生存には必ずしも必要のないものをも用いるようになった。

また一部の人々は，自分では直接必要な財の生産に従事することなく，他の人々の労働によって生み出されたものを消費して生活することができるよ

2.3 経済体制の変遷

うになった。それが王を中心とする支配階級や，それと結び付いた兵士，あるいは神官，僧侶などという人々であった。

（2） **共同体の誕生**

農業や牧畜が行われるようになると，人々の労働の成果を直接消費できるようになるためには時間がかかるようになる。その間の生活を維持するためには前年の収穫を貯えておかねばならない。特に農業の場合には土地を開墾したり，水路を開いたりして，農耕ができるような条件を整える必要があり，さらに種を蒔き，有害な雑草や害虫を取り除き，収穫し，さらに脱穀するなど，多くの労働を長い期間にわたって行わなければならない。そのためには労働を計画的に行う必要があり，また場合によっては多くの人々が協力して行わねばならない。そこで農業や牧畜が行われるようになると，人々が協力して仕事を行うための組織ができる。それが**共同体**といわれるものである。共同体の中では大体は慣習に従って，農業の労働やその他の生活上の仕事が行われ，人々の毎日の生活はほとんどそれによって決められることになる。

（3） **余剰生産物の発生**

しかし社会全体として財やサービスを生産する能力，すなわち**生産力**が高まってくると，共同体の中からそれに属する人々の生活を維持する以上のもの，つまり**余剰生産物**が生み出されるようになる。そうするとそのような生産物は2つの目的に使われるようになる。

一つはそれを他の共同体の余剰生産物と交換して，自分自身では獲得できないものを得ることである。それが**交易**の始まりである。交易は最初はたまたま余ったものを交換するという形で行われるが，それがだんだんと発達すると，やがて他と交換することを目的とする生産，つまり**商品生産**が行われるようになる。また交換に必要なものの一部も，交換を通じて手に入れるようになる。また交易が発達すると，そのことに専門に従事する人も生まれてくる。こうして**商業**が成立し，商人というものが生まれる。

（4） **国家の形成**

余剰生産物が使われるもう一つの目的は，共同体より大きい範囲における，

社会組織を維持することである。生産力が増大し社会が複雑化してくると人々の日常の暮らしの範囲を越えた政治的な組織として**国家**というものが成立する。国家はその機構を通じて，余剰生産物を租税というような形で徴収し，あるいは人々を直接労働させて国王や支配階級の生活を維持するのに必要な財を手に入れたり，宮殿や神殿などの建築物を建てたりする。

　一方では国家はその領域内の人々を外敵の侵入から守り，あるいは共同体間の戦争や，人々の紛争を抑制して，秩序を維持して生活や通商の安全を保障する。また道路を作ったり灌漑や排水のための施設を建設するなど個々の共同体だけではできない仕事を行う。

　このように社会組織が複雑化するにつれて，主として農業，牧畜に従事している共同体の外に，いろいろな仕事によって生活を維持する人々が生まれる。国王やそのまわりの支配者のほか，軍人や兵士，国家を運営するための役人や書記，国家的な祭祀を行う僧侶や神官，大規模な建築や支配階級のための特別の品物，あるいは道具や武器などを製造する特定の技術を持った職人，そして商業にもっぱら従事する商人，さらには学問や芸術などの文化的な活動を専門とする人々などである。またこのような人々がまとまって住む**都市**というものが生まれてくる。こうして次第に社会的分業の範囲が拡げられてきた。

■ 文明社会の拡大

（1）　交易の発展と文化の交流

　社会的分業が共同体の範囲を越えて大きく拡がった社会が**文明社会**である。
　それは最初はいまから6000年ほど前，メソポタミアで成立したと考えられている。文明とともに高度な文化が発達する。西暦紀元1年ごろには東は中国の漢帝国から，西はヨーロッパのローマ帝国まで広い範囲に文明社会が拡がった。そうしてその間にはシルクロードといわれる交易路を成立して世界的な規模で交易が行われるようになった。高度の文明社会が成立すると，それはその周辺の社会にも影響を与えるようになった。交易やその他の方法に

よって文明の産物が周辺社会にも流入し，また文化も発達して，次第に文明社会が拡大した。

しかし文明社会が野蛮と見なした周辺社会と文明社会との間には，交易や通交といった平和的な関係が成立した場合もあるが，それがうまくいかなくなって，戦争が行われることも少なくなく，文明の側からの征服と支配，周辺からの侵入と破壊がしばしば行われた。その結果，広い範囲にわたる大帝国が建設されることもあり，また文明が衰退し，文明国が衰退あるいは滅亡することもまれではなかった。

古代の文明国では，皇帝や国王といわれた最高権力者などを頂点として貴族や大地主のような貴族から下は奴隷に至る，大きな階級の格差が生じた。しかし古代文明社会を奴隷制社会と呼ぶことがあるがそれは正しくないと思われる。つまり生産を担う労働力の大部分が奴隷であったとは考えられないからである。

（2） 古代から中世へ

古代の文明は西暦3世紀ごろになると，北方民族，いわゆる蛮族の侵入によって混乱，衰退する。西は中国から東はヨーロッパまで，多くの国家の興亡を繰り返すが，全体的に混乱は数百年間続いた。

しかし7～8世紀になると，文明は新たな発展を始める。中国の唐文明，中近東のイスラム文明，そして西ヨーロッパにおいてシャルルマーニュ（Karl Charlemagne, 742–814）の帝国の建設が，その中の顕著な事実である。日本や朝鮮半島，西ヨーロッパなど，これまで文明の周辺地域にあった地域にも文明が定着し国家が形成されるようになる。それは世界史の中世の文明である。

■ 中世の社会構造

（1） 封建制の形成

国家形成の初期には，支配階級は最高権力者と，その周辺の有力な家族とからなっており，その一族や貴族が土地や人民を支配していたが，中世になると，世界各地でいくつかの異なるタイプの社会体制が形成され発展する。

一つは武力を持って農民を支配する武士あるいは騎士階級が、大領主や君主に忠誠を誓って主従関係を結ぶという形で組織される、分権的な社会組織であり、**封建制**と呼ばれる。

そこでは生産の中心は農業であり、それを担う農民は自由に土地から離れることを許されず、領主に年貢を納め、あるいは労働を提供する義務を負っている。大多数を占める農民は基本的に共同体の中で自給自足の生活を営んでいるが、そのほかに農民や領主のための武具や贅沢品を作る職人階級また遠い場所との交易に従事する商人階級も存在し、都市も形成される。支配階級である武士と農民、職人、商人はそれぞれ異なる身分として現れ、その身分は原則として生まれによって決まる。

このような封建制の下でも、次第に交易が発展し、商人や職人の住む都市には富が蓄積されるようになる。西ヨーロッパと日本では中世の間にこのような封建制が形成された。

(2) 中国の官僚制

他方中国では絶対的な権力を持つ皇帝の下に集権的な国家が形成され、それを支える官僚が形成された。官僚層はまた土地を多く所有する地主でもあるのがふつうであったが、その力は農民を直接支配することではなく、強大な国家機構の一部となることによって得られたのである。そうして強力な国家は大きな経済力を独占して、豪華な宮殿を作り、軍隊を養い、また道路や運河、灌漑などの大規模な施設を造営した。またモンゴルなどの遊牧民族の間では、家畜の支配を中心とした政治経済システムが形成された。

中世の文明をすべて「封建社会」と呼ぶことがあるが、ヨーロッパ・日本の分権的な本来の封建制と、中国の宋以後の王朝国家のような**官僚制専制国家**とは、あきらかに異なる性格のものであるから、それを同じ封建制ということばで呼ぶのは正しくないであろう。

(3) 中世の終焉

中世の末期13～14世紀になると、日本から西はヨーロッパの西端までユーラシア全体にそれぞれ異なる性格と制度を持った文明社会が成立するととも

に，その間の交易も盛んに行われるようになった。

しかし14〜15世紀になると，ペストなどの流行，続く戦乱，農民の反乱などによって多くの場所で人口は大きく減少し，社会秩序は解体して，文明が衰退し，世界史上の中世は終わる。

■ 産業資本主義の形成

（1） 貿易と産業の発展

16世紀から新しい文明が再び勃興し始める。西欧諸国はポルトガル・スペインを始めとして，海外発展を開始し，新大陸を発見，征服して，南北アメリカに存在した独自の文明社会を滅ぼして，それをヨーロッパ文明世界の中心に組み込み，他方アジアまで進出して，次第に**世界貿易**を支配するようになる。

その中で蓄積された資本によって商業や産業が発展する一方，社会組織としての封建制が解体され，イギリス・フランスなどの民族国家が形成され，それらの国家は強大な権力を持って社会秩序の継続，安全の確保，産業の発展に努力する。西欧諸国は全体としてその世界支配を拡げる一方，**覇権**をねらって相互に争う。その中で世界貿易と国内市場がともに発展し，新興の商人，産業家，農業経営者等のブルジョア階級の力が次第に増大し，資本主義的システムが成長してきた。

（2） 産業革命の時代

18世紀後半になると，新しい技術の開発が進み，特に蒸気機関の開発が機械の改良，鉄道の発明と結び付いて，急速に産業，特に工業が発展する。これがいわゆる**産業革命**であり，その中で**資本主義システム**が支配的な位置を占めるようになる。それによって社会経済システムとしての**産業資本主義**が形成される。

産業革命は最初イギリスで展開されたが，19世紀にはフランス・ドイツ等の西ヨーロッパ諸国および北アメリカにも及び，それらの国々が産業資本主義の時代に入るとともに，イギリスを始めとする西欧諸国は，圧倒的な経済

力と，経済力および技術力に裏付けられた軍事力を持って，世界を支配するに至る。1870年代以降になると，西欧諸国は世界中に進出を始め，アフリカを分割し，インドその他を**植民地**としてしまう。さらにその他のアジアや中南米の国々をも事実上支配するようになる。いわゆる西欧帝国主義の時代である。

(3) 近代化の波及

西欧資本主義国は植民地や従属国に投資してそこを自国の工業品等の市場とするとともに，鉱産物や農産物の**供給地**として利用して利益を得ることができた。それによって世界のほとんどの部分が世界的な**分業**の中に組み込まれることになった。

西欧以外の地域では，16～17世紀以降，中国の清朝，インドのムガール帝国，オスマントルコ帝国，あるいは日本の徳川幕府体制などの文明国が成立し，それぞれに発展したが，19世紀になるとそれらの国々の社会経済的発展は大きく西欧に遅れ，西欧の植民地ないし従属国の地位に陥らないためには，自らを西欧社会に似た形に改造することが必要となった。このようにして西欧に成立した**近代文明**が世界に及ぶようになった。

■ 資本主義システムの進展

(1) 自由主義経済

西欧近代文明は，市場経済の原理と資本主義システムが支配する経済システムに基礎をおいていた。それは経済行動が国家や共同体の規制から自由になることを原則としており，国内では取引の自由，国際的には貿易の自由を原則としていた。このようなシステムは人々のエネルギーを解放し，大きな経済発展をもたらした。アダム・スミスは，人々がそれぞれ自分の利益を自由に追求することから，全体として大きな経済的利益がもたらされることを「見えざる手」の働きにたとえたのである。

しかし産業資本主義の発展は影の部分をもともなった。資本を持つ人々，つまり資本家の手に莫大な富が蓄積される一方，不利な条件の下で競争にさ

2.3 経済体制の変遷

らされた労働者は，低い賃金しか受け取ることができず，**貧富の差**は大きくなった．特に産業革命の初期には多くの女性や子供を含む労働者の生活条件は悲惨なまでに低くなった．

（2） 社会主義の始まり

このような条件の中から，労働者の条件の改善を求める労働運動や，資本主義システムそのものの廃止あるいは根本的な改革を求める社会主義の運動も起こってきた．その中で経済全般が発展するとともに，労働者の生活条件も次第に改善され，労働組合による団体交渉などの権利も認められるようになった．

社会主義は，資本主義や封建制とは違って自然発生的に生まれるものではなく，意識的に構想されたものである．社会主義の思想にもいろいろなものがあるが，基本的には資本の私有を禁止，あるいは制限して，資本を国有あるいは共同所有とし，労働者が個人あるいは私企業によって雇用されるのではなく，国家ないし国有企業，あるいは何らかの公的な集団に帰属して働くという形を採用するものである．それによって労働者やその他の人々の生活を保証し，貧富の差が生じることを防ぎ，また公共的な施設や，医療教育などの公共的サービスをすべての人に平等に提供しようとするものである．

また資本主義システムの下で，経済はかつてない早さで成長したが，しかしまたそれは周期的な恐慌や不況に襲われることになった．そのようなときには，商品は売れなくなり，価格は下がり，企業は多数倒産して，失業者が大量に生じた．これは資本家がそれぞれに騰貴や利潤を得ようとして生産を行い，商品を供給する一方，労働者の賃金はできる限り低くしてコストを下げようとする結果，商品の供給と需要との間にギャップが生ずるためであると考えられた．社会主義者は資本主義システムから生ずる社会的混乱や失業などの弊害を防ぐために，国家が資本を管理して，計画的な生産を行う必要があると主張したのであった．

■ 独占資本主義の時代

(1) 独占資本主義の成立

19世紀の後半になると産業資本主義は一層発展して，鉄鋼や化学などの重工業が発展した。それとともに工場や鉄道などの建設に要する資金は莫大なものとなって，個人の資本家ではまかなうことができないものとなり，多くの人から資金を集めて経営を行う**株式会社**が発達した。その中から競争相手を抑えて市場を支配するような巨大な企業が発生してきた。そのような力を持つ私企業は**独占資本**と呼ばれる。巨大な独占資本が成立して，競争相手が締め出され，あるいは小数の大企業が市場を占有するようになると，競争は制限されることになる。このような状態が一般的になった時代は**独占資本主義**の時代といわれる。19世紀末から，ドイツ，そしてアメリカ，さらにその他の西ヨーロッパ諸国は独占資本主義の時代に入る。

この中で科学や技術はさらに一層進歩し，金属，化学，電気などの技術とともに新たな工業や鉄道，船舶，電信電話などの産業も大きく発展した。そうしてその中でコンベヤーシステムを用いる**大量生産システム**がアメリカで発展した。それはそれを用いて自動車を大量に生産したヘンリー・フォード (Henry Ford, 1863-1947) の名を取って**フォード・システム**と呼ばれる。

(2) 官 僚 制

20世紀になると，工業だけでなく，運搬，通信，あるいは商業，金融などの分野でも，大勢の人々を雇用する**大組織**，**大企業**が成立した。それらの組織の多くは巨大な独占資本の私有あるいは支配するものであったが，国家の機構や公共機関，軍隊も多数の人々を抱える大組織となった。そうしてそこには多数の一般労働者や事務員などが雇用されるとともに，それを管理するための，経営者から中間，あるいは下級管理職に至る，階層的な管理機構も成立した。大組織間では企業は複雑に，そして高度に組織化される一方，社会的分業のメカニズムはきわめて複雑になった。

大組織は，企業でも国家機構でも，あるいは軍隊や労働組合，さらには教会のようなものでも，すべて，多数の一般労働者や事務員，兵士などと，そ

れらの人々に命令を下す管理者や職員，あるいは技師などの2種類の人々から構成されることになった。そうして管理組織に属する人々は上下階層をなして，それぞれの権限と義務，命令系統は厳密に規定されていた。マックス・ウェーバー（Max Weber, 1864-1920）はこのようなシステムを**官僚制**と呼んだ。それはもともと中国の中世国家において作られたものであったが，近代になるとすべての大組織が一定の仕事を効率的に遂行するために採用することになるとウェーバーは指摘したのである。

（3） 近代社会の矛盾

近代社会になると，すべての人々は法律的には平等になり，すべての社会的交流は，国家が合法的な権力にもとづいて行うこと以外は，すべて当事者の自由な意志による合意によって行われることが建前になった。それがまた市場経済の原則であり，政治的民主主義の前提でもあった。

個人の自由と平等は，近代社会の大原則であり，基本的な建前であったが，しかしそれにはいくつかの例外があった。

一つは**家族関係**である。近代の初期には人々の間の平等といっても事実上男性だけの間のことで，家族の中では妻は夫に従属するものとされていた。20世紀になって男女の平等が確立され，夫婦は対等の権利を持つものとされたが，なお親子の関係については，親から子への一方的な扶養義務と親権があり，逆に子から親への養育の義務があるとされている。これは近代社会の自由主義の原理からすれば不合理となるかもしれないが，親子関係を当事者の対等で自由な合意によって形成されるものなどとすることは不可能であることはいうまでもない。

第二は**組織内の上下関係**である。官僚制の中では下位の者は上位の命令に服従しなければならないのであって，そこで異議を唱えることは原則として許されない。そのことは軍隊ではもっとも明白で，すべてどんな民主的な軍隊でも，作戦計画を兵士の民主的な投票によって決めるなどということはあり得ないし，いわんや個々の兵士が戦闘に参加したりしなかったりする自由などは存在し得ない。そのことはより平和的な組織でも，原則としては変わ

りない。

　それだけでなく，将校，あるいは職員と，兵あるいは一般労働者とは，組織の中では身分的に区別されていて，日常的に異なった扱いを受け，またその間を越えることは原則としてできない。将校あるいは職員・管理者身分の者は，初期には出身階級によって，後には出身学校によって最初からそれとして組織に加わり，兵や労働者から昇格することは稀にしかない例外にすぎない。このことは近代社会の民主主義の原理に反するものと感じられるかもしれないし，またそれを前近代的な圧制の遺物と考えることもあるが，しかしそれが実は近代社会の大組織の原理そのものから生まれたものであることには注意しなければならない。

　第三は**所得，あるいは収入による差**である。伝統的な貴族，あるいは土地所有者に加えて，成功した資本家，大企業や国家機構などの大組織の長，あるいは上層管理者が，大きな所得を得て豊かな生活を営み社会の上層を構成した。大組織の中間管理者，中小企業の所有者，経営者等がある程度以上の所得を得て概して安定した生活を営むことができて，一般に中産階級と呼ばれる中間層となった。そして一般労働者あるいは近代的大企業に入っていた職人や，小商人，農民等が一般人民の大多数を構成した。この３つの階層の人々は自ら社会的にも区分され，近代社会における３つの階級を構成することになる。

　マルクス（Karl Marx, 1818–1883）は資本主義経済の発展とともに，社会がますます上下の二層に明確に分解して，資本家を中心とする小数のブルジョア階級と，工場労働者を中心とするプロレタリア階級との２つの階級に分化すると主張したが，現実には大組織の成立とともにむしろ中産階級が増大した。

■ 世界大戦と社会主義の時代

（１）　ソビエト連邦の成立

　20世紀に入ると，ヨーロッパ帝国主義国間の対立から第一次世界大戦が勃発した。それはすべての当事国の予想を越えて長期化し，莫大な人命の被害

と経済的損失を生じた．それによってヨーロッパ諸国は疲弊し，社会秩序は動揺した．ロシアでは革命が起こって共産党（ボリシェヴィキ）が政権を握り，最初の社会主義国家ソビエト連邦が成立した．その他の多くの国々でも君主制が倒れ，社会主義政党が政権に加わるなど，多くの社会的政治変動が起こった．

日本は近代化を進めて帝国主義国の仲間入りをする一方，中国やオスマントルコのような古い国々にも革命が起こり，近代化へと進むようになった．インドその他の植民地でも独立を広める運動が活発になった．

（2） **資本主義経済の混乱**

第一次大戦後，一時安定化するかに見えた世界経済は1930年代に入ると，**大不況**に突入する．世界の資本主義国では失業者が大量に生じ，企業の倒産が減った．農産物の価格も大きく下がり，街には多くの失業者が飢える一方，農村では農産物が売れないままに腐り，農民も困窮するという状況が生じた．低開発国や新工業国もその生産物の需要が大きく減り，価格が暴落して困難に陥った．

この中で，ソ連は五カ年計画によって工業建設を進めることができた．またドイツではヒトラー（Adolf Hitler, 1889–1945）が政権を取ると，アウトバーンなどの大規模な公共事業と再軍備によって失業をなくし，またアメリカはフランクリン・ルーズベルト（Flanklin Roosevelt, 1882–1945）が**ニューディール政策**の名の下に大がかりな政策を進めて大不況に対処しようとした．

1930年代には，資本主義経済は，自然の成り行きにまかせたのでは混乱と困難に陥ってしまうことがあきらかであると多くの人々は考えたのである．

その中で革命によって権力を奪取し，資本主義制度を打倒して社会主義に変えようとする**共産主義**，民主的な社会を通して漸進的に社会主義化を進めようとする**社会民主主義**，資本主義そのものは否定しないが，それに国家による統制を加えて行こうとする**ファシズム**や**ナチズム**，さらに政府の財政・金融による政策を主体としつつ，経済への介入を強化して経済の順調な回復を計ろうとする，ニューディールや，経済学者ケインズ（John Maynard Keynes,

1883-1946）の考え方などが現れた。

■ 第二次大戦後の世界

(1) 社会主義国の増加

　第二次大戦の結果，ナチズムやファシズムは敗れ去ったが，ソ連は東欧を占拠して，そこの国々に社会主義政権を成立させ，また戦後間もなく中国に共産党政権が成立して，社会主義体制を取る国々は大きく拡がった。

　また先進資本主義国においても，ケインズの考え方が広く受け入れられ，また戦時中から戦後にかけて一般国民の生活を失業や病気，老後などの災難から守る社会保障制度が確立されて，資本主義経済の論理と政府の介入によってチェックし，その望ましくない影響を除くという考え方が一般的となり，政府がその収入と支出とを通じて経済に占める比率が大きく上昇した。このような社会はもはや純粋に資本主義とはいえないという意味で**混合経済体制**と呼ばれることもあった。

(2) 冷戦構造の時代

　また第二次大戦後，一部は激しい戦争の後，世界の植民地はほとんどすべて独立することとなった。それらの新しい国々は，多かれ少なかれ社会主義的な考え方を取り入れて，経済建設，社会の近代化を進めることとなった。

　第二次大戦後，20世紀の第三四半期は，世界的な経済発展の時代であった。先進資本主義国，社会主義国双方において生産が大きく伸び，経済が発展した。新たに独立国となった開発途上国も含めて世界全体として人口が急速に増大し，生産が拡大した。

　この時期には他方ソ連とアメリカをそれぞれ中心とする社会主義諸国と資本主義・自由主義諸国の間の政治的イデオロギー的対立が激化し，いわゆる冷戦状態となって，2つの地域の間の自由な交流，交易は妨げられた。世界のすべての国々は何らかの形で**冷戦**にまき込まれる一方，開発途上国の多くの国々はどちらにも加わらない非同盟主義を唱えた。

2.3 経済体制の変遷

（3） 社会主義経済の破綻

しかし1973年に石油輸出国が共同して原油価格を一気に引き上げたことによって起こったいわゆる**オイル・ショック**をきっかけとして，世界経済は再び困難な時期に陥った。多くの資本主義国では，長年の財政赤字の累積によって国家財政が危機に近づき，ケインズ的政策からの転換が行われて，政府の保障を小さくしようとする政策が取られることになった。

社会主義諸国では経済の円滑な回転が滞り，経済成長率は低下し，国民の不満は高まった。また社会主義体制は労働者や農民を主体とする建前であったが，実際には共産党と国家機構を支配する独裁的指導者や官僚が国民を抑圧することが多かった。

政治の民主化と経済の効率化を目ざす改革の動きは間に合わず，結局1990年ごろになってソ連を始めとする社会主義政治経済体制は急速に崩壊して，社会主義は否定されるに至った。中国でも市場経済化が行われ，社会主義経済システムは解体された。そして冷戦は解消した。

（4） アジアの経済発展

第二次大戦後新たに独立した多くの開発途上国はインフレーションや高い失業率，生産の減退に悩まされた。しかし他方，一部の国では急速な経済発展を遂げた。最初は日本が敗戦後の混乱の中から急速な発展を遂げ，いわゆる高度成長期を経て，最先進国の水準に達した。その後韓国が朝鮮戦争による破壊と混乱の後，1980年ごろから急速な発展を始めて，いまでは先進国水準に近づきつつある。その後，中国の一部も含めて東アジア，東南アジアの国々がこの発展に加わりつつあり，いまやこの地域は世界の中でももっとも活発な経済活動が行われる場所となっている。

■ 市場経済の勝利か？

20世紀末になって，社会主義経済体制や，統制主義的経済機構，あるいはケインズ主義的経済政策はすべて失敗し，市場経済の論理にもとづく資本主義経済体制のみが生き残っているように思われる。そうして市場経済の論理

によって最近急速に発展しつつあるアジア諸国の状況は，資本主義経済，少なくとも**市場経済の論理**が経済システムとしてもっともよいものであることを実証しているかのように見える。

しかし果たしてそうであろうか。現実には資本主義経済体制も多くの困難に直面している。またかつての大不況のような事態が再現することがないと断言することもできない。

そこで世界の経済の将来の展望について考える前に，市場とは何か，市場経済とはどういうものかについて，次の章以下で立ち入って考えよう。

3

市場の構造

　商品が取引される場である市場は古くから発達してきたが，近代になるとほとんどすべての財やサービスが市場を通して交換され流通するようになり，経済全体が市場の論理によって支配されるようになった。そこで市場というものの機能を理解することが，現在の経済を把握する上で基本的な重要性を持つことになる。

3.1 市場の仕組み

■ **市場と価格**

（1）市場とは

　経済学では，しばしば市場ということばが用いられる。市場とは簡単にいえば商品が取引される場である。

　一つの商品について，それを売って貨幣を得たいと思う人と，貨幣を持っていてそれを買いたいと思う人があるであろう。しかし売りたい人と買いたい人が出会うことがなければ，**商品と貨幣の交換**，つまり**売買取引**は成立しないであろう。このような出会いの場がつまり**市場**というものである。

　市場のもっとも簡単な形はいわゆる，**市**（いち）である。野菜市場のような場合を考えると，そこには農家の人が自分で生産した野菜を売るために持参し，一方野菜を買いたいと思う人はお金を持って買いに来る。普通売り手は自分の商品を並べて適当と思う価格をつける。買い手はそれを見て，適当と思えば，ほしいと思う量を買うであろう。場合によっては買い手はその価格が高すぎると思って，価格を下げるよう要求し，売り手との交渉によって最初に売り手がつけた価格より低い価格で売買が行われるかもしれない。

　また同じ商品を売る売り手が多数いれば，もっとも低い価格をつけたものから売れることはあきらかである。そこで売り手は他の売り手のつけている価格を見て，最初につけようと思っている価格より低い価格をつけて自分の商品を売ろうとするかもしれない。つまりこれが**売り手の間の競争**というものである。しかしまた市場で取引される価格があまり低すぎると思えば，ある売り手は自分の商品を引き上げて持って帰ってしまうかもしれない。

　逆に，ある商品に対して多数の買い手がいて，現在示されている価格を買い手が買いたいと思う量は，出されている商品の量より多くなるかもしれない。このときには一部の買い手は他の買い手より高い価格を申し出て，商品を手に入れようとするかもしれない。そうするとその商品の価格は上がるで

あろう。そうして一部の買い手はあまり価格が高すぎると考えて，買うことをあきらめるであろう。これが**買い手の間の競争**である。

（2） 市場価格の成立

売り手と買い手の競争によって，商品の価格は動き，結局その価格を売り手が売りたいと思う量と，買い手が買いたいと思う量とが一致するところになれば，価格はそこで定まり売買が行われるであろう。このような価格を**市場価格**，あるいは**市場均衡価格**という。

現実の経済の中で，市場価格が成立する過程は複雑である。一番わかりやすいのは「せり」あるいは「競売」というやり方である。それは多くの買い手と売り手が集まっている場所で，競売人が一つ一つの商品について，まず適当に価格を示し，その価格で売ってもよいという売り手と買ってもよいという買い手を募る。

ここで売り手のほうが買い手より多ければ，競売人は価格を少し下げる。逆に買い手のほうが多ければ，価格を上げる。そうしてまた売り手と買い手を募る。このようなことを繰り返して，売り手の数と買い手の数，あるいは売り手が売りたいと思う量と買い手が買いたいと思う量が一致したら，そのときの価格で取引を行うのである。この場合，売り手と買い手が一致するまでは実際の取引は行われない。

実際に多くの商品の市場での取引の形はさまざまであって，多くの売り手と買い手とが直接一か所に集まって価格を決めるという場所はむしろ例外である。しかし何らかの形で需要と供給を一致させるような過程があって市場価格が定まると考えられるのである。

（3） 供給と需要

ある商品の一定の価格に対して，その価格で売り手が売ってもよいと思う商品の総量を，**その価格に対応する供給**という。

またその価格を買い手が買いたいと思う商品の総量を，**その価格に対応する需要**という。価格が変われば，供給と需要は変化する。一般に価格が上がれば，供給は増えて，需要は減るであろう。

図3.1 供給曲線

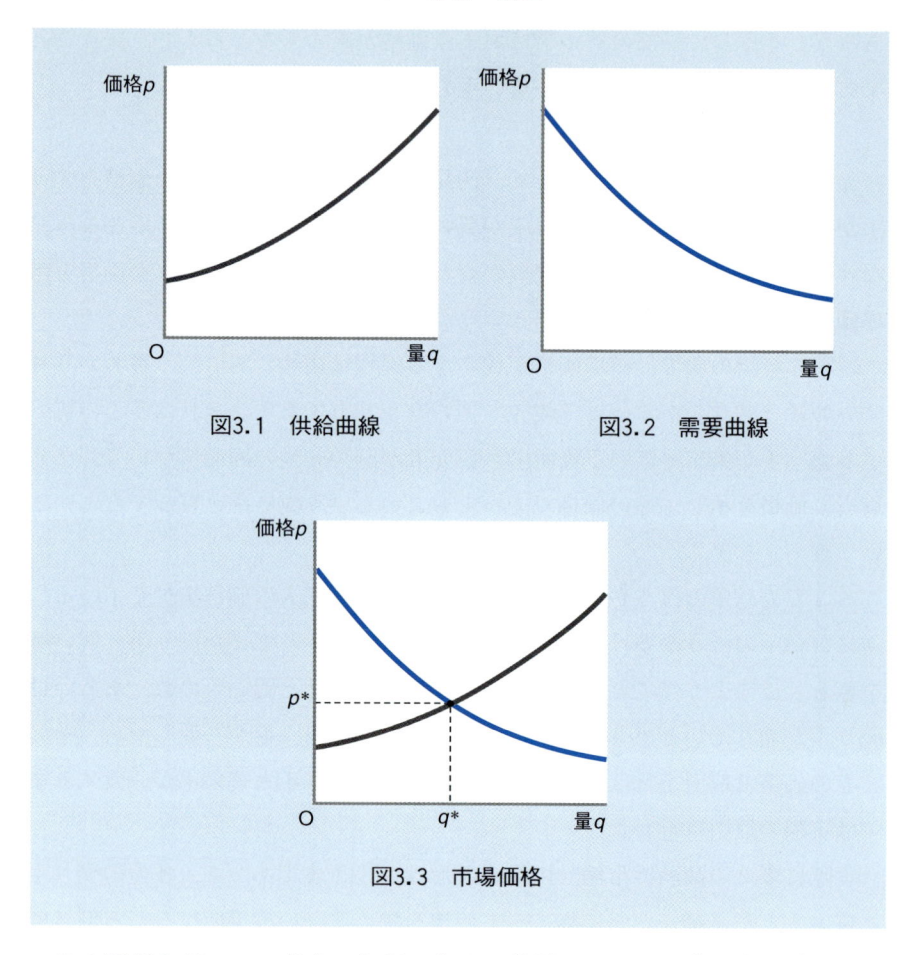

図3.2 需要曲線

図3.3 市場価格

　この関係をグラフに表すことができる。普通のグラフの表し方と逆になるような感じがするが（実はこれが都合がよいことは次の節でわかる）縦軸に価格 p をとり，横軸に供給，あるいは需要の量 q をとる。そして対応する価格と供給，および需要との関係をグラフに表せば，2本の曲線が得られるであろう。これをそれぞれ**供給曲線**（図3.1），**需要曲線**（図3.2）という。上に述べたことから，一般に供給曲線は右上り，需要曲線は右下りになる。

　2つの曲線の交点が需要と供給の一致するところを表す（図3.3）。その点の供給が**市場価格** p^* であり，q^* がそのとき市場で実際に取引される量を表す。

3.2 市場における行動と限界原理

■「限界効用」という概念
（1）効用とは

市場において人々は与えられた条件の下で自分の利益を最大にするように行動すると考えられる。

いま，ある人がある商品を買いたいと思っているとしよう。そしてこの商品を q という量だけ買うときの，その人にとってのこの商品の価値あるいはそこから得られる満足度（これを経済学では**効用**と呼ぶ）を貨幣額で表した値が u 円であるとする。商品の価値や満足度というようなものを一定の数字ではかれるかどうかという問題があるが，ここではその人が，この商品 q 量を u 円以下で買えるならばそれだけ買うが，u 円より高ければ買おうとしないならば，その人がこの商品 q 量の価値あるいは満足度を u 円に等しいと思っているとしてよいであろう。

（2）限界効用

ところで一般にこの効用 u は，その量 q が増加すれば増加するであろう。そこで u を q の関数として

$$u = f(q)$$

と表すならば，f は q の増加関数になる。

ここで q がわずかな量 Δq だけ増えれば，一般に効用 u もわずかな量 Δu だけ増加するであろう。（Δ（デルタ）は増加分を表す記号。）

すなわち

$$u + \Delta u = f(q + \Delta q)$$

そこで Δu と Δq の比

$$\frac{\Delta u}{\Delta q} = \frac{f(q + \Delta q) - f(q)}{\Delta q}$$

をこの商品が q 量あるときの（この人についての）**限界効用**という。つまり

図3.4 限界効用

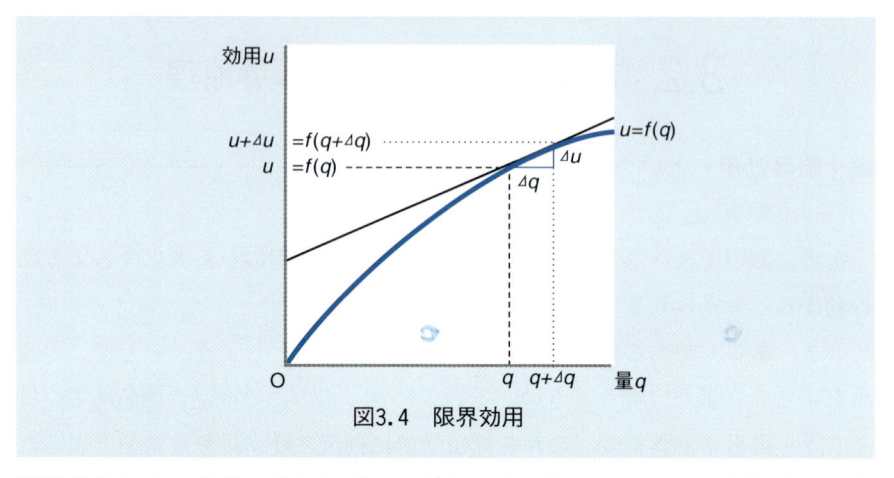

限界効用とは，商品の量がわずかに増えたり（あるいは減ったり）するときの**効用の変化する率**を意味する（図3.4）。

（3） 限界効用低下の法則

一般に商品の量が増加すれば，それをさらに増やすことによって得られる効用は次第に減少するであろう。たとえば空腹なとき，最初に食べるパンの効用はきわめて高いが，ある程度食べた後ではそれ以上のパンの効用は減り，ある点までいけばゼロになってしまうであろう。このように限界効用は，量 q が増加すれば減少していく。これを**限界効用低下の法則**という。

限界効用低下の法則は，ほとんどすべての場合に当てはまると考えられるが，ある程度まとまった量がなければ価値がないようなものについては，q が小さいときには限界効用が増加することもあり得る。また逆にいわゆる「珍しいもの」については，量が少ないこと自体が価値と考えられるので，量が増加すると限界効用が急速に下がるだけでなく，マイナスになってしまうこともある。宝石や骨董品などはその例である。

■ 消費者余剰

（1） 限界効用と価格の関係

いま限界効用低下が成り立っているとして，この商品の価格が p であると

図3.5 効用と購入量の関係

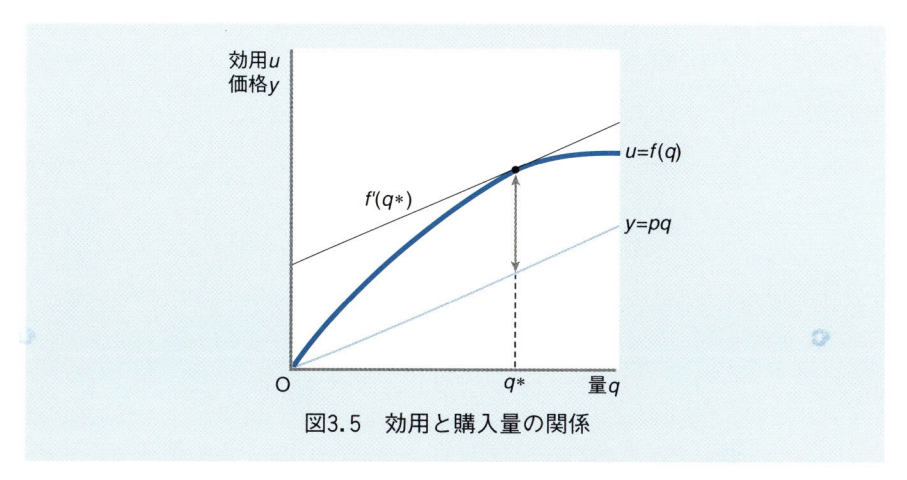

しよう．このとき最初の，つまり $q=0$ のときの効用の増加の程度，すなわち限界効用が p より小さければ，この商品を買っても，支払う価格より小さい効用しか得られないから，この人はこの商品を買うことはないであろう．もしそれが p より大きければ，とにかくこの人はそれをどれだけか買うであろう．

そこでいま，量 q だけ買おうと思ったとき，そのときの限界効用がまだ価格 p より大きければ，その人は買う量を増やすことによって支払う価格より大きい追加効用が得られることになるから，量 q を増やそうとするであろう．一方，もし限界効用が価格 p より小さくなってしまえば，買う量を減らせば支払う額の減少が効用の減少より大きくなるから，量 q を減らそうとするであろう．結局限界効用が価格 p に等しくなるように買う量 q を決めるであろう．

（2）グラフによる分析

このような量 q と効用 u の関係をグラフに表せば図3.5の青色の太線のようになる．そうすると量 q に対応する効用の増加の度合い，限界効用は，その点でのこの曲線の勾配（$f'(q)$ と示す．$f'(q) = \Delta u/\Delta q$）に等しくなる．この限界効用と量 q との関係をまたグラフに表せば図3.6のようになる．そうしていま，この商品の1単位の価格が p であれば，図の q^* で表される量を買うことになる．

ところで q^* より小さいところでは単位当たりの効用は p より大きい．そこ

図3.6 消費者余剰

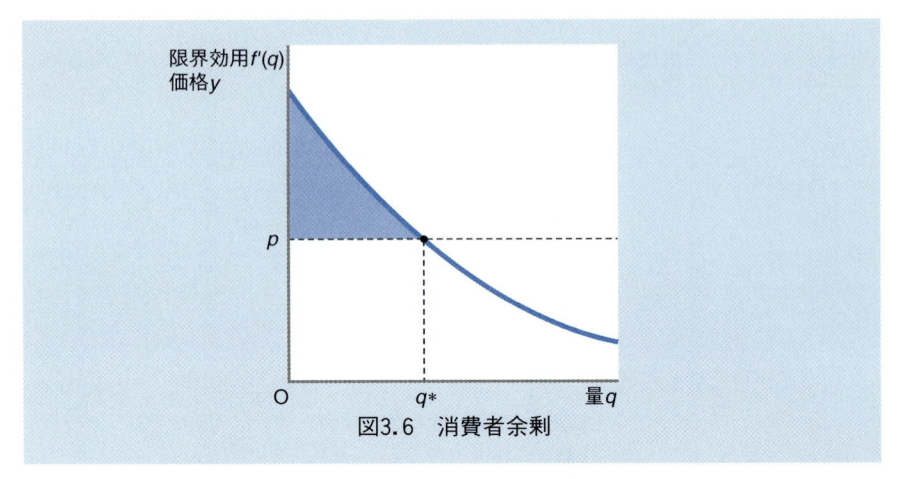

でこの商品を価格 p で買うことができれば，その点での限界効用と p の差だけの，いわば利益があることになる。

したがって量 q^* を買えば図3.6の青色部分だけ，得られる効用が支払う金額より大きくなる。それを**消費者余剰**という。

図3.5の方で見れば，買う量 q に対して支払う金額 y は，直線 $y = pq$ で表される。そこで効用を表す曲線 $u = f(q)$ と，この直線との開きが消費者余剰の大きさを表すことになる。消費者余剰が，$u = f(q)$ の勾配が p に一致する $q = q^*$ の点で最大になることはこの図からもあきらかであろう。

以上のような議論の中では貨幣の価値は一定と仮定してきた。この仮定も全般的には成り立たない。しかし特定の人について特定のときに一商品について考える場合は，貨幣の限界効用が一定と考えてよいであろう。

また一つの商品を買う人が多数いる場合，それぞれの人はみな限界効用が価格に一致するように買う量を定めることになるが，このことはその価格で表される効用が，すべての人にとって同じであることを意味するわけではないことに注意しよう。むしろ金持ちの人にとっては貨幣の効用は小さく，貧しい人にとっては高いので，金持ちの人は高価なものを買ったり，一つのものを多量に買ったりすると考えられるのである。

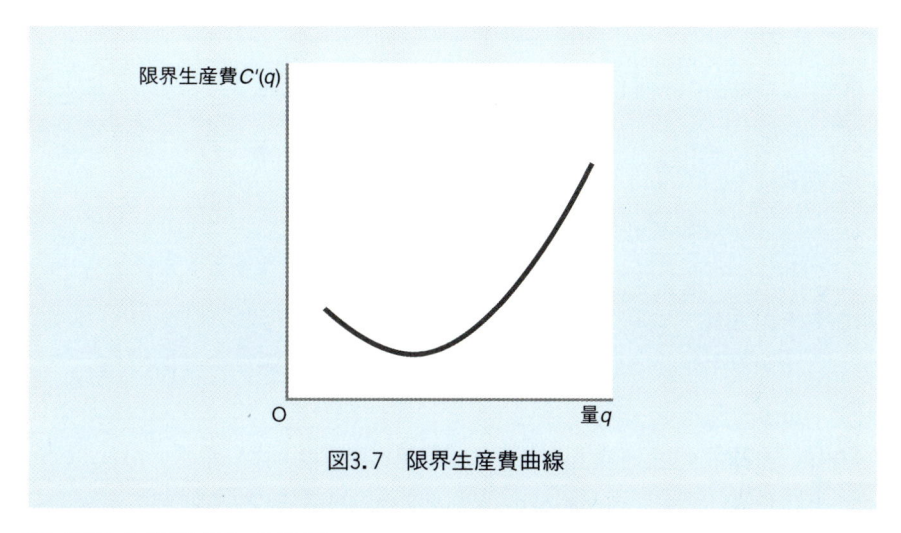

3.2 市場における行動と限界原理

図3.7 限界生産費曲線

■ 限界生産費増加の法則

次に売り手の側について考えよう。いまある商品を生産して売ろうとしているとしよう。この商品を量 q だけ生産するとき生産費 C を

$$C = g(q)$$

と表そう。一般に生産費は**固定費**と**変動費**に分けられる。固定費 C_0 はそもそも生産を始めるために必要な費用である。これに対し変動費 $C_1(q)$ は生産する量によって変化し、一般に q が増大すれば増加する量である。すなわち

$$C = C_0 + C_1(q)$$

と表され、$C_1(0) = 0$ である。このとき生産量 q をわずか Δq に変えたときの変動費の変化の率

$$C'(q) = \frac{C_1(q + \Delta q) - C_1(q)}{\Delta q} = C'_1(q)$$

を**限界生産費**（あるいは**限界費用**）という。

限界生産費 $C'(q)$ は一般に量 q が小さいところでは q の増加とともに減少し、次にある範囲ではほぼ一定になり、やがて上昇するであろう。つまり q がある値より大きくなれば**限界生産費増加の法則**が成り立つと考えられる（図3.7）。

■ 生産者余剰

いまこの商品の一単位当たりの価格が p に等しいとしよう。そうすると量 q だけ生産して売れば売上によって得られる金額は pq となる。一方そのときの生産費は $C_0 + C_1(q)$ であるから

$$\pi = pq - C_0 - C_1(q)$$

だけの利益が得られる。これを**生産者余剰**という。そうすると生産者はこの利益 π を最大にするように生産量 q を定めるであろう。

ここで限界生産費増加の法則が成り立つとすれば，限界生産費 $C'(q)$ が価格 p に等しくなるような q の値 q^* を生産量とすればよいことがわかる。なぜならば，もし量 q が q^* より小さければ限界生産費は p より小さいから，q を増やせば利益は増え，また q が q^* より大きければ q を減らせば利益が増えるからである。この関係をグラフに表せば図3.8，図3.9のようになる。

図3.8は生産量 q と生産費 $C(q)$ の関係を表す。そうすると q に対応する点での $C(q)$ のグラフの勾配 $C'(q)$ が限界生産費を表す。q と限界生産費 $C'(q)$ の関係をグラフに表したものが図3.9である。そうすると価格 p が与えられたとき，生産量 q のときの生産者余剰は図3.8では売上を表す直線 $y = pq$ と生産費を表す曲線 $y = C(q)$ との距離で，図3.9では灰色の部分の面積で表される。これが $q = q^*$ のとき最大になることはあきらかであろう（ただしここでは $C_0 = 0$ と仮定してある。$C_0 \neq 0$ のときはどうなるかは読者が考えていただきたい）。

■ 市場全体の場合

（1）消費者全体の消費者余剰

市場に多くの生産者がいる場合には，すべての生産者について，限界生産費が価格に等しくなるように生産量が定められるであろう。この場合，個々の生産者の生産費の関数は異なる形となるであろうが，限界生産費だけは共通になるのである。

このように考えると，市場の需要曲線，供給曲線を次のように解釈するこ

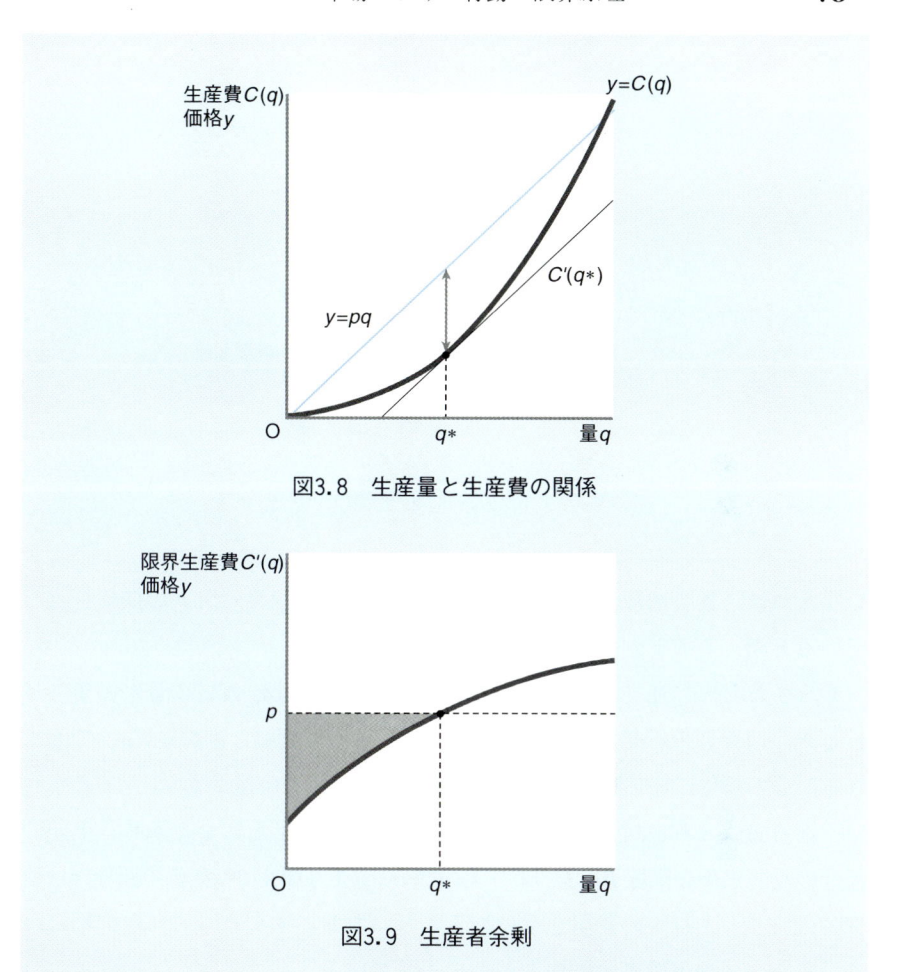

3.2 市場における行動と限界原理

図3.8 生産量と生産費の関係

図3.9 生産者余剰

とが可能になる。つまりいま市場に n 人の消費者がいて価格が p のとき，それぞれの需要量を q_1, q_2, ……とすると，市場全体の需要量 q はそれらの和，

$$q = q_1 + q_2 + \cdots\cdots + q_n$$

となる。そうしてすべての消費者にとって，このとき限界効用は p に等しくなる。

このことは価格 p に対応する需要量を q とすれば，q だけの量が需要されるとき，q の財の限界効用は p に等しくなっていることを意味している。い

図3.10 市場全体の消費者余剰

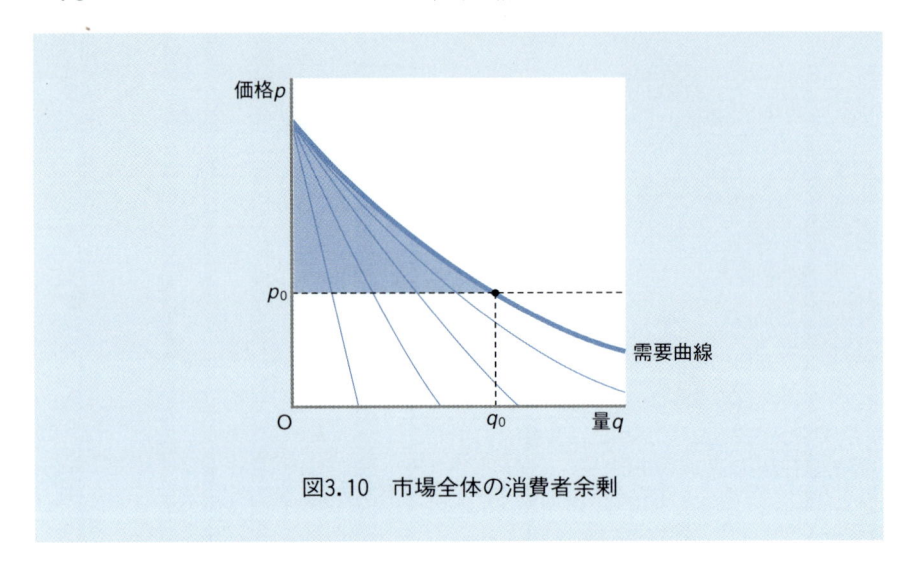

い換えれば，需要曲線は需要される量 q に対応する限界効用 p の関係を表していると考えることができる。

そうすると先に述べたのと同様に考えて，たとえば q_0 だけの量が需要されるときの消費者の総効用は需要曲線と横軸，そして縦軸と直線 $q = q_0$ で囲まれる部分の面積に等しくなることがわかる。そうして価格が p_0 であるとすれば，消費者はこれに対して $p_0 q_0$ だけの額を支払うことになるから，上記の部分のうち水平な直線 $p = p_0$ より上の部分，つまり図3.10の青色の部分だけ消費者は支払った以上の効用を受け取ることになる。すなわちこれが市場にいる消費者全体の**消費者余剰**の大きさを表している。

（2） 生産者全体の生産者余剰

供給曲線についても同様に考えることができる。すなわちいま，価格 p に対応する供給量を q とすれば，それは多くの生産者の供給量の和に等しいが，それらのすべての生産者にとってそのとき限界生産費は p に等しくなっているはずである。それゆえ供給関数は供給量 q と限界生産費の関係を表していると考えることができる。

そして価格 p_1 のとき q_1 だけの量が供給されるとすれば，生産者は $p_1 q_1$

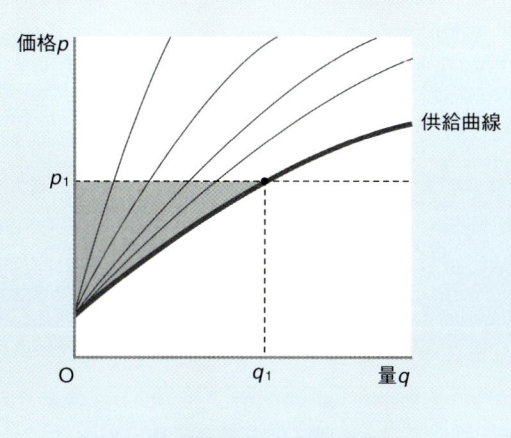

3.2 市場における行動と限界原理　　77

図3.11　市場全体の生産者余剰

の金額を得ることになるが，このとき生産者の生産費の総額は供給曲線と横軸，そして縦軸と直線 $q = q_1$ で囲まれた部分の面積に等しくなるから，生産者は全体として図3.11の灰色の部分の大きさに等しい利益，すなわち生産者余剰を得ることができる．

■ 市場均衡

このように考えると，市場での均衡を図3.12のように説明することができる．

いま，需要曲線と供給曲線が交わる点を (p^*, q^*) としよう．そうすると上に述べたことから，この点では限界効用が限界生産費に等しく，そしてそれが p^* に等しくなる．

いま，価格がかりに p^* とは一致しない，たとえば p' であったとしよう．そうすると q' だけの量が需要されることになるが，このときの限界生産費 A 点で表される．これは p' より低いから，生産者はより多くを供給して利益を増やそうとするであろう．そこで供給量が増し，価格は下がるであろう．逆に価格が p^* より低く p'' であったとすれば，q'' の量しか供給されないであろう．そうするとこのときの限界効用は B 点に対応し，これは p'' より大きいか

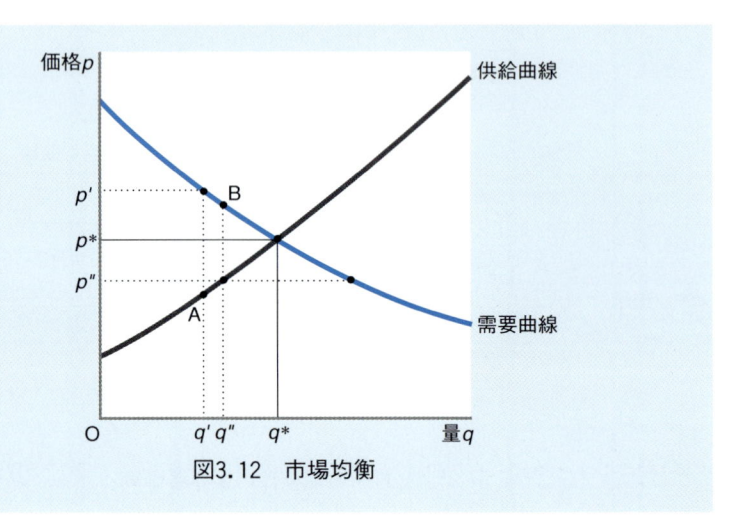

ら，消費者はより多くを買おうとし，価格は上がるであろう．その結果，供給量も増すであろう．いずれにしても価格が p^* に一致するところで落ち着くことになるであろう．これが**市場均衡**である．

いま，市場には q_1 だけの量が供給されるとしよう．このとき価格がどうであっても，総効用は需要曲線と横軸の間にはさまれた部分，総生産費は供給曲線と横軸の間にはさまれた部分の大きさに等しいから，q_1 が q^* より小さければ，総消費者余剰と総生産者余剰の和，すなわち**社会総余剰**は図3.13の青色の部分で表されることになる．

またもし供給される量 q_2 が q^* より大きければ，q が q^* より大きいときは限界生産費が限界効用より大きくなっているから，供給を増やせばそれだけマイナスの余剰，つまり損失が生ずることになる．

そこで q_2 を越えた分については図3.14の灰色部分の大きさだけマイナスが生じている．そこで q_2 だけ供給される場合の社会総余剰は，図3.14の青色部分の面積から灰色部分の面積を引いた大きさに等しくなる．

このように考えると社会総余剰は $q = q^*$ のとき，つまり供給量が市場均衡に一致するときに最大になることがわかる．このことから市場競争の中で到達される市場均衡が，全体としてもっとも大きな余剰が得られる場合になる．

図3.13　社会総余剰(1)

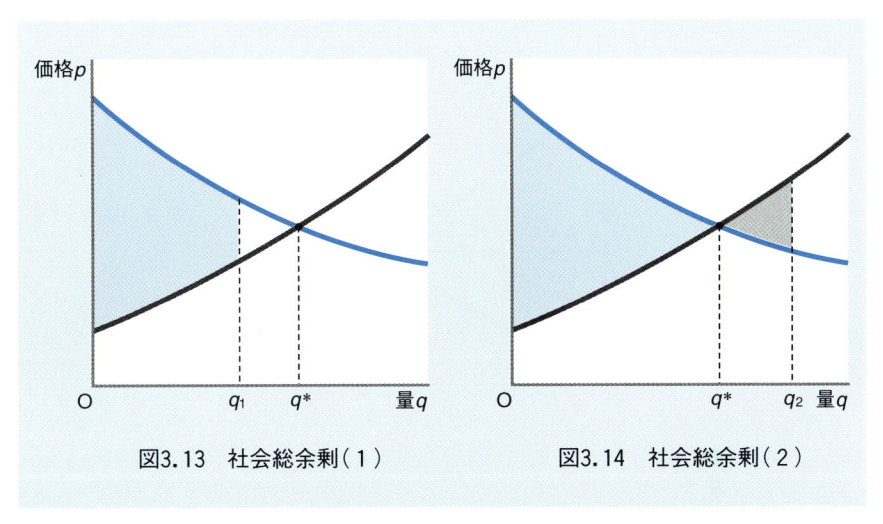

図3.14　社会総余剰(2)

つまり，もっとも効率的な状態を表していると考えることができる。

3.3　間接税と補助金

■ 間接税と補助金

(1) 間　接　税

　政府はある特定の財に一定額，あるいは一定率の税をかけることがある。このような税は生産者に課するとしても，生産者はその分だけ販売価格を高くするので，結局は消費者によって負担されることになるといわれる。その意味でこのような税は**間接税**と呼ばれている。しかし事情はそれほど簡単ではない。

　いま，ある財について一定額 t の税が課せられ，生産者がそれを支払わなければならないとしよう。そうすると生産者にとっては生産費が t だけ増加したのと同じことになる（図3.15）。したがって限界生産費曲線，すなわち供給曲線が t だけ上に移動する。そこで市場均衡点は点 G（p^*, q^*）から点 E（$\bar{p}^*$, $\bar{q}^*$）へ移動するであろう。$\bar{p}^*$ は p^* より高いが，$\bar{p}^* - p^*$ は t よりは小さくなり，

図3.15　間接税がある場合

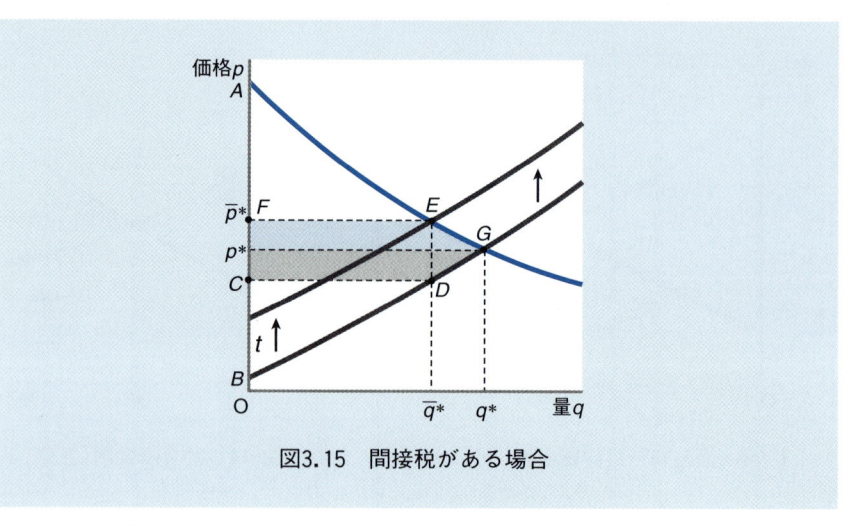

$\bar{q}^*$ は q^* より小さくなるであろう．それに応じて消費者余剰は図3.15の青色部分の大きさだけ減少するであろう．しかし生産者余剰も図3.15の灰色の部分だけ減少する．すなわち間接税の負担は消費者，生産者の双方にかかることになるのである．

　これに対して政府は図の長方形 $CDEF$ の大きさだけの間接税収入を得ることになるが，これは消費者余剰と生産者余剰の減少分の和よりも三角形 DEG の分だけ小さい．すなわちそれだけ社会総余剰が減少することになる．つまり間接税を特定の商品にかけることは一般には社会的な不効率を生ずることになる．

（2）補　助　金

　逆に政府が特定の財に**補助金**を出す，すなわち生産者に対して，生産された財に対して一定額の補助金を与えることもある．この場合にはその効果は生産費が s だけ下がったのと等しく，市場均衡は $H(\underline{p}^*, \underline{q}^*)$ へ移動する（図3.16）．すなわち価格は下がり，取引量は増加するであろう．この場合には消費者余剰および生産者余剰はともに増加する．しかし，その増加分の和は政府の支出する補助金の額より小さく，社会総余剰が減少することになる．すなわち結局三角形 GHK の面積分だけやはり社会的には不効率が生ずる．

図3.16 補助金がある場合

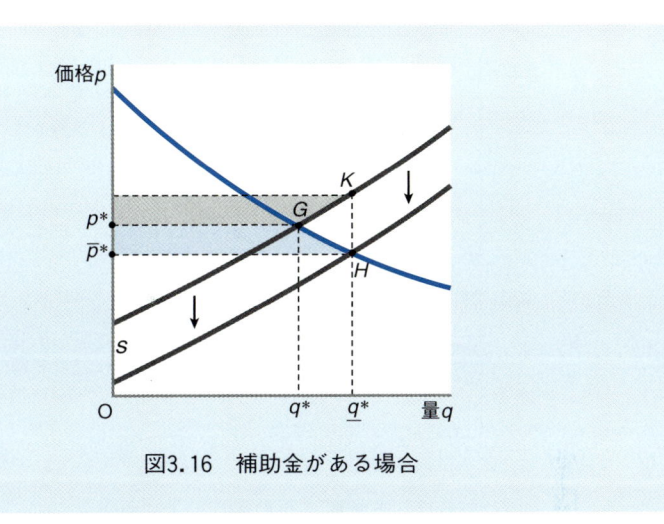

　補助金を出すことは，価格を下げることによって消費者を助けると考えられることが多いが，結果的には生産者の利益にもなる一方，生産量を過大にして不効率を生ずる可能性があることに注意すべきである。

3.4 需要曲線，供給曲線を用いる分析

■ **生産費が下がる場合**

　さて，ここで説明した需要曲線，供給曲線という2つの曲線を用いると，いろいろな条件の変化の影響を分析することができる。

　たとえば，技術が進歩して生産費が下がる場合を考えよう。もしそれが固定費だけに影響するとすれば，限界生産費は変わらないから，供給曲線は変化しない。したがって市場均衡点も動くことはない。市場での均衡価格も，取引量も変わらない。それゆえ供給側は固定費の低下した分だけ利益が増すことになる。

　しかし変動費が下がるとすると，それは限界生産費を下げることになるから，供給曲線は下方に移動する。ここで需要曲線は変化しないとすれば，市

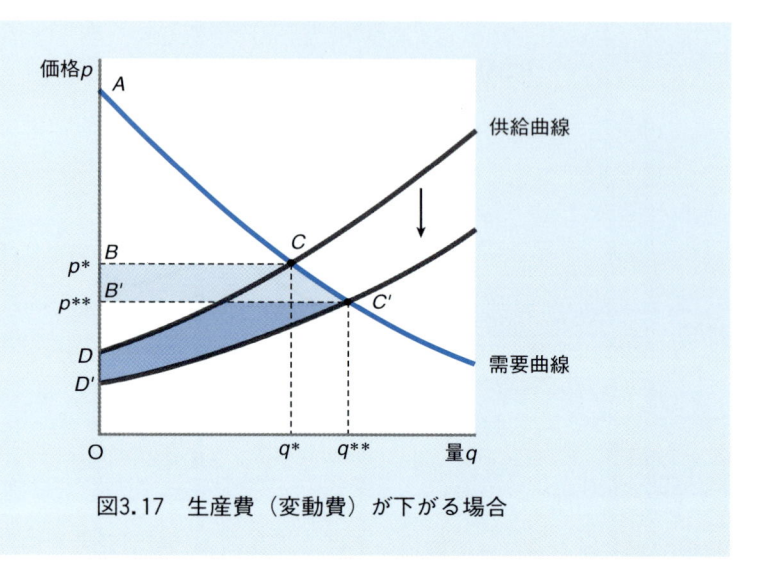

図3.17 生産費（変動費）が下がる場合

場均衡は図3.17の $C(p^*, q^*)$ から $C'(p^{**}, q^{**})$ へ移動するであろう。すなわち価格は下がり，取引される量は増加するであろう。そうすると消費者余剰は三角形 ABC の大きさから三角形 $AB'C'$ の大きさに変わり，確実に増加することがわかる。それはより低い価格でより多くの財を手に入れることができるようになったのだから当然であると考えられる。

これに対して生産者余剰は三角形 BCD の大きさから三角形 $BC'D'$ の大きさに変化する。これも大体増大すると考えてよいが，図からそのことはあまりはっきりとは見られない。それは生産者にとって生産費は下がっても，価格の低下によって収入も減ってしまうかもしれないからである。社会総余剰は三角形 ACD の大きさから三角形 $AC'D'$ の大きさへと増加する。すなわち長方形 $CDD'C'$ の大きさだけ増加することになる。その中で $BCC'B'$ の大きさの分だけを消費者が得て，残りを生産者が得ることになるのである。

限界生産費が上昇し，供給曲線が上がると逆のことが起こる。すなわち市場価格は上昇し，取引量は減少する。社会総余剰は減少し，またその中で消費者余剰は確実に減少する。

この分析で示されることは，供給側の技術革新やコスト切り下げなどの努

力が行われるとそれによって価格が下がり，消費者が確実に利益を得るが，生産者は必ずしも利益を得るとは限らないことである。特に固定費の増加によって変動費が低下するような場合には価格が低下するために生産者はかえって損失を被るかもしれないのである。

■ 弾力性の概念

価格の変化に対応する需要や供給の変化率は，需要曲線や供給曲線の勾配で表すこともできるが，それよりも価格の変化率と需要あるいは供給の変化率との関係として考えるほうが便利な場合が多い。そこである財の

　　価格の1％の上昇に対応する，需要の変化（減少）のパーセンテージ

をその財の**需要の価格弾力性**，

　　価格の1％の上昇に対応する，供給の変化（増大）のパーセンテージ

をその財の**供給の価格弾力性**，という。

需要曲線，供給曲線をそれぞれ $p = D(q_D)$，$p = S(q_S)$ とすると，それぞれの価格弾力性は

$$\left| \frac{\Delta q_D}{q_D} \right| \div \frac{\Delta p}{p} = -\frac{1}{D'(p)} \times \frac{p}{q}$$

$$\left| \frac{\Delta q_S}{q_S} \right| \div \frac{\Delta p}{p} = -\frac{1}{S'(p)} \times \frac{p}{q}$$

となる。

3.5　限界生産費低下の場合

■ 規模の経済

上記の議論においては，限界効用低下，限界生産費増加が仮定されていた。

しかしながら現実の経済の中で，限界効用低下は非常に稀な場合を除いて成立すると考えてよいが，限界生産費増加は必ずしも成り立つとは限らない。

特にいわゆる**規模の経済**といわれるものがあって，同じものを一度に量多く生産するほうが単位当たりの生産費が低下する場合は少なくない。固定費を含めた平均生産費を考えれば，量が多くなるほうが低下することは珍しくないが，固定費を考えない限界生産費だけで考えても，量が増す場合に限界生産費が低下することもあり得る。そこで限界生産費が量とともに低下する場合を考えよう。

この場合，価格 p が与えられたとき，限界生産費がちょうど p に一致する量 q においては利益ではなく損失が最大になることに注意しよう。なぜならば生産量が q より少ないところでは限界生産費は価格より高いから，生産量を増やすと損失が生ずるのに対して，これより生産量が大きいときは限界生産費が価格より低いから，生産量を増やせば利益が生ずるからである。図に表せば生産量が q のとき，灰色の部分の大きさに等しい損失が生じ，もしそれより大きい量 q^* を生産すれば q から q^* までの部分について青色の部分の大きさに等しい利益が生ずるから，損失は灰色の部分とこの部分の面積の差に一致することになる（図3.18）。

もし限界生産費がいつまでも下がり続けるならば，生産量を増やせば増やすほど利益が上がることになる。けれども現実には市場の需要には限界があるから，同じ価格 p でいくらでも多くの量を売ることはできないであろうが，とにかく限界生産費が低下している部分ではそれは価格 p に対応する供給量 q を定めるものではなくなる。したがって限界生産費を表す曲線が右下がりになる場合には，それは供給曲線を表すものとはならないであろう。

しかしもし需要曲線，すなわち限界効用を表すグラフが次の図3.19のような形で限界生産費曲線と交わり，この交点の左側では限界効用が限界生産費より高く，また右側では限界効用が限界生産費より低いならば，交点に対応する量 q^* はやはり社会総余剰を最大にすることがわかる。q が q^* より小さいときには，生産を増やすことによる効用の増加のほうが生産費の増加より大きいので余剰は増加し，q が q^* より大きくなれば余剰は減少するからである。

そして q^* だけの量が価格 p^* で売られるとすれば消費者は図3.19の青色部分

3.5 限界生産費低下の場合

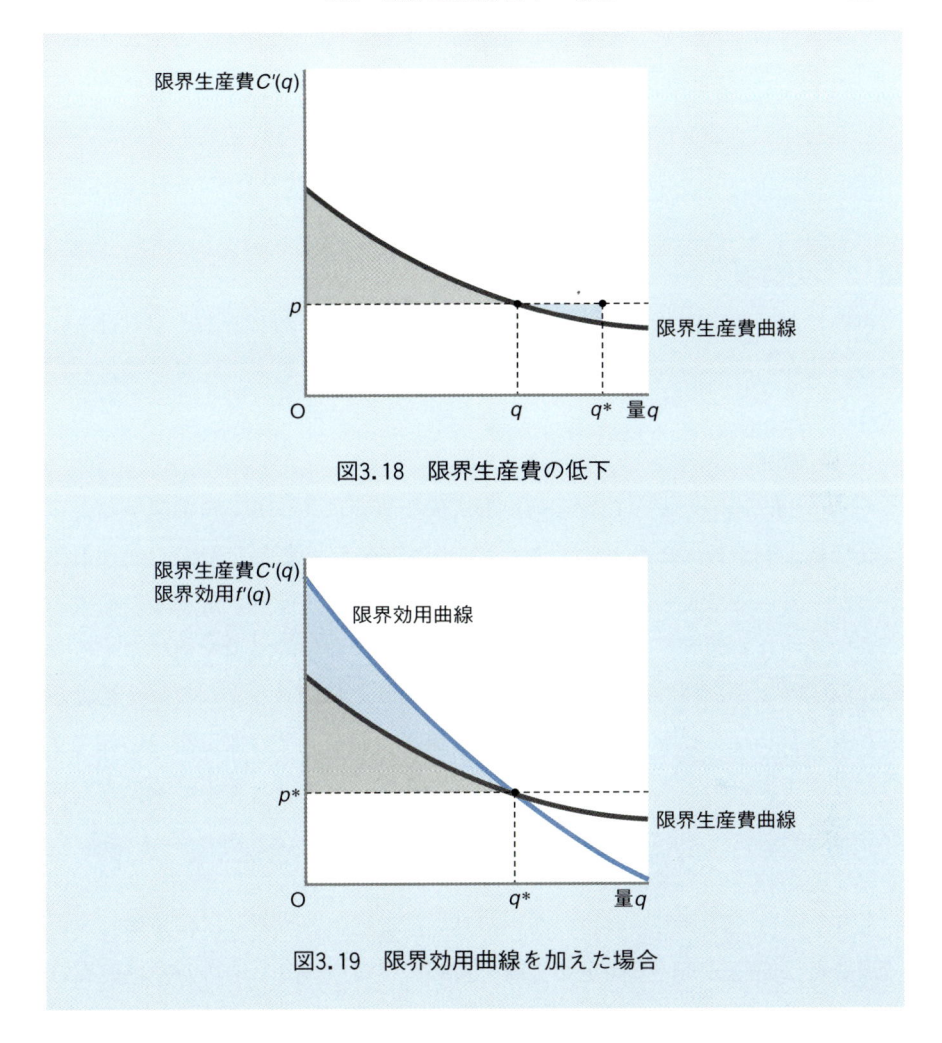

図3.18 限界生産費の低下

図3.19 限界効用曲線を加えた場合

の面積に等しい消費者余剰を得るが，生産者は逆にその中でさらに灰色の部分の面積に等しい損失を被ることになる。そしてこの差が社会総余剰となるのである。そしてこの点で社会総余剰は最大となるから，やはり q^* がもっとも効率的な生産量を表すことになる。

しかしこの点は市場における生産者と消費者の自由な競争によっては達成されない。なぜならばこの点では生産者は損失を被ってしまうので生産を続

けることはできないし，そもそも生産をしようとはしないからである。

3.6 競争市場の効率性

■ 2つの前提

市場における自由競争が，経済を効率的にするといわれることがしばしばある。しかしそのような議論には2つのレベルがあることに注意しなければならない。

（1） 仮定の妥当性

一つは上に述べたような数学的，形式的な議論によって，自由競争によって社会総余剰が最大になることを示すことである。そこにはいくつかの前提がおかれていることを指摘しておこう。一つは限界生産費増加などの形式的な式に表される**仮定**である。これはときには単に数学的議論を簡単にするための仮定のように扱われることもあるが，実はそれが成り立たないと結論が変わってしまうこともある。したがって現実においてその仮定が一応成り立つと考えてよいかどうかをチェックしてからでなければ，その結論を当てはめることはできないのである。

（2） 情報の不完全性

もう一つは式には表されていない暗黙の前提である。たとえば市場において消費者は商品について**完全な情報**を持っている。つまりその質や機能などを完全に知っていることが仮定されている。そうでなければその商品の効用を事前に知ることができないから需要曲線も描かれないことになる。しかし現実には「プディングの味は食べてみなければわからない」というように，商品の効用を買って現実に使ってみなければわからないことも多い。これは市場における**情報の不完全性**といわれるものの一つの例であるが，現実には情報が完全であることはむしろ稀である。

そこで実際には2つのことが行われる。一つは**流通機構**を通して商品の質

が保証されることであり，消費者は生産者やあるいは商業者の「ブランド」によって商品の質について信頼するのである。もう一つは生産者や商業者はいわゆる**広告**を通じて，商品の質や機能についての情報を提供することである。広告はときには売ろうとする商品の質や機能を誇大に述べて，消費者に誤った情報を与えることもあるが，基本的には消費者が市場で商品を買う前に，消費者に情報を提供することは必要である。

　生産者にとっても，一般的には情報は完全でない。商品の生産には一定の時間がかかるから，その商品が実際に市場に出されたとき，どのような価格でどれだけ売れるかは，明確にはわからない場合が少なくない。特にこれまで市場になかったような新しい商品である場合は，その需要曲線をあらかじめ知ることは難しい。このような場合，生産量をどれくらいにすればよいのかを決定するのは難しい。そこで企業はできるだけ事前に市場の状態を知り，またそこで適切な販売活動を行うことによって生産された商品が市場で期待された価格で売れるよう努力することになる。これが**マーケティング**といわれる活動である。

　市場がうまく機能して経済が効率的に運営されるためには，流通やその他の制度が整っていなければならず，ただ形式的な自由競争が行われるだけでは十分でない。

■ 市場における競争と技術革新

　市場競争のもう一つの意味は，それが多くの人々がよりよく働くように刺激，いわゆる**インセンティブ**を与えることである。つまり生産者はより多くの利益を得るために生産コストを下げ，またより多く売ることができるよう商品の品質や機能を高めようと努力し，また新しい商品を開発して利益を得ようとする。

　特に新しい技術を開発して，まったく新しい生産方法や，新しい商品を作り出すことができれば，他の企業がそのような方法を活用できない間は限界生産費以上の価格で売って，そこで企業は技術の開発を熱意を持って進める

ことになる。このようにして競争を通して社会全体の技術が向上し，経済が発展する。このことをアダム・スミスは，人々の利己心にもとづく活動が，あたかも「見えざる手」に導かれて社会的な利益をもたらすと表現したのであった。

3.7　独占の影響

■ 供給独占

　これまでの分析では，供給者も需要者も価格は与えられたものとして，それに反応してもっとも望ましいと考える供給量や需要量を定めるものとしてきた。つまり個々の経済主体は価格に影響を与えることはできないと考えたのである。価格が不満であるとして供給量や需要量を減らしても，その分は競争している他の供給者あるいは需要者に取られてしまうことになるのである。

　しかし，かりに生産者がただ一つの企業である場合には，企業は供給量を減らして需要者を競争させて価格を引き上げることができる。あるいは価格を引き上げて，それに対応する需要量だけを供給することにしてもよい。

　いま図3.20において価格を均衡価格 p^* から p_1 に引き上げるとすれば，需要量は q^* から q_1 に減るであろう。そうなると価格が上がったことにより，生産者余剰は青色の部分の大きさだけ増加し，他方需要量が減ったことにより灰色の部分の大きさだけ減少するであろう。p_1 が p^* からあまり大きく離れていなければ，あきらかに前者の方が後者より大きい。したがって**独占的な供給者**は供給を少し減らすか，あるいは価格を引き上げることによって利益を増加させることができる。

　このようなことから独占供給者が利益を最大にする点は，これまでと同じような限界分析の考え方により，価格 p をわずかに引き上げたことによる利益の増加 $q\Delta p$ と，それによる需要量の減少による利益の減少 $\Delta q (D(q)-C(q))$ とがちょうど等しくなる点であることがわかる。すなわち図3.21の2つの青色部分

3.7 独占の影響

図3.20 独占供給者の場合

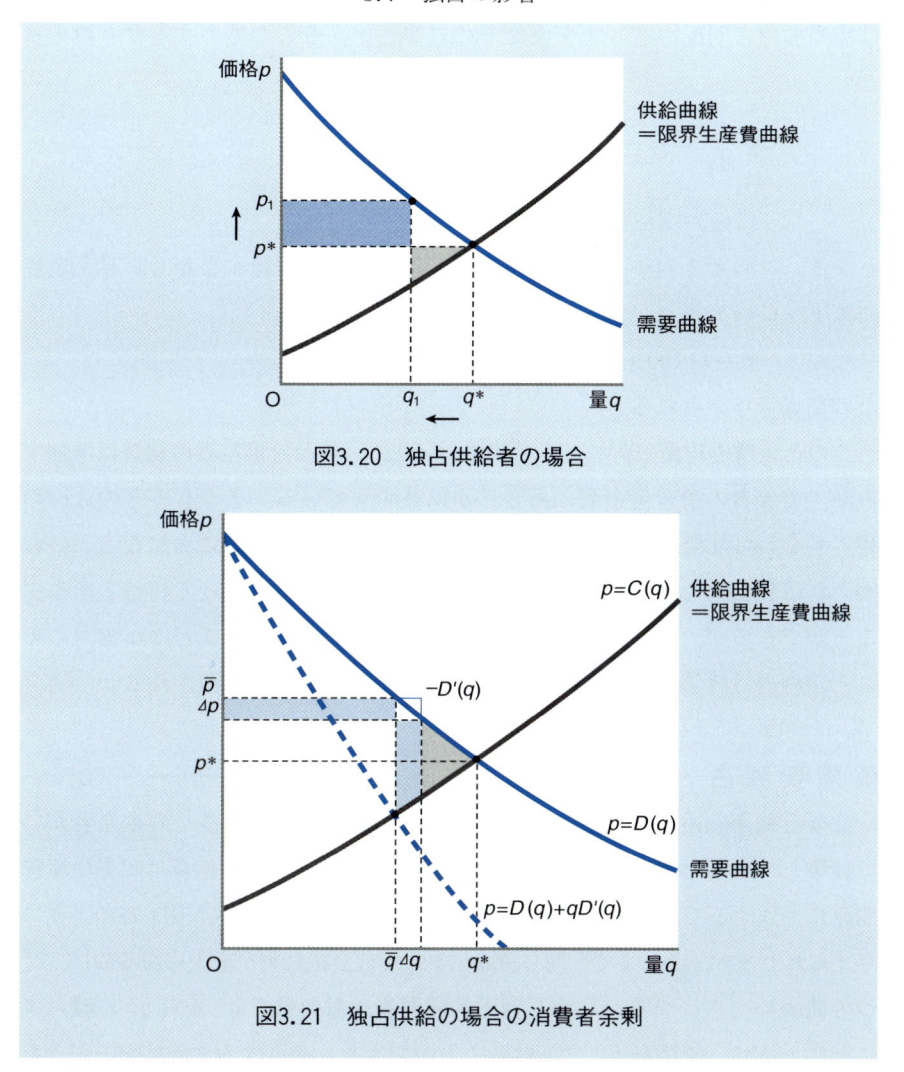

図3.21 独占供給の場合の消費者余剰

の大きさが等しくなるような点である。すなわち

$$\overline{q}\,\Delta p = \Delta q\,(D(\overline{q}) - C(\overline{q}))$$

となる。ここで図からわかるように

$$\frac{\Delta p}{\Delta q} = -D'(\overline{q})$$

は需要曲線の勾配の符号を変えたものに等しい。そこで先の式を書き換えると

$$\bar{q}\frac{\Delta p}{\Delta q} = D(\bar{q}) - C(\bar{q})$$

$$C(\bar{q}) = D(\bar{q}) + \bar{q}D'(\bar{q})$$

となる。このとき利益を最大にする供給量は，供給曲線すなわち限界生産費曲線 $p = C(q)$ と，この

$$p = D(\bar{q}) + \bar{q}D'(\bar{q})$$

との交点で与えられる。

このとき市場均衡 (p^*, q^*) と比較すると，(独占)供給者の利益は増加するが，需要者の消費者余剰はあきらかに減少している。そうしてその2つの和，すなわち社会総余剰は図3.21の灰色の部分だけ減少することになる。いい換えれば独占的な供給者は供給量を減らし，価格を引き上げて利益を増やすことができるが，それによって社会全体の利益は減少することになる。このことが独占は経済の効率を損なうことを意味していると解釈される。

■ 需要独占

需要者側が独占者である場合も同様である。供給側には多くの生産者がいて競争しているとすれば，与えられた価格 p に対応する供給量は限界生産費曲線に一致するであろう。一方独占的需要者の限界効用曲線が図3.22のように与えられたとき，これまでと同じ議論によって社会総余剰が最大になるのは，2つの曲線の交点になる。しかし**独占的需要者**は需要量を q^* から q_1 に減らすことによって，価格を p_1 に下げることができる。そうすると価格が下がったことによって消費者余剰は図の青色部分の面積だけ増加し，他方需要量を減らしたことにより灰色の部分の面積だけ減るから，q_1 を q^* より少し減らせば，消費者余剰は増加することはあきらかである。そうして消費者余剰を最大にする点は先の場合と同じ議論によって

$$D(q) = S(q) + qS'(q)$$

3.7 独占の影響

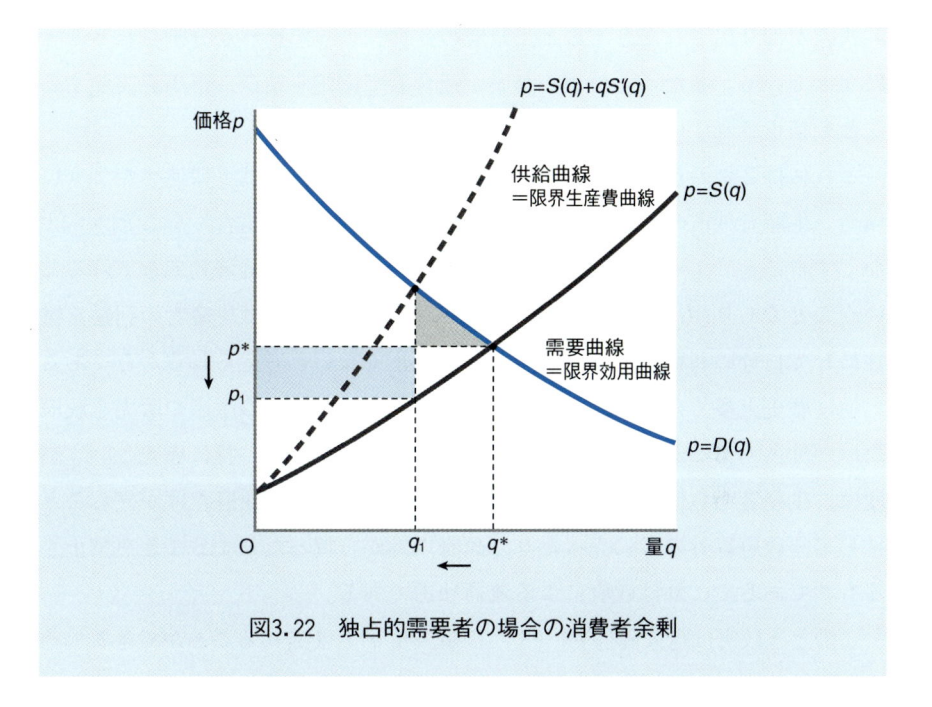

図3.22 独占的需要者の場合の消費者余剰

を満たす点であることがわかる。

そうして独占的需要者は供給者をいわば犠牲にして，より多くの消費者余剰を得ることができる。その場合社会総余剰はやはり市場均衡の場合より少なくなるので，需要側に独占が存在する場合にも不効率が生ずることになる。

独占的な供給者も需要者もなく，市場の取引量や価格を個々の供給者や需要者が動かすことができない場合には**完全市場**といわれる。完全市場においては，供給者と需要者の競争によって，価格と取引量は市場均衡に落ち着くと思われる。それが社会総余剰を最大にする点になるので，完全市場は効率的であるといわれる。

■ 流通独占

多くの国では独占は法律で禁止されており，市場での競争の結果，事実上一社だけが生き残ったり，あるいはいくつかの有力企業が合併して独占に近

い状態が作り出されたりすると，政府の命令によってそれが分割されることになっている。またいくつかの企業が連合して協定を結び，市場を支配することも禁止されていることが多い。

　これには2つの理由があると考えられる。一つは独占は上に述べたように供給（生産者独占の場合）あるいは需要（需要者独占の場合）をことさら少なくすることによって社会総余剰を減少させ，社会的に**経済効率**を下げるということであり，もう一つはそれを通して消費者，あるいは生産者の利益を犠牲にして自分の利益を大きくすることは公正でないと考えられるからである。

　逆に歴史上多くの国家が，法律によってある種の商品の生産や販売を政府だけが独占することにして収入を得ていたことがあった。特に専売という制度は，生産者からは政府だけが購入し，また消費者には政府だけが売ることにして，政府以外の者に売ったり，政府以外から買ったりすることを禁止するものである。これは政府による**流通独占**である。

　このとき政府は購入価格 p^*（または購入量 q^*）を定めることができる。そうすると，それに応じて生産される量 q^*（または購入価格 p^*）が定まるであろう（この場合，政府は生産者に対して強制的に生産させることはできないものと考えるので，p と q の関係は供給曲線によって与えられる）。そうして供給量 q^* が与えられれば価格 p^{**} は需要曲線から定められることになる（図3.23）。q^* が市場の均衡価格より小さければ p^{**} は p^* より高くなり，政府は

$$M = (p^{**} - p^*) q^*$$

だけの利益を得ることになる。この利益 M を q の関数として表すと

$$M = (D(q) - C(q))q$$

となる。ここで Δq を小さい量とすると，q が $q + \Delta q$ に変化したとき M は

$$M + \Delta M = (D(q + \Delta q) - C(q + \Delta q))(q + \Delta q)$$

となる。したがって M の増加分 ΔM は

$$\begin{aligned} \Delta M &= M + \Delta M - M \\ &= (D(q + \Delta q) - D(q))q - (C(q + \Delta q) - C(q)q \\ &\quad + (D(q + \Delta q)\Delta q - C(q + \Delta q)\Delta q \end{aligned}$$

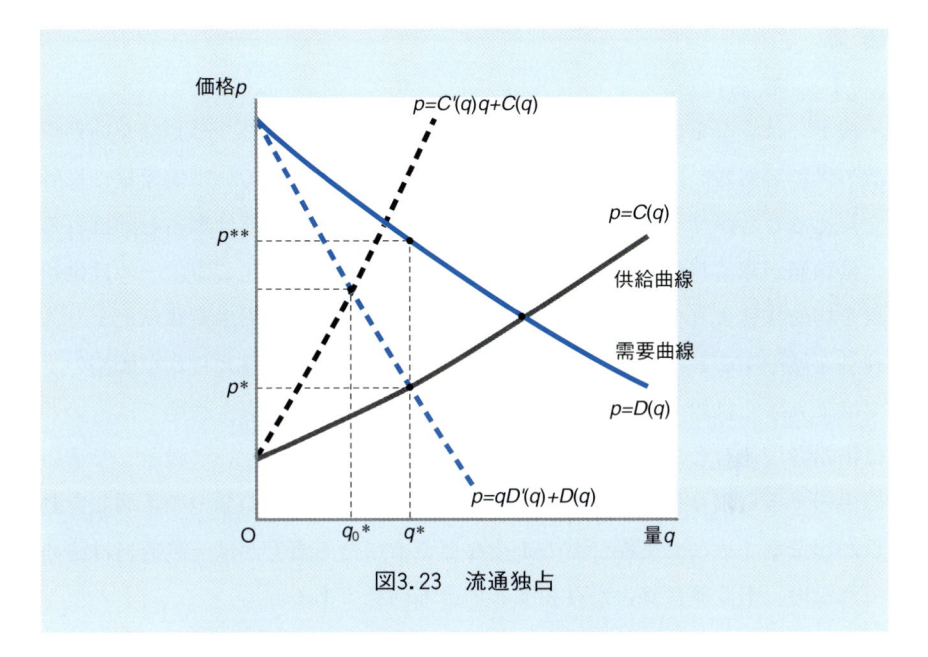

3.7 独占の影響

図3.23 流通独占

$$\fallingdotseq \{(D'(q)-C'(q))q+(D(q)-C(q))\}\Delta q$$

M を最大にするには

$$\frac{\Delta M}{\Delta q}=0$$

としなければならない。したがって

$$(D'(q)-C'(q))q+D(q)-C(q)=0$$
$$qD'(q)+D(q)=C'(q)q+C(q)$$

となる。したがってこれから定められる量 q_0 は、供給独占、あるいは需要独占の場合よりもより小さくなり、流通独占を行う政府はより多くの利益を上げられる反面、社会総余剰はより一層減少する。

独占が一般に望ましくないものであるとすれば、専売はそれによって政府は収入が得られるとしても経済学的に見てよい制度となり得ない。

■ 寡　占

（1）　寡占とは

　現実には完全市場と独占の中間的な場合，すなわちただ一つではないが少数の供給者あるいは需要者がいて，市場への供給量，あるいは需要量に影響を与えることができる場合も少なくない。このような状態は**寡占**と呼ばれる。

　供給側が寡占状態である場合，供給者に2つのことが起こる。一つは供給量を均衡状態より少なくすることによって需要価格を限界生産費以上とし，利益を増やすことができる。しかしまた個々の供給者は与えられた価格の下ではより多く供給して利益を得ることができる。そこで寡占状態では，いわば供給者が連合して独占的利潤を得ようとする傾向と，互いに競争して需要の中のできる限り多くの部分を獲得しようとする傾向との2つの矛盾した動きが起こる。そこで実際にどのようなところに落ち着くかは一義的には決められない。需要側に寡占が存在する場合も同様である。

（2）　寡占的競争状態とゲームの理論

　寡占状態の場合，供給者は互いに協定してそれぞれの供給量を決めることもあり得る。その場合には供給者側が全体として利益が最大になるように行動するであろう。したがってこのような場合は独占に近くなるであろう。このような協定を結んで価格や数量について取り決めることは**カルテル**行為という。

　しかし独占禁止法や公正取引法と呼ばれる法律によって寡占状態にある企業が協議して価格や供給量を定めたりして協同して独占状態を作り出すことは一般に禁止されている。そこで**寡占的競争状態**という状況が生ずるが，そのような場合どのような均衡が成立するかは，一般に**ゲームの理論**といわれる理論で扱われる。そこでは一義的な答えは得られないのが普通である。ゲームの理論とは複数の企業（あるいは個人）が市場価格だけでなく，他の企業がどのように行動するであろうかを考慮に入れながら自分の利益を最大にしようと行動する場合を扱う理論であるが，そこでは均衡解が存在するのは特別な場合に限られる。

3.7 独占の影響

このような状況をもっとも簡単に表したものが次のような状況である。いま，ある財について 2 つの企業 A, B が存在するとしよう。A, B ともに財の生産量を計画 I, II のどちらかによって定めることができ，その生産量と一単位当たりの生産費は次のようになるとしよう。

	生産量	単位あたり生産費
I	100	12
II	300	8

一方での財の市場での需要関数は次のようになっているとしよう。

価　格	20	12	6
需要量	200	400	600

そうすると，たとえば両企業がともに計画 I をとれば両企業の供給量は合わせて 200 となるから価格は 20 となり，両企業はそれぞれ $(20-12) \times 100 = 800$ の利益を得ることができる。他の場合についても同様に考えると次のような結果になる。

		B 企業の計画	
		I	II
A 企業の計画	I	(800, 800)	(0, 1200)
	II	(1200, 0)	(−600, −600)

＊ただし（　）内の数字は左側が A 企業の利益，右側が B 企業の利益を表す。

この中でそれぞれの企業にとってもっとも有利な状況は，自分が計画 II を，相手が計画 I を選ぶ場合である。しかし，両企業がともになるべく多くの利

益を得ようとして計画Ⅱを選ぶと価格が下がって両企業とも損失を被ってしまう。両企業が協同すればともにⅠを選ぶのが合理的ということになるが，競争している場合にはともにⅡを選んで，いわば共倒れになってしまう可能性もある。このような状態を**囚人のジレンマ**の状況という（典型的な場として，捕らえられた2人の囚人が仲間を裏切るか，秘密を守るかの選択を迫られた状況が想定されたからである）。

これはきわめて簡単な例であるが，寡占状態の下で起こり得る可能性を示していると考えられる。すなわちそのような場合には協同して独占的利益を得る場合，一部の企業だけがうまく行動して大きな利益を上げる場合，すべての企業が自分の利益を大きくしようとしてそれぞれ行動した結果，いわば共倒れになる状態になる場合等がある。現実にどうなるかは抽象的な市場競争理論からは何もいえないことになる。

（3） シェア競争

ただ現実の経済においては，寡占的状況の下では，複数の企業はいわば暗黙のうちに競争のルールを守って，相互に競争しながら，しかし共倒れになるような競争は避けるように行動している。

しばしば行われるのは複数の企業が価格を限界生産費より高い水準に維持しながら，その価格に対応して与えられる需要量のなるべく多くの部分を獲得しようと競争する，いわゆる**シェア競争**を行うことである。この場合，一部の企業がそれより低い価格で売り出せば，当然その企業はより多くの売り上げを得，しかも価格が限界生産費より上にある限り，一時的には利益を増すことができる。

しかしそうすれば他の企業も当然価格を下げ，需要の増加による売上増加はすべての企業で分け合うことになり，全体としての利益は減ってしまう。そこでもし固定費が著しく高いような場合には，固定費を含めた総コストは売上額より大きくなり，すべての企業は損失を被ってしまう。すなわち共倒れになってしまう。

そこで複数の企業はそのようなことが起こらないようにいわば暗黙の了解

3.8 2つの商品の関係

■ 代替財と補完財

(1) 代 替 財

これまでは1つの商品の市場について、その需要と供給を考えた。その場合1つの商品の需要供給は他の商品と無関係に定まるものと見なした。しかし実際にはそれは他の商品の需要供給によって影響されることも多い。

たとえば米とパンについて考えよう。人々は米が乏しくなれば代わりにパンを食べることができる。このように2つの財が同じような欲求を充たすとき、その一方を他方で代えることができる。このような関係はある2つの財は互いに**代替財**であるという。代替財についてはもし一方の価格が上がれば、人はその消費を少なくして、他方の消費を増やすであろう。つまり一方の価格が上がるとき、他方の財の需要は拡大するであろう。

いま2つの財A，Bについて、それぞれの価格p_1，p_2のときの需要をそれぞれq_1^d，q_2^dとすると、2つの財が代替財ならば、財Bの価格p_2が一定のとき財Aの価格p_1と財Bの需要量q_2^dの関係は図3.24のようになるであろう。

(2) 補 完 財

また2つの財は一緒に消費することによって、効用が増すことがある。たとえばコーヒーは砂糖と一緒に飲むことによってその味がよくなるであろう。もし砂糖が少なくなればコーヒーの効用は減ると考えられる。このようなとき、この2つの財は互いに**補完財**であるといわれる。補完財については一方の価格が上がれば、その需要が減るであろうが、そうすれば他方の消費も減らそうとするであろう。つまり他方の財の需要も減るであろう。

そこで財Bが財Aの補完財の場合には、財Bの価格p_2は一定とすると、財

図3.24 代替財の場合

図3.25 補完財の場合

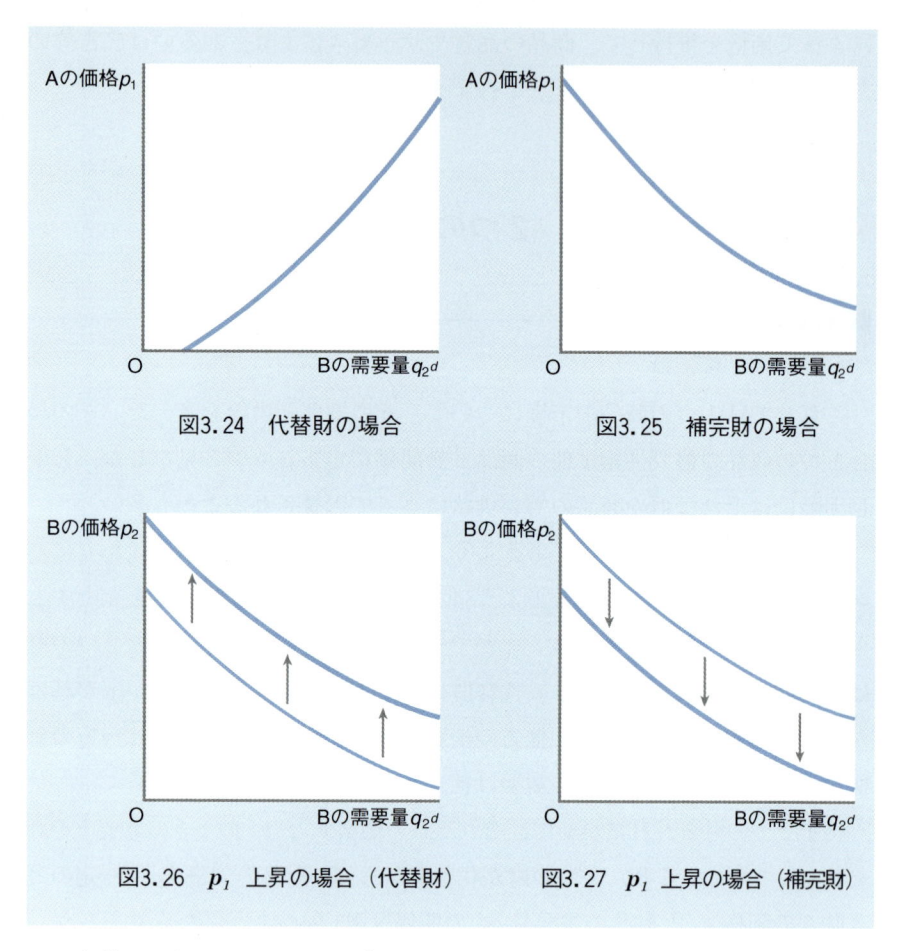

図3.26 p_1 上昇の場合（代替財）

図3.27 p_1 上昇の場合（補完財）

Aの価格 p_1 と財Bの需要量 q_2^d の関係は図3.25のようになるであろう。

また p_1 が上がったとき，財Bの需要量 q_2^d と財Bの価格 p_2 との関係を図に表せば，需要曲線はそれぞれ図3.26，図3.27のように移動するであろう。

■ 代替生産物と結合生産物

供給側についても，同様のことが考えられる。2つの財が同じ原料，あるいは同じ設備を用いて生産される場合がある。たとえば小麦からはパンを作ることもできるし，スパゲティを作ることもできる。このような関係にある

2財は**代替生産物**といわれる。

　このような場合にはまだこれらは消費者にとって代替財ともなっているが，代替生産物が代替財でない場合もある。たとえば芋は食料にもなるし，工業用アルコールを作ることもできる。食料としての芋と工業用アルコールは代替生産物である。代替生産物については一方の価格が上がれば，そちらを生産するほうが有利になるから生産者はその生産を増やして他方の生産を減らそうとするであろう。つまり供給は減るであろう。いい換えれば1財の価格 p_1 が上がれば2財の供給曲線は下方に移動するであろう。

　またある場合には，一方の財が生産されれば同時に他の財が生産されることがある。このような生産物は**結合生産物**であるといわれる。たとえばカセイソーダ $NaOH$ と塩素 Cl_2 は食塩（塩化ナトリウム $NaCl$）水を電気分解して生産されることが多い。このときこの2つの生産物は必ず同時に一定の比率で生産される。このような場合一方が生産されれば必ず他方も生産されるから，2つの財の生産費を分けて考えることはできない。したがって2つの財の価格の和が，2財を同時に生産したときの限界生産費に一致するように生産量を決めればよいことになる。

　このときもし一方の財の需要が増えれば，価格が上がり，生産量は増えるであろう。しかしそうすると自動的に他方の供給も増えてしまうから，その需要は変わらないとすれば価格は下がるであろう。すなわち結合生産物については，一方の価格が上がれば他方の財の需要が変わらない限りその価格は下がることになる。

　以上に述べた議論は一方の財の下がる場合にも当てはまり，そのとき他方の財の価格は上記の場合と逆方向に動くことがわかる。

■ 所得効果

　ある財に対する需要は，その価格や代替財や補完財の価格だけでなく，消費者の所得によっても変化する。ふつうは消費者の所得が増えれば需要は増大する。もっと正確にいえば需要曲線は上方に移動する。それは所得が増え

れば貨幣の限界効用が低下するから，財の限界効用を貨幣で表したとき，その額が大きくなると考えられるからである。

しかしある種の財については所得が増大するとかえって需要が減ることがある。それは価格が安くて質のよくない財と価格が高くて質のよい財とが代替財の関係になる場合，所得が低いと安い方の財しか買うことができないので，そちらが需要されるが，所得が高くなればより質のよい財を買って，質のよくない財は買わなくなるからである。

たとえば貧しい国では，食料として安価な芋類や穀物が多く買われるが，所得が上がってくると，肉や魚，野菜などが多く買われるようになり，芋や穀物の需要はかえって減ることが多い。

所得が増加するとかえって需要が減る財は**劣等財**といわれるが，その意味は上に述べたことからあきらかであろう。

財は互いに代替関係にあることが多いので，一般的には一方の財の価格が上がると，他の財の需要は増えるが，しかしもし一方の財の購入額が消費者の所得に占める比率が大きいと，その財の価格が上がった場合，その財の購入に要する金額が（購入数量は減っても）増加し，それによって他の財の購入に向けることのできる所得が減ってしまい，そのために他の財の需要も減ってしまうことが起こり得る。このような現象は価格変化の**所得効果**と呼ばれる。

たとえば貧しい国で人々が主食としているような穀物の価格が大きく上がると，所得効果によってその他の消費財の需要が減ってしまうことが多い。逆に穀物の価格が下がると，他の消費財の需要は増加するであろう。

3.9 一般均衡

■ **すべての財の需要と供給の一致**

多くの財の間には，複雑な代替・補完の関係があり，また所得効果はすべての財に及ぶから，実はすべての財は互いに関係し合っていると考えられる。そこでいま n 個の財が存在し，それらの価格を p_1，…，p_n とすると，これらの財の需要と供給は，そのもの自身の価格だけではなく，すべての価格に依存して決まると考えられる。

そこで第 i 財の需要，供給をそれぞれ

$$D_i = D_i(p_1, \ldots, p_n)$$
$$S_i = S_i(p_1, \ldots, p_n)$$

と表すと，これらは p_1，…，p_n の関数となる。そこですべての財について需要と供給が一致する条件を考えると，

$$D_i = S_i \qquad i = 1, \ldots, n$$

すなわち

$$D_i(p_1, \ldots, p_n) = S_i(p_1, \ldots, p_n) \qquad i = 1, \ldots, n$$

となる。このような条件が満たされる条件を**一般均衡**という。この条件は個の価格 p_1，…，p_n に関する n 本の方程式を表しているから，その解 $p_1 = p_1^*$，…，$p_n = p_n^*$ を**一般均衡価格**という。

多くの財について現実に一般均衡が成り立っているということを示すことは難しいが，それは一種の理想化された状態であり，また現実の市場は，それを中心にして変動していると考えることもできるのである。そうしてある条件の下で一般均衡が成り立つときには社会総余剰を最大にするという意味で，需要供給がもっとも効率的に定められている状態であるということができる。

一般均衡が成り立つための条件については数学的に高度な理論が作られているが，それについてはここでは立ち入る必要はないであろう。

4

市場経済システム

　市場経済が発展すると，本来の商品，つまり市場で売ることを目的として生産される財だけでなく，労働や土地なども貨幣によって売買されるようになり，それに対して市場が成立する。そうして経済全体が市場を中心として作られるようになる。それが市場経済システムというものである。またそれが世界全体に及ぶと世界市場が成立することになる。

4.1 労働力市場

■ **労働力の需要と供給**

(1) 労働力市場の基本的原理

　市場経済においては，本来の商品，すなわち生産された財やサービスについてだけでなく，生産要素，すなわち**労働**や**資本**，あるいは**土地**についても取引が行われ市場が成立する。その一つが**労働力市場**である。それは労働市場と呼ばれることがあるが，そこで特定の労働サービスを直接買う場合と，人を一定期間雇用して，その人を使って労働させる場合とは，区別して考えなければならない。大工や植木職などの人に一定の代金を支払って一定の仕事を行う場合は前者に当たるが，普通企業が人を雇用する場合は後者に当たり，その場合取引されるのは労働を提供する能力，つまり労働力であり，その取引される場を労働力市場というのが正確である。

　労働力市場についても，その需要と供給を考えることができる。労働力の価格，すなわち賃金の水準が与えられると，それに対する需要量が決まるであろう。企業が1人雇用を増やすかどうかは，それによって得られる企業の収益（賃金を支払う前の）が，賃金より大きくなるか否かによって，決められるであろう。もしその収益が賃金より大きければ，企業はその人を雇用し，収益が賃金より少なければ雇用しないであろう。雇用を1人増やすことによって得られる収益を，労働の**限界生産力**という。そうすると労働力に対する需要は労働の限界生産力が賃金と等しいところで決まるであろう。

　労働の限界生産力は，雇用を増やすと減少するであろう。そこで労働力に対する需要曲線は右下がりとなるであろう（図4.1）。これが労働の限界生産力を表すことだと考えれば，賃金水準 W に対して雇用量 Q が決まるとき，青色部分の面積は労働の限界生産力と賃金との差の合計，すなわち雇用者の得る余剰，すなわち利潤になる。

　一方供給については，一般に賃金が高くなれば，働こうとする人が増える

4.1 労働力市場

図4.1 労働力の需要曲線

図4.2 労働力の供給曲線

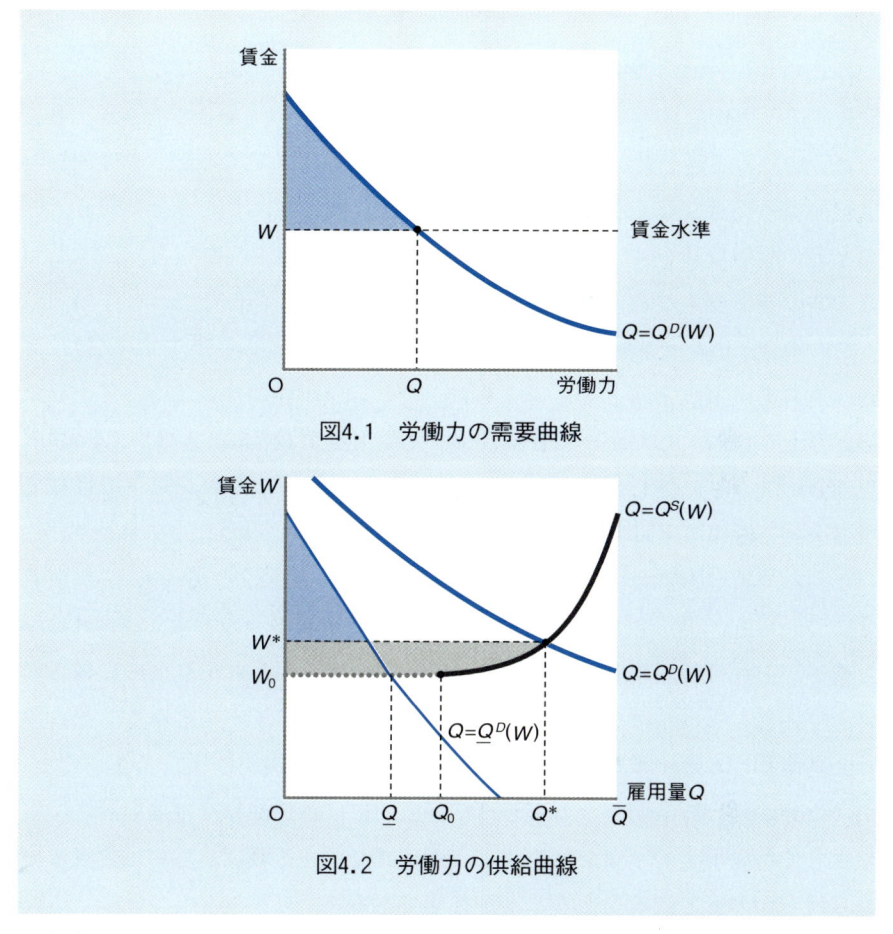

と考えられるが，しかし労働者は雇用されることによって生活を立てていかなければならないから，一般に賃金がある水準以下では雇用されることはないであろう。

したがって労働力の供給曲線は図4.2の $Q = Q^S(W)$ のようになるであろう。

（2）労働力市場の社会総余剰

ここで最低賃金水準 W_0 に対応する供給量 Q_0 は，最低の賃金が得られれば雇用されようと，雇用を求めている人々の量を表している。一方社会の中で働くことのできる人の類には制限があるから，雇用される量には上限 $\overline{Q}$ が

あるであろう。

そこでもし労働力の需要曲線が図4.2の$Q = Q^D(W)$のようになっていれば，需要曲線と供給曲線の交点から賃金W^*と雇用量Q^*が決まるであろう。ところが労働力の需要が下がって，図の$Q = \underline{Q}^D(W)$のようになると，需要曲線と供給曲線の交点はなくなる。このとき賃金は最低水準はW_0まで下がり，そのときの雇用量は$\underline{Q}$になる。そうして$Q_0 - \underline{Q}$は雇用されない人々，すなわち失業の量を表すことになる。

この場合，供給者余剰はどうなるであろうか。Q_0までの分については，労働のコストはW_0と等しいと考えられ，それ以後の供給曲線にそって上昇すると考えられる。したがって賃金がW^*で雇用量がQ^*のときは，図4.2の灰色部分の大きさに等しい供給者余剰が生ずるであろう。それを以下では被雇用者余剰と呼ぶことにしよう。

ところで賃金W_0が下がり，雇用量が$\underline{Q}$に減った場合，$Q_0 - \underline{Q}$の失業者分についても，W_0だけの費用は生活費としてかかるものと考えなければならない。それは被雇用者にとってのマイナスである。それを社会的に何らかの形で扶養しなければならないとすれば，社会的なマイナスとなる。そこで社会全体として見れば青色の面積に等しい雇用者の余剰から$(Q_0 - \underline{Q}) \times W_0$を引いた分が社会総余剰となる。そこで社会的には青色部分だけ雇用者の損失が生じても雇用をQ_0まで増やすことが望ましい。それは自然には生じないから何らかの形と政策をとることが必要である。

■ 現実の雇用関係

（1） 長期にわたる雇用

労働力市場の状況はこのような形に表されるよりはもっと複雑な面がある。一般に企業が人を雇用する場合，雇用期間はかなり長くなるのが普通である。日本ではいわゆる**終身雇用**が行われ，一人の人が何十年も一つの企業に雇用される場合が少なくないが，そのような場合には，一人の人の全雇用期間にわたる限界生産力を予測することは不可能に近い。終身雇用が行われないと

いわれる諸外国でも，特に先進国では，労働者を新たに雇用する，つまり雇用を増やすことは比較的容易でも，それを減らす，すなわち労働者を解雇することは自由にはできない。また労働力としての能力を高めるためには訓練や経験を積むことも必要であるから，どこの国でも雇用する期間はかなり長期にわたる場合がむしろ普通である。

ただし一定の労働力を雇用しても，そこから得られる労働の量は，労働時間を増減させることによってある程度変化させることができる。普通雇用に当たっては一定期間における労働時間が（休日等を含めて）決められるが，それ以上の時間を割増賃金を支払って労働させることも可能である。それがいわゆる時間外労働である。それによって雇用を増やさずに提供される労働力を増やすことができる。

（2） 労働組合と団体交渉

また長期にわたって雇用が行われる場合には，賃金は最初から全期間にわたって決定されているわけではなく，途中で雇用者と被雇用者の交渉によって変わる場合がむしろふつうである。その場合，被雇用者が一人一人としてではなく**労働組合**を通じて，**団体交渉**を行うことが多い。

具体的に一人一人に支払われる賃金の大きさは，いろいろ複雑な条件や制度によって変わるので，ここで述べたことはその基本的な原理を表していると考えるべきである。

実際には人を雇用することは，単にその労働サービスを買うということだけではなく，そこに人と人との人間関係が生ずる。封建時代には一般には領主と農民の関係，あるいは主人と家来の関係は身分関係であって，原則として自由な契約にもとづく雇用関係ではなかったが，その時代にも商人や職人の世界では雇用関係が存在した。しかしその場合でも雇主と雇われた人との関係は，単純な労働力の買い手と売り手との関係でなく，むしろ一種の主従関係と見なされ，雇われた人は雇主に服従し，その代わりに雇主は雇われた人の生活を支える責任を持つと考えられた。そこには封建的な主従関係に近い身分関係が存在した。

近代になるとこのような関係はしだいに解消し，雇用関係は雇う側と雇われる側の対等な契約関係と考えられるようになったが，現実には資本家と労働者の関係は対等でなく，すぐに賃金を得なければ生きていけない労働者は低い賃金や劣悪な労働条件を受け入れなければならないことが少なくなかった。そこで労働者側は団結して交渉を行い，場合によっては一斉に仕事を止めるストライキを手段にして，賃金の引き上げや労働条件の改善を求めるようになった。

労働者が団結してこのような労働争議を起こすことは，最初は非合法とされていたが，先進国において次第に労働者が労働組合を作って団結して，資本家などの雇用者側と賃金や労働条件，あるいは雇用の維持について交渉すること，場合によってはストライキなどを手段にして闘うことが，法的な権利として認められるようになった。現在では企業側が組合と団体交渉を行って，賃金や労働条件について協定を結んでいる場合が多い。

労働組合による団体交渉は，抽象的に考えれば労働力の供給側の一種の独占行為であるといえるかもしれない。しかし一般に労働者は資本家，あるいは大企業に対して，自分の側から条件を示して交渉するなどということはできないから，もし一人一人がばらばらに企業と交渉するとすれば，企業側の一方的な条件を受け入れざるを得なくなるであろう。このような現実の場における力の不釣合を補うために団体交渉を行うことが認められているのである。

4.2 資金市場

■ 利子率と資金市場

一定期間貨幣（お金）を貸して利子を取るということは，昔から行われている。現在ではそれは金融システムを通じて，制度的に行われている。利子は一定期間の貨幣の利用に対する対価であると考えられる。貨幣の貸借の取

図4.3 資金の需要量

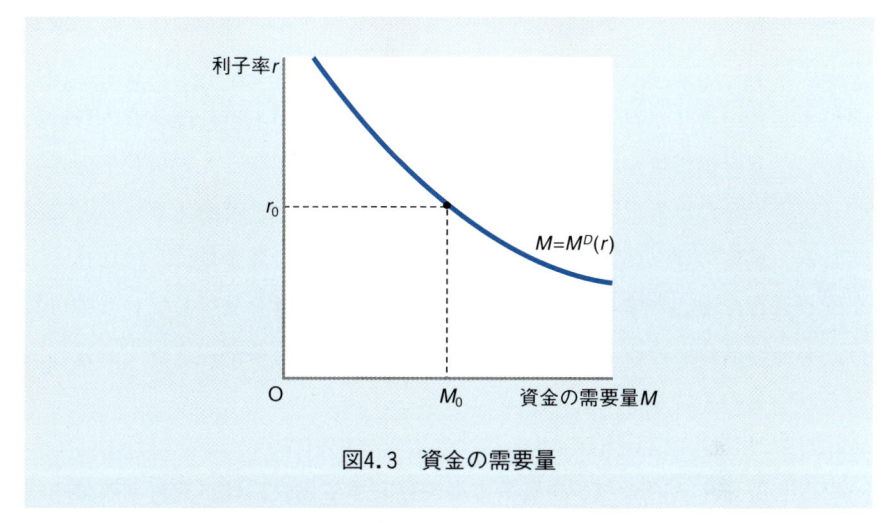

引が行われる場を**資金市場**という。

（1） 利子率と資金の需要・供給

　利子を支払っても貨幣を借りたいと思う理由は2つ考えられる。一つは現在何らかの理由によってお金が必要な場合，現在の1万円はたとえば1年後に得られる1万円より価値があると感じられることである。つまり1年後の一定金額の貨幣は，現在ある同額の貨幣より価値が少ないと感じられる。つまり割引いて感じられるということである。そこで利子率がこのような**割引率**より低ければ，現在一定額を借りて，後で利子を加えて返済することは有利であると感じられることになる。

　もう一つの理由は，一定の貨幣があれば，それを資本として用いて何らかの市場を行い，それによって利潤を得る見込みがある場合，そこで得られる利潤率が利子率より高いと思われれば貨幣を借りても利益があると見込まれることである。

　そこで利子率が与えられたとき，貨幣の借り手の割引率，あるいは見込み利潤率によって決まるであろう。そこで資金需要は利子率が上がれば減り，下がれば増えると考えられる。そこで資金の需要量 M は利子率の減少関数として表すことができるであろう。

これに対して，資金の供給量はどうなるであろうか。貸し手は当面必要としない貨幣，すなわち貯蓄分を貸すことになる。かつては利子は貨幣を使ってしまわないことに対する報酬であるから，利子率が上がればそれだけ貯蓄が増し，資金供給量が増えると考えられた。しかしふつう人々は利子率が上がっても，そのために消費を減らして貯蓄を増やすことはあまりないと考えられる。現実の経済においては資金市場に供給される資金量は，後に述べるような銀行を中心とする複雑な金融システムと，通貨を発行している中央銀行，あるいは政府の政策によって決められるので，貯蓄率によって直接に決定されるものではないというべきである。

（2） リスク・プレミアム

ただし関連するいくつかの資金市場が存在する場合には，それぞれの市場に供給される資金量はそれぞれの利子率によって変わる。実は貨幣を貸す場合にはそれが返済されない，つまりいわゆる**貸し倒れ**になる危険がある。このような危険が大きい場合には，利子率が高くなければ資金は供給されないであろう。このような場合，利子の中にはいわゆる**リスクプレミアム**が含まれていることになる。そこでいくつかの資金市場があって，その間に資金が移動する場合には，それぞれの市場に供給される資金量はそれぞれの市場におけるリスクの大きさと利子率によって決まるであろう。

■ 名目利子率と実質利子率

利子率に関するもう一つの問題は**貨幣価値の変動**である。たとえば一般的に物価が一年間に5％上昇するとすれば，今年の105万円は昨年の100万円の価値しかないことになるであろう。そこでもし利子率が8％であったとして，一年前に貸した100万円が108万円になったとしても，一年前の貨幣の価値で考えれば，それは108÷1.05＝102.86 つまり約103万円の価値しかないであろう。

すなわち3％弱しか増えなかったことになる。このことを**実質利子率**が3％であると表現する。これに対して8％という利子率は**名目利子率**という。物

価が変動する場合には名目利子率よりも実質利子率のほうが，金利の現実の大きさを表すと考えられる。

　利子を含めて返済が確実に行われるためには，長期的には利子率は利潤より低くなければならない。しかし主観的に感じられる割引率はそれより高くなるかもしれない。そのような場合には利子率は利潤より高くなるがそれはリスクプレミアムを表したことになる。しかしそうなると今度は資金を借りて投資をすることは不可能になる。そこでこのような場合には，主観的割引率が高くまたリスクも大きい資金市場と，割引率が利潤率以下であるような資金市場とは分ける必要がある。一般に消費者を対象とした金融市場は前者であり，企業投資のための資金市場は後者に当たる。

　資金を貸すときのリスクを正確に評価することは，借り手が不当に高い利子を支払わされることや，また貸し手が貸し倒れによる被害を受けないようにするためには大切なことであるが，実際には困難である。それを行うことが銀行などの金融機関の重要な機能である（4.5参照）。

4.3　資産市場

■ 利子率と資産価格

　個人，あるいは企業が土地などの一定の**資産**を持っていれば，それを利用して利益を得ることができるであろう。またもし自分でそれを持っていなければ，一定の使用料を払ってそれを使用することもできる。逆に資産を持っていてもそれを自分で利用しないならば，人に貸して使用料を得ることが考えられる。家を貸して家賃を得る，あるいは土地を貸して地代を得るということは，普通に行われていることである。

　ところが，それを貸すことによって一定の使用料すなわち賃貸料が得られる資金があったとすれば，将来賃貸料を得る目的でそれを買うことが考えられる。そのときその価格はどのように定められるであろうか。

いま一軒の家があり，この家を貸せば毎年300万の家賃が得られるとしよう。そうして預金の利子率が年4％であったとすれば，7500万円の金を預金すれば，ちょうど年300万円の利子が得られることになる。そこでこの家が7500万円より低い価格であれば，その家を買って貸す方が預金するより有利であり，7500万円より高ければ，それだけの預金をする方が有利となる。そうするとこの家の価格が7500万円であれば，ちょうどそれを買うことが預金をすることと同じとなる。したがってこれがこの家の適当な価格となる。

すなわち

年の賃貸料収入÷利子率＝資産の価格

（300万円÷0.04＝7500万円）

ということになる。実際にはここで家が時とともに摩耗することや，借り手が見つからない危険なども考慮しなければならないので，適当な価格は7500万円より低くなるであろうが，原理的にはこのようにして**資産価格**が定まることになる。

家とか土地のような財あるいは物でなく，一定の収入，あるいは利益を生み出すような債権証券，権利証などについても，同じような考え方で資産価格が成立する。収入が必ずしも確定していないものについても

見込み収益÷利子率＝資産価格

という関係が成立する。

この式からあきらかなように，収益が一定ならば利子率が下がれば資産価格は上がり，利子率が上がれば資産価格は下がる。上記の家の例でいえば利子率が3％に下がれば，価格は1億円になり，利子率が5％に上がれば，価格は6000万円になるであろう。

もちろん見込み収益が上がれば資産価格は上がり，見込み収益が下がれば，資産価格は下がるであろう。

4.3 資産市場

■ 投　機

　さらに資産を買う場合は，それから直接収益を得るだけでなく，その価格自体が上がることを予測して買うことも考えられる。それが一般的に**投機**といわれるものである。

　たとえばある土地から，現在は年100万円の地代しか得られないとしても，将来はその場所が開発され土地代が大きく上昇すると予想されるならば，その土地の価格が100万円を利子率で割った価格よりずっと高くなると予想される。そうすれば，現在すでに100万円を利子率で割った価格より高い価格で買っても，将来それを売って利益が得られると考えられる。その結果土地の価格は，実際に現在の地代を利子率で割った価格より高くなるであろう。

　このようなことが実際に起これば，具体的に見込み収益が上がるであろうということによってではなく，とにかく資産価格が上がるであろうということを期待して資産を売るということも行われるようになる。このようなことを多くの人々が考えるようになると，実際に資産の価格がどんどん上がってしまう。それがブームといわれる現象である。

　つまり人々の期待だけによって資産の価格が上がっていく。しかしやがてそれがいきすぎると期待が間違っていたことがわかる。そうすると人々は今度は資産の価格は下がるであろうと予想して，急いでそれを売ろうとする。そうすると価格はとことん下がってしまい，ブームは終わりになる。

　このようなことが極端になったのが**バブル**という現象である。ある種の資産の価格が一気に数倍あるいは十倍にも上がり，そしてしばらくして今度は一挙に下落するようなことが起こる。その過程で急激に大金持ちになった人や，また全財産を失って破産した人が生まれることになる。

■ 地代と土地価格

（１）　差額地代説

　ところで土地の資産価格の基礎になる地代はどのようにして決まるのであろうか。

地代は土地を利用することから得られる効用に対して支払われるものであるから，それに差があれば地代にも差が生ずるのは当然である。

たとえば2つの商業用地があって，条件が違う場合を考えよう。2つの場所があって一方は駅の近くにあり人通りの多い所で，そこに店を開けば年間1億2000万円の純利益を見込むことができるが，もう一つのあまり便利でない場所に店を開けば6000万円しか利益が上がらないとする。そうすれば最初の土地には2番目の土地より年6000万円，つまり毎月500万円までは地代をより多く払っても，最初の方に店を開く方が有利になる。逆に地代の差が月500万円より大きければ，第2の土地の方を選んだ方がよいことになる。もちろん第1の土地については地代が年1億2000万円，第2の土地については6000万円以上になることはない。それではまったく利益がなくなるからである。

そこでもしこのような土地の借り手が何人かあり，両方の土地とも借りられることになれば，両者の地代の差はちょうど年6000万円，月500万円となるであろう。

しかしこのことだけではそれぞれの地代の大きさは決まらない。

そもそも純利益から地代を引いた残りが0になってしまえば，土地の借り手がないことはあきらかであるが，まったく他の場所に店を開いて，あるいは資本を他の目的に投資したりする可能性もあるから，ある一定の額が残らなければ借り手はなくなると考えなければならない。そこでその額を3000万円とし，もし純利益から地代を引いた残りが3000万円を越えれば借り手があり，それより少なければ借り手がないとすれば，この土地の地代は年3000万円となるであろう。そうして第一の土地の地代は年9000万円となるはずである。

このように土地の地代は，その土地自体の利用価値でなく，その土地と他の土地の利用価値の差によって決まるものであると考えられる。このような考え方を**差額地代説**という。

19世紀の経済学者，特にリカード（David Ricardo, 1772-1823）は，人口が増加し，社会が発展すれば，穀物を中心とする農産物に対する需要が増加して，だんだん地形や条件の劣った土地までも耕作しなければならなくなると

考えた。

　そうすると農産物の生産費は上昇してその価格は上がることになるであろう。そうしてこれまで耕作されていた土地を経営する農業者の利益は，その生産物の価格の上昇によって増加し，同じ資本を投下しても新たに耕された劣等地を耕作する場合より多くなるであろう。土地を借りようとする農業者の競争があれば，その差は優れた土地を持つ地主に地代として支払われることになるであろう。このようにして経済の発展によって地主が受ける地代はますます増加するであろうと考えたのである。

　この場合，農業者が自分で土地を所有していれば，地代を支払う必要はないが，その場合には農業者の利益の中で，資本の通常の利潤を超えた部分は地代に当たる部分と見なされる。

（2）キャピタルゲインの問題

　地代については，しばしばその増加がまったく外部の環境の変化によるものであって，その所有者の働きの結果ではないということが問題にされる。もちろん土地所有者は，農地ならば灌漑や排水施設を建設したり，宅地や工場用地ならば土地を整備したり，電力や上下水道などの施設を作ったりして，土地の価値を高めることができる。そうしてそれは当然地代の増加をもたらすであろう。しかしそれによって得られる地代収入のうちで，コストを引いた分の残りは投下した資本の利潤と見なされるべきものである。

　これに対して，公共投資が行われて交通の便が増したり，人口が増加したことにより土地に対する需要が増加したことによって地代が上昇した場合には，それは土地所有者の判断や努力とはまったく無関係である。したがってそれを土地所有者が自分のものにしてしまうことは正当でないという批判も出されたのである。

　このような議論は地代だけでなく，地代に対応して資産価格が上昇した場合についても当てはまる。実際土地そのものに実質的な変化はないのに，価格が上昇したことによって得られる利益は**キャピタルゲイン**と呼ばれ，それは実質的な経済的価値とは対応していないと考えられている。したがってこ

のようなキャピタルゲインに対しては,ふつうの所得とは区別して高い税が課される場合もあるが,それは上記のような考え方にもとづいている。

■ その他の金融資産

市場経済が発達しさらに資本主義が発達すると,土地だけでなく,何らかの利用価値を持ち,したがって収入を生じ得るすべてのものが資産として取引されるようになる。

たとえばゴルフクラブの会員権などは,特定のゴルフ場でゴルフをする権利を与えるものであるが,ゴルフをしたいと思う人が増えればゴルフをするために金を払ってもよいと思う人が現れ,さらにその権利そのものを買おうとする人も現れるであろう。

もしゴルフをしたいと思う人がさらに増えれば,条件のよいゴルフ場だけではすべての人がプレイすることはできなくなり,より条件の悪いゴルフ場も作られるであろう。そうすればゴルフをしたいと思う人の競争の結果,条件のよいゴルフ場の一回のプレイに対する料金も,会員権の価格も上がるであろう。そうするとこのゴルフ場の会員権をもっと前に買った人はそれを売って利益を得ることができる。そうなると今度は自分でプレイするためでなく,価格が上がることを期待して会員権を買う人も現れるであろう。そこでゴルフ場の会員権も一種の金融資産となり,それを取引する市場も成立することとなる。

株式も上のような意味の金融資産となっている。本来,株式はある企業を設立するときに,多くの人から資本を集めるための制度であり,株式はその企業の資本の一定部分に対する所有権を表し,その資本から得られる利潤の分配を受ける権利を保証するものであるが,しかしそれが証券取引所で広く売買されるようになると,株式を買う人,つまり株主はその会社の実質的な資本の内容や,企業の行う経済活動にはほとんど関心を持たず,そこから得られる配当と,さらにその株の価格の変動によって生ずる利益を得ることを目的として,その売買をするようになった。そういう意味で株式も一つの金

融資産として扱われるようになっている。

4.4 流通機構

■ **円滑な取引の実現**

(1) 市場と「せり」

　市場とはある財またはサービスが取引される場である。しかしどんなものでも取引は勝手な場所で行われるわけではない。取引が行われる場が決まっており，またそのための条件が整えられていなければ，取引は円滑に行われない。そのためにはさらにそこに取引を円滑に成立させるために働く人々も存在しなければならなくなる。

　取引が行われるもっとも簡単な場合は，一定の場所に生産者である売り手と消費者である買い手が集まって取引をする市場（いちば，あるいはしじょう）である。

　その場合，もっとも簡単なものでは売り手が自分の持っている商品を並べて買い手が来るのを待つ。売り手は価格を付けておくが，買い手はそれを見て欲しいと思う商品を買う。また買い手は価格が高すぎると思うときは，売り手と交渉して価格を下げさせて買うこともある。あるいは売り手が最初から価格を示さず，買い手と売り手との交渉で価格を決める場合もある。このような市場がもう少し組織化されると，先に述べたような「せり」ということが行われる。

　しかし売り手が常に一定の量の商品を生産して売ろうと思う場合には，売り手は店を開いて買い手が来るのを待つということが普通に行われる。

　この場合には買い手は必要なものを売っている店に行って買うことになる。同じものを売る店は互いに離れている場合も多いので，その場合はどういう形で市場が成立しているのかはっきりしないが，1人の買い手が買いに行く店が複数あれば，買い手は商品の価格や品質を比べて，店を選ぶことによっ

て，売り手の間の競争が成立することになる。

　もし交通が不便な村に，ある商品を売る店が1つしかなければ，事実上そこは独占市場になる。そこでその売り手は独占的供給者として価格をつり上げて利益を得ることができる。外から売りにきたり，あるいは外に買いに行ったりするには費用がかかるとすれば，外部より高い価格が維持される。

　しかし生産者が直接売り手として消費者に売る場合は必ずしも多くない。生産者と消費者の間には商業者が仲介して，生産者から商品を買い，それを消費者に売る場合が多い。

（2）流通システムの成立

　そもそも商品交換，さらには貨幣による取引が発達するには2つのコースが考えられる。一つは日常的な生活を維持するために必要なものを交換によって手に入れる場合である。その場合にはまとまって住んでいる人々の間で分業が行われ，互いに相手の必要とするものを生産し，交換し合うことになる。大体において自給自足している近代以前の農村においては，大多数の農民のほかに，特定の機能を持った大工や職人，あるいは医者や宗教家などがいて，自分の生産物やサービスと交換に農民から生活に必要なものを得ていた。

　しかしこのような場合には物々交換が行われることも多く，また貨幣が用いられる場合もその価格は慣習的に決まっている場合が多く，市場といえるようなものはあまり発達しなかった。

　商品取引が発生するもう一つのコースは，ある程度離れた地域の間で，互いに自分の所では生産できない，あるいは獲得できないものを交換し合う場合である。昔は遠い距離を商品を運ぶには費用がかかったし，危険もともなったから，このような取引の対象となる商品は日常的に必要とされるものではなく，高価なぜいたく品や，特定の金属や動植物など特定の場所でしか生産されないものに限られたであろう。しかしある種の商品は，非常に古い時代からきわめて遠い距離を運ばれて取引されていた。古代中国からローマ帝国まではるばる絹が運ばれて，その通路がシルクロードと呼ばれているのは

有名である。

　このような取引では，商品を生産者が直接遠くまで売りに出かけたり，あるいは消費者が商品を手に入れるために旅行したりすることはほとんどなかった。取引は商人の手で行われるのが普通であり，商人は最初ある場所で商品を買い，それを他の場所，ときには遠い外国でその土地の産物と交換し，そしてそれを最初の場所に持ち帰って売る。それによって利益を得たのである。しかしこのような交易は偶然的な条件に影響されることが多かった。無事に多くの商品を外国から持ち帰ることができれば，莫大な利益を得ることができたであろうが，長い旅路は危険が多く，途中での海難や盗賊の襲撃などによって商品が失われてしまうことも少なくなかったであろう。したがってこのような段階ではまだ安定的な市場が成立したとはいえない。

　しかし交易が恒常的に行われるようになり，その安全性も高まると，やがて交易のための特別の施設も作られるようになり，そのような市場で売ることを目的とした商品も生産されるようになり，その売買を仲介することを専門とする商人が生まれた。そうしてその中で取引を円滑にするための制度も発達した。それが**流通システム**と呼ばれるものである。

■ 現代の流通機構

　現代では膨大な商品を生産者から消費者に，あるいは中間財の場合にはその生産者からそれを使用する企業に渡すまでの間は，大きく複雑な流通システムが存在している。そうして一つの商品が生産者から消費者に渡るまでには，いくつもの商業者の手を経ることも少なくない。

　一般に消費者に直接商品を販売する商業者は小売商と呼ばれるが，小売商は直接生産者からその商品を買い入れる（仕入れる）こともあるが，多くは卸売商から仕入れている。その卸売もまた何段階にも分かれていることがある。また商業者の中には，多くの種類の商品を扱う総合商社や百貨店，スーパーマーケットのようなものと，一種類の商品だけを扱う専門店とがある。また外国からの輸入あるいは外国への輸出を扱う貿易商社もある。主として

これらの商業者は，相互に売り手となったり買い手となったりして複雑な取引の網の目を構成している。それが**流通機構**というものである。

(1) 流通機構の高度な進展

このような流通機構の全体としての役割は最初の供給者としての生産者として，最終的需要者としての消費者や，投資を行う企業，あるいは原料や中間製品を求める企業とを結び付けることにある。

商業者はできるだけ安く買い入れてできるだけ高く売ろうとすると同時に，商品の品質についてもできるだけよいものを仕入れようとするから，結局よい商品をもっとも安く生産することのできる生産者から買い入れ，もっともそれを必要としている需要者に売ることになる。つまり商業者は自らの利益を求めて競争することを通じて，生産者と消費者の競争を促進し，経済全体の効率を高めることになる。

また商業活動が盛んになることにより，生産者は結局広い範囲の需要者を対象にその生産物を売ることができるし，また消費者は非常に多くの，一部は遠く離れた地域での生産物を買うことができるようになる。そこで商業は社会的分業を促進する。そうして国際的な取引，すなわち貿易は分業関係を国境を越えて世界に拡げることになる。

商業活動そのものは商品自体の価値を変えるものではないといえるが，供給と需要を有効に結び付けることにより，経済全体の効率を高める機能を持っている。商業者の利益つまり商業マージンは，このような活動から生ずる社会的利益の一部から支払われるものであると考えられる。

(2) 流通のためのコスト

抽象的に考えた「市場」では，供給者と需要者は直接に取引するものとされているが，現実には，一つの商品の取引については，その生産者が売り手として，商業者が買い手として現れる市場と，商業者が売り手として消費者が買い手として現れる市場とに分かれると考えられる。もし中間に複数の商業者が存在するならば，もっと多くの市場が存在することになる。

これらの市場において売り手としての商業者にとっての供給コストは，買

い手としての市場における価格に商業活動にかかわるコストを加えたものに等しくなるので，2つ（あるいはそれ以上）の市場は強く関連し合っているが，商業者の間で競争が行われれば，流通マージンの率はある一定の大きさになるであろうから，これらの市場を結び付けて1つの市場と考え，ただそこで供給価格が，生産者の供給価格に一定の商業マージンを加えたものに等しくなると考えればよいであろう．これによって消費者の支払う価格は上昇するのみならず，取引量は減るから，生産者の余剰も減ることになる．しかしすでに述べたようにそれは市場を機能させるためのコストと考えるべきである．

　流通費用が下がったり，商業者の競争が活発になったりすることにより，商業マージンの率が低下すれば，消費者が利益を受けるばかりでなく生産者も利益を受けることはあきらかである．逆に商業者が生産者に対しては独占的需要者として，消費者に対しては独占的供給者としてふるまうことができるような場合には，先に述べた流通独占が成立し，商業者は大きな独占的利益を得ることができる一方，生産者も消費者も損害を被るばかりでなく社会総余剰も大きく減ることになるであろう．

（3）　変貌する流通システム

　現実の流通機構はきわめて複雑であり，その中には大きな資本を持った商社，百貨店，多くの店を持つスーパーなどの大企業もあれば，家族経営の町の小さい店もある．そうしてまたその構造は常に変化している．

　最近の情報技術の発達と情報通信システムの普及によって，流通システムは大きな影響を受けつつある．それはインターネットなどの普及によって，遠くはなれた供給者と需要者の間を情報的に結び付けることが可能になったからである．それによってこれまで情報を人手によって処理していたことから生まれた，複雑な流通システムが不要になりつつある．

　しかし，情報通信ネットワークシステムにより，すべての生産者と消費者が直接結び付けられて，直接取引を行うようになり，流通機構そのものが不要になると思うのは幻想である．消費者はまったく知らない遠くの生産者が

提供する商品の質や機能について，いくら生産者側からの情報提供があったとしても，自分で判断することは困難であるし，また生産者も自分の生産する商品に対して，どれだけの需要があるかを，膨大な数の消費者に直接たずねて知ることもできないからである。

　流通機構の役割は，消費者と生産者の双方に対して，単に情報伝達を仲介するだけでなく，情報を整理し，またそれに判断を加えて，市場が円滑に機能するようにすることにあるのであって，それをコンピュータによる自動システムに完全におき換えることはできない。

4.5　金融制度

■「金融」とは

　資金市場において，その流通の場が**金融制度**といわれるものである。

　金融，つまり貨幣をある期間貸して，利子を得るという制度は古くから存在した。キリスト教やイスラム教では，貨幣は時間が経っても自動的に増えるわけではないから，貨幣を貸して利子を取るのは正しくないという考え方から，利子を取ることを禁止していたこともあったが，しかし利子を取って金（かね）を貸すことはなくなりはしなかった。

　実は貨幣だけでなく，食料などを貸すということもあった。特に農民が収穫前の時期に前年の収穫を食べ尽くしてしまい，食料がなくなってしまったときに，地主や商人などが穀物を貸し，収穫時になったらそれに利子を付けて返させることはしばしば行われた。国家が税収を増やす目的でそれを行うこともあった。このようなことがしばしば行われると，農民は穀物を返すことができなくなり，やがて土地を取り上げられてしまうことも起こった。

　貨幣経済が発達すると資金を貸して利子を取ることを職業とする**金貸**しが現れ，その一部は大きい資金を持って貴族や政府に貸し付けるようになった。

（1）　金融の形態と機能

4.5 金融制度

a．消費者金融　金融とは基本的に2種類ある。一つは消費者金融であり，もう一つは企業金融である。

消費者金融とは，生活のためにどうしても必要な金がなくなってしまったときに行う借金であり，それは利子とともに将来の所得の中から返さなければならない。この場合，借りた金そのものは生活のためすぐに使われてしまうので，その返済は将来の負担になり，ときにはその額が利子とともに大きくなって，家計が破綻してしまうことも少なくなかった。またそうなると貸した金も返らないなどいわゆる貸し倒れが起こるので，貸した方も危険をともなう。したがって金利も高くなり，負担は一層重くなった。このことから貧しい人々を搾取する，いわゆる高利貸しというイメージが生まれて，金貸しといわれる人々はどこでも評判がよくなかったし，また中世ヨーロッパでは教会の利子禁止という考え方も生まれた。しかしどうしても金を一時的に必要とする人がいる限り，金貸し業が生まれるのは当然である。

最近ではもう少し別の消費者金融が発達した。つまり住宅，自動車，その他の耐久消費財など，高価で長期にわたって使用される財を購入するに当たって，それを買うだけの資金が貯蓄される前に，代金の一部，ないし大部分を借りて，その財を使用する期間中に一部ずつ返済していく制度である。この場合には，財の代金を一度に支払う代わりに，それを使っている間に，いわばその使用料を払い続けていると考えることができる。そこで若干の金利を余分に支払わなければならないとしても，代金の金額分が貯蓄されるまで待つよりよいと考えられるのである。生産者側にとっても商品が早く売れることは望ましいことであるから，このような消費者ローンといわれる制度ができることは有利なことである。

b．企業金融　企業金融は，企業活動のために必要な貨幣を企業に貸すことを意味する。それには基本的に**短期金融**と**長期金融**とがある。

企業は日々いろいろな形での取引活動をしており，その中で絶えず貨幣を受け取ったり支払ったりしているが，その時一時的に支払いのための資金が不足することがあり得る。そのために必要な資金を貸すのが短期金融である。

そのような借金は次に企業が他から金を受け取れば返すことができるから，原則として借りる期間は短くなる。

銀行が短期金融を行うもっとも普通の方法は**手形割引**である。手形とはある企業が他の企業から商品を購入した際，その代金を一定期日後に支払うことを約束した文書である。これを受け取った企業は普通それを銀行に持って行き，銀行の手形を受け取って，一定の利子額を差し引いて手形を受け取った企業に支払う。これを手形を「割引く」という。期日になると手形を発行した企業は銀行に手形に示された金額を支払って取り戻す。これで返済が終わったことになる。一方企業が新しく事業を始めたり，あるいは企業活動を始めたりするために，資金を借り入れるのが長期金融である。

さらには**間接金融**と**直接金融**の2種類がある。銀行からの借金という形で借り入れるのが間接金融である。銀行は預金者から貯蓄を受け入れ，それをもう一度企業に貸し出すので，基本的には預金者が銀行を通じて間接的に貸していると考えられるからである。

これに対して企業が直接，利子付きの社債を発行して貯蓄を持っている人に買ってもらうのが直接金融である。株式を発行して売り出し，それによって資金を得ることも直接金融の一つのあり方とも考えられるが，株式は資本を表すものであって借金を表す債権ではないから，株式発行は本来借金ではない。しかし株式市場が発達して，株式をそれが表す資本の価値ではなく，株式市場での評価に対応する時価発行ができるようになると株式発行も長期資金を得る一つの手段と考えられるようになる。

（2） 返　済

金を貸したとき，借り手が返さなかったり，返したくても返せなくなってしまう危険性がある。手形の期日が来ても，企業が定められた金額を支払うことができなくなることがある。これを手形の**不渡り**という。また貸した金が返らなくなったことを貸し倒れという。企業や個人が，借金を返せないことが重なるとその企業や個人は倒産，あるいは破産したことになる。そうすると企業や個人はその後，経済的な活動や取引をすることができなくなる。

4.5 金融制度

借りた金が返らなくなると，貸し手は損害を受ける。そこで金を貸す金融機関は，返すことができなくなるかもしれない企業や個人には貸さないようによく注意しなければならない。つまり貸し手は借りたいという人に無条件に貸すのではなく，借り手を選別しなければならない。

特に長期に貸すときは，資金が有効に投資されて利益が上がり，そこから利子を付けて返済ができるようにならなければならない。そこで銀行は企業に長期に資金を貸すときには，企業の投資計画が十分合理的かどうかを調べて，貸すか否かを決定しなければならない。このことを**審査**という。銀行の貸し出す金は本来預金者から預かったものであるから，それが貸し倒れによって失われることがないように十分審査することは，銀行の義務である。

しかし貸し倒れの危険性をまったくなくすことは難しい。そこで金を貸す代わりに，一定の財を**担保**にする。つまりもし返済が不可能になったときにはそれを貸し手のものとするということもしばしば行われる。また貸し倒れの危険が大きいと考えられるときは，通常より高い利子を取ることもある。それと通常の利子との差が，先に述べたリスクプレミアムである。

担保のない消費者金融の場合には，どうしても貸し倒れの可能性が大きくなるので，リスクプレミアムが高く，利子が高くなりがちである。このことはしばしば不当なことと思われがちであり，また場合によっては借り手の弱い立場に乗じて確かに不当に高い利子が要求されることもあるが，しかし利子が若干高くなることはやむを得ないことである。

金融というものは，現在の一定の額の貨幣を将来の特定の時期の貨幣（元金と利子）と交換する取引であるから，どうしてもリスクがともなうものであり，そこにほかの商品や資金の取引とは異なる面がある。

■ 金融資産の市場

収益を得る権利を与えるものを**金融資産**という。**国債**，**社債**，そして**株式**が**金融資産**の代表的なものである。このような金融資産についてはその取引市場が成立している。

国債や社債など一定の利子率が定められているものの価格は，すでに述べたような原理によって変動する。また，経営が行き詰まって元本が支払われなくなるのではないかという危険がある会社の社債などの価格は下がる。

（1） **株式市場**

株式についてはそれから期待されるのは**配当**であるが，配当は企業の利益によって上下し，あるいはまったくないこともある。そこで株式の価格は現在の配当だけでなく，配当の将来の見込みによって左右される。実は株式などについてはその価格自体が関心となり，配当によってではなく，価格の値上がりによって利益を得ようとして買う人も少なくない。

そうすると多くの人が価格が上がるだろうと思う株式は，そう思われたことによって実際に上がり，逆に下がると思われる株式は，実際に下がってしまうことになる。そこで株式市場は絶えず価格変動を繰り返すことになる。いわゆるブームが起こると，実際の配当に比べてはるかに高い水準まで株価が上がってしまい，逆に株価が下がるのではないかという不安が広まると売ろうとする人が殺到して，一気に株価が暴落してしまうことがある。

株価は企業活動が円滑に行われ，収益が得られているかどうかを示す。経済の重要な指標とされることが多いので，その変動はいろいろな形で影響を及ぼすことになる。特に大規模な暴落が起こると，株式の購入に大きな資金を投入していた個人や企業が大きな損失を被るばかりでなく，その中の多くが破産に追い込まれてしまい，経済の円滑な運営がなされなくなってしまう。とくに1929年のニューヨーク市場での大暴落は，世界中に波及して恐慌を引き起こし，さらには1930年代の大不況のきっかけとなったのである。

（2） **株式の公開**

株式というものは，最初は企業が設立されたときの資本の一部を表している。多くの場合それは限られた人々によって所有されている。しかしそれが企業として成功すると，それは一般の人々にも売られるようになる。このことを**公開**という。

しかしその場合には株の価格はその表す資本の大きさより，一般に高くな

る。なぜならばたとえば100億円の資本金でスタートした企業が，成功してたとえば年20億円の利潤を得ることができるとする。そうするとその半分を配当にするとすれば，資本金100億円に対する配当金10億円，つまり10％の配当となる。そうすると100億円の資本金に対して額面5万円の株券，20万株が発行されるとすれば，一株当たり5000円の配当となる。しかしいま，資金市場での金利が4％であったとすれば，5000円の配当を得ることのできる金融資産は，5000円÷0.04＝125,000円の価値があると評価されるであろう。つまりこの株は一株125,000円で買われるであろう。

実はこのような場合，この会社は将来さらに発展すると期待されるので，株価はこれよりもっと高くなるのが普通であり，たとえば一株20万円となることも十分あり得る（もっとはるかに高い価格，100万円というような価格がつけられることも起こるかもしれない。しかしそれは多くの場合，投機的な行為によるもので，しばらくすると株価が大きく下がってしまう可能性が大きい）。そうなると，最初一株5万円の資金を提供して株を得た人は大きな利益を得ることができる。これを**創業者利得**という。成功した企業家が得た大きな財産は創業者利得による部分が大きい。

■ 金融機関

金融において資金の本来の供給者は，貯蓄を行う個人，および企業であり，需要者は主として企業，および一部の個人，場合によっては政府であるが，その間を仲介するのがいろいろな形での**金融機関**である。

（1）銀　行

金融機関の代表的なものは銀行である。銀行は貯蓄する個人や企業から預金を受け入れ，それを企業に貸し出すのが本来の機能である。そうして貸し出すときの金利と預金者に支払う金利との差額が，金融機関の業務を行う際のコスト，賃金給料等，および利潤に当てられることになる。

銀行に預けられた預金はやがて引き出されるから，銀行はその一部は貸し出さないで残しておかなければならない。その率を**預金準備率**という。

ところで貸し出された資金は，再び借りた企業の預金の形になるのが普通である。そうしてそれは，またすぐに使われてしまうことはないから，それを受け入れた銀行は，またそれを貸し出しに向けることができる。そこで銀行システムの中で貸し出しの額は最初に行われた貯蓄額より大きくなっていくことになる。これを銀行による**預金創造**という。

現代では銀行は大きな力を持っている。それは莫大な資金を保有して，それを貸し付けることを通じて企業に影響力を持つことができるからである。特に企業が新しく設備などを建設するために多額の資金を銀行から借りることになると，銀行がそのような貸し付けに応ずるかどうかによって，企業の将来が大きく影響されることになる。また銀行の側もそのような投資が失敗に終わって，企業が利益を上げることができず，借りた金を返せなくなると，銀行にとっても大きな損失となるので，銀行はそのような投資計画を十分注意深く審査するだけでなく，企業の経営全般についても注意し，時には企業の経営方針にも発言することにもなる。

日本ではいくつかの大企業と一つの大銀行を中心として，相互に協力する企業集団を形成していた。しかし最近では，企業が直接金融や内部資金によって長期投資を行う比率が増え，銀行からの長期借り入れに頼ることが少なくなったので，銀行の影響力はかつてより小さくなった。

銀行の中で特別な地位を占めているのが，**中央銀行**，日本では日本銀行である。中央銀行は通貨を発行するほか，政府の銀行として政府の収入と支出にともなう貨幣の出入りを管理し，また銀行との間の資金取引を通じて，金融市場を動かしているのである。

（2）　その他の金融機関

銀行以外の金融機関としては，政府が預金を集めて政府が行う投資や金融（財政投融資という）のための資金を提供する**郵便貯金**もある。またいろいろな形で集めた資金を貸し付けたり，金融資産を購入してそこから収入や利益を得たりする活動を行う，いろいろな形の金融機関もある。その中で主要なものとして**保険会社**や**証券会社**がある。あるいは農民を組合員として預金を

集め，それを貸し出す**農民協同組合**なども金融活動を行っている。

　保険は本来多くの人が金を出し合って，不慮の災害や事故，病気あるいは死亡のときなどに，必要とする金を出す一種の互助的なシステムであったが，現在では保険会社が多数の加入者から保険金を集めてそれを貸し付けたり，金融資産を買ったりして運用し，利益を得る一方，加入者に対しては契約に応じて一定の事態が生じた時に保険金を支払い，また場合によっては一定の期間後配当金を付けて保険金を払い戻すという金融業務を行っている。

　また証券会社は株式の発行や売買にともなう業務を当事者に代わって行う一方，自らもいろいろな形で資金を集めて金融資産投資を行っている。

　その他にもいろいろな形の金融機関があり，その中には消費者金融，いわゆるサラリーマン金融と呼ばれるものや担保の品物を預かって金を貸す昔からあった質屋など，もっぱら個人に対して金を貸すものもある。

　現実の金融制度はきわめて複雑であって，その中でいろいろな金融機関が，多数の企業や個人を相手に，また相互に，膨大な取引を行っている。金融制度そのものの役割はすでに述べたように企業や家計の貯蓄を有効に利用して，取引を円滑にし，また有効な投資に資金を向けることにあるが，現実の金融システムの中では，それ以上に巨大な額の金融資産取引が行われて，利益や損失が生じているのである。

4.6　世界市場と国際貿易

■ 比較生産費説

　市場には比較的せまい範囲のものから，広い範囲のものまで，いろいろな大きさのものが考えられる。その中でもっとも広いものが世界全体に拡がる**世界市場**である。

　国を越えた商品取引は**国際貿易**と呼ばれる。国際貿易においては，国内市場で行われる取引とは異なる面がいくつかある。

第一に国境を越える労働力や資本の移動は自由ではないから，賃金や資本の利潤率は国によって異なること，また自然条件も異なるからそれに大きく影響される農産物や鉱産物の生産費も異なることである。したがって一国の中では競争によって特定の商品の生産はもっとも効率的な，すなわちもっとも生産コストの低い方法で生産されるようになる傾向があるが，異なる国では，生産費の構造も異なるので，選ばれる生産方法も異なることである。さらに技術の水準も国によって異なることも少なくないから，ある国では有利な生産方法も他の国では有効に利用できるとは限らない。

　このことから異なる国の間では，それぞれ相対的に生産費の低い生産物と，相対的に生産費の高い生産物とが存在することになる。そうするとそれぞれの国は比較的有利な生産物を多く生産して輸出し，それと交換に，比較的に不利な生産物を輸入する方がそれぞれを全部自国で生産するより有利になる。それによって双方が利益を得ることになる。

　たとえば資本が乏しく，労働力が豊富にあって賃金の低い低開発国は，労働力を多く用いて**労働集約的な産業**，すなわち軽工業や特定の農産物などを輸出して，大きな資本を必要とする**資本集約的な産業**，すなわち重化学工業や機械工業の製品を輸入し，逆に資本が多く，賃金の高い先進国は資本集約的な産業の製品を輸出し，労働集約的な産業の製品を輸入することになる。また土地に恵まれた国は農産物を輸出し，人口密度が高く土地が不足している国はそれを輸入することになる。

　これは自然であるが，ここで注意すべきことは，製品を輸出している産業は，輸入国と比べて絶対的に生産性が高いとは限らないことである。たとえば繊維工業などの労働生産性，すなわち一定時間の労働によって生産される製品の量は，先進国の方が開発途上国より大きいことが少なくない。しかしたとえば機械工業の生産性の差はもっと大きいので，開発途上国は繊維機械を輸入して，繊維製品を輸出することになるのである。そうして賃金の差が繊維工業の生産性の差より大きいならば，このような貿易は双方にとって有利となるのである。このような考え方は**比較生産費説**と呼ばれている。

4.6 世界市場と国際貿易

比較生産費説の考え方によれば，いろいろ条件の違う国々の間で自由に貿易が行われれば，すべての国々が利益を受けることになる。これに対してもしある国が相対的に不利な産業を輸入関税や特定の製品の輸入制限などによって保護して，自分の国でもその産物を生産しようとすれば，そこに相対的に有利な産業から労働力や資本をふり向けなければならないから，それによって減る生産額（あるいは付加価値）の方が，不利な産業で増す生産額（あるいは付加価値）より多くなるので，結局不利になるというのである。これがアダム・スミス以来の自由主義経済学者が，**保護貿易**に反対し，**自由貿易**を主張した理論の論理であった。現在でもこのような考え方は広く支持されている。

■ 自由貿易の問題点

しかしここにはいくつかの問題点もある。第一にこのような議論では，各国産業の相対的な有利・不利は時間とともに変わることはないとされている。しかし時が経てば低開発国でも資本蓄積が進み，技術も進歩して，これまで不利であった部門も不利でなくなり，逆に労働力が不足がちになり，賃金も高騰して，これまで有利であった部門も不利になるかもしれない。そのような場合には輸出産業も変わらなければならない。しかし特定の産業はそれほど短期間に生まれることはできないから，新しい産業はしばらくの間は外国からの競争に対して保護しておかなければ育つことがない。したがってこのような将来育つ見込みのある産業は保護すべきであるというのが**幼稚産業保護論**である。そのことを提唱したのはフリードリッヒ・リスト（Friedrich List, 1789–1846）である。

日本についても，戦前から敗戦後しばらくの間は，輸出の中心は繊維製品や雑貨など労働集約的な軽工業の製品であった。その後次第に輸出の中心は重化学工業や機械工業，さらにはエレクトロニクスなどのもっとも先端的な技術を必要とする産業に移っていった。その間，外国製品の輸入についての統制の撤廃いわゆる貿易の自由化はゆっくりと行われたのであった。

もう一つの問題は上記の議論は失業が存在するときは成り立たないことである。もし失業が存在する，すなわち労働力が余っているならば，不利な産業でも生産を続ける方が，それを廃棄してしまって失業を増やし，輸入だけを増やすことになるよりはよいということになるであろう。雇用を維持するためには遅れた産業も保護しなければならない場合もある。

■ 貿易の収支

さらに国際的な取引においては，自国の通貨で支払いをすることができない。輸入される商品の代価を支払うには，かつては本位貨幣といわれた**金銀**が用いられた。現在では輸入品を生産している国の通貨か，国際的な信用を持つ国の通貨，すなわち**外貨**が必要である。

現在ではアメリカのドルが大部分の国際的取引のために用いられている。したがってアメリカを除けば輸入を増やすためには輸出を増やさなければならないことになる。輸入額が輸出額より大きくなり，いわゆる貿易の赤字が増大すると，外貨が不足して輸入ができなくなるか，あるいはドルに対するその国の通貨の価値，すなわち**交換レート**が下がって，輸入品，輸出品の**国内価格**が上がるので，輸入は減り，輸出は増えて，外貨不足が解消することになる。

外貨が不足する場合，外国から借金することも考えられるが，それは一般に望ましくないと考えられているので，どの国の政府も輸出をできる限り増やして貿易赤字を減らそうとするのが普通である。輸出を増やし輸入を減らして，金銀やあるいは外貨を蓄積しようとする政策は**重商主義**と呼ばれる。それはアダム・スミスによって不合理なものとして批判されたが，しかしどの国でも外貨不足に陥って輸入代金が支払えなくなったり，外国から借金をしなくてはならなくなる状態に陥ることは望まないので，輸出を奨励し，輸入を抑制して貿易収支が赤字にならないよう努めるのが普通である。

しかし貿易の収支は世界全体として見れば釣り合うことになるので，ある国の貿易が黒字になればそれだけ他の分の貿易が赤字になっているはずであ

る。したがってすべての国が自分の貿易収支を黒字にしようとすれば，どうしてもそこに対立が起こらざるを得ないので，貿易黒字を拡大しようとして競争するのは無意味なことである。

■ 労働力の移動

商品以外にも国境を越えた経済活動は行われる。**労働力**も移動することがある。奴隷貿易はその人の意志を無視した労働力の国際取引であった。

自由な意志で労働力となる人が国境を越えて永久的に移動するのが移民である。これに対して一時的に外国へ行って働き賃金を稼いで帰ったり，その一部を出身国に送ったりするのが出稼ぎである。現在では奴隷貿易はもちろん禁止されている。移民はかつては新大陸に大量に行われたが，現在ではどの国も移民の流入はかなり厳しく制限しているし，出稼ぎについても規制している。

国によっては賃金に大きな差がある以上，貧しい国から豊かな国へ労働力が移動しようとするのは自然である。しかし人間の移動については商品の貿易のように自由にすることができないのは，人間は単なる労働力ではなくそれぞれ独自の文化や価値観，伝統などを持った社会の構成員だからである。

■ 資本の移動

また国境を越えた資本の移動，すなわち**外国投資**もある。それには外国に資金を貸す，いわゆる金融投資と，外国に工場などの経済活動を行う施設を作り，労働者を雇って経済活動を行ういわゆる直接投資とがある。ある国の貿易収支の黒字がたまれば，それはやがて外国投資として外国へ向かうことになるのが自然である。国際的にも資金市場が成立していると考えられる。

外国への投資については，国内への投資よりも，いろいろな意味でリスクが大きいことが多いが，しかし資本が多い国から資本が不足している国へ資本が移動するのは自然である。資本が多く蓄積されている国は一般に賃金が高く，資本の少ない国は賃金が低く，賃金の低いところではそれだけ利潤が

多くなることが期待されるからである。

　一方資本を受け入れる国においては，不足している資本を補うことによって新たな雇用が生まれ，また自国の資本だけでは建設できない産業を作り出すことのできるという利益がある。したがって資本の国際的な移動も原則的には双方にとって利益となると考えられる。

　しかし外国からの投資の場合，そこから得られた利潤は外国へ送られてしまうし，またその資本についてもっと有利なところがあれば，他国へ移ってしまうかもしれない。そうすると経済に混乱が生ずるかもしれない。したがってそこにはマイナスの面もある。

　国際貿易について考慮されるもう一つの問題は国の安全保障である。世界は常に平和であるとは限らない。もし戦争が起これば，交戦国は敵国から必要な物資を輸入することができなくなることはもちろんであるが，直接戦争に参加していない国も，貿易が妨げられることが多くなる。そこで戦争や，あるいは大きな国際紛争が起こる場合を考えると，どうしても必要な財は，ある程度自給できることが望ましい。あるいは外国からの供給に頼らざるを得ない場合でも，特定の国や狭い一定の地域だけに供給先を限らないようにする方が安全である。

5

経済主体

　現在，ほとんどすべての国では，財やサービスの流通，分配が市場を通して行われ，その生産は大部分，市場に供給することを目的として行われている。このような経済のあり方が**市場経済**である。しかし市場経済は単位商品が取引される市場が存在すれば，自然に形成されるわけではない。市場経済が円滑に運営されるためには，いろいろな仕組みが必要である。この章では市場経済を成立させている社会の要素について述べる。

　市場経済にかかわるもの，つまり供給者あるいは需要者として現れるものには4つの種類がある。企業，消費者，そして政府および非営利団体である。

5.1 企　業

■ 法人としての企業

　企業とは，財やサービスを生産し，市場に供給して利益を得ることを目的とする個人または団体である。それは一般には複数の人々によって構成されるが，単に人々の集まりというだけでなく，一つの独立な存在として法的にも認められているものである。そういう意味で**法人**と呼ばれているものが多い。法人は取引をする一つの主体であると認められるので，それを構成する人々の権利や義務とは独立して，権利や義務を持つことができる。たとえば法人の財産はその法人の財産であって，どの個人のものでもない。

（1）　株式会社

　法人にはいろいろな種類があるが，企業の多くは**株式会社**である。それは複数の人々が資金を持ち寄って，その額に応じた株式を発行して会社を設立するものであって，株の所有主，つまり株主はその所有する株数に比例していわば共同でその会社を所有することになる。

　株主は会社の得た利益から借入金に対する利子などを支払った後の純利益つまり利潤を配当という形で得ることを期待する。また株は自由に売買することができる。株式取引をする場が証券取引所である。株式の価格は上下に変動するので，株を持つ人は，その株から得られる配当だけでなく，株の値上がりによって利益を得ることができる。もちろん逆に株の価格が下がれば，損をすることになる。

　株式会社においては，法律上の所有者は株主であるから，その運営については形式上は株主が最高の決定権を持つことになる。しかし多くの株式会社，特に大きな会社においては，株主の数は多く，しかもその大多数は配当や株価の上昇による利益を売ること以外関心がないから，株式会社の実際の運営は，社長以下**取締役会**のメンバーをはじめとする経営者達に任せられている。そこで現代社会では，**所有と経営の分離**が進んでいるといえる。

（2） 系列会社

　企業は一般に経済行動の一つの主体と考えられるが，しかし法的には独立の企業となっていても，実際にはもっと大きな企業の一部としか考えられない場合や，他の企業によって支配されている場合もある。特に他の企業がその株の全部，あるいは大部分を持っているような場合に，その会社は株を持っている企業の**子会社**と呼ばれることが多いが，その場合その経営は株を持っている親会社によって大きく影響されるのが普通である。

　このような関係がなくても，ある会社の製品がほとんど全部，あるいは大部分他の企業によって買われるような場合には，買い手の会社は一般に独占的需要者の立場に立つだけでなく，直接的にその会社の経営に影響することができる場合が少なくない。このような会社はしばしば**系列会社**と呼ばれる。特定の大企業から部品や原料，あるいは特定の加工などの注文を受ける企業はいわゆる**下請け**として系列会社となることが多い。

■ 企業行動の原理

（1） 短期と長期

　企業の行動は**短期**と**長期**に分けられて考えることができる。短期には企業は与えられた設備を前提とし，その生産する財やサービスの価格と，その生産に要する原燃料の価格や労働の費用を考慮して利潤を最大とするように生産量を決定するであろう。価格が与えられている場合には，限界生産費が生産量とともに上昇するとするならば，価格が限界生産費に一致するように生産量を定めればよいということはすでに述べた。

　企業は，多数の資金を用いて多くの資本設備を建設し，長期的な利益を得ようとするとき，多くの条件を考慮し，また将来のいろいろな状況が不確実なことから生ずるリスクをも考えて決定を下さなければならない。たとえば新しく工場を建設して新しい商品の生産を始めようとする場合，その工場の建設に要する費用，生産を開始したときの生産コスト，さらにはその商品の市場の状況，つまりどれだけの価格でどれだけ売れるか，いい換えればその

企業にとっての需要を考慮しなければならない。それは市場全体の需要だけでなく，同じ商品を生産する競争会社がどのような行動をするかにも依存する。そうしてこれらのことを考慮した上で，工場建設のための投資をするか否かを決めなければならない。

（2） 投資と収益率

いまある工場を建設するとしたとき，1年後，2年後，……，k 年後にそれぞれ R_1，R_2，……，R_k 円の利益が得られると見込まれるとしよう。一方，工場を建設して生産を開始するまでに M 円の投資が必要になると計算されるとしよう。このときこの投資をすべきか否かは次のようにして計算される。

いま金利が r ％であるとすると，a 年後に得られる R 円の利益は，現在得られる

$$R \div (1 + \frac{r}{100})^a \text{ 円}$$

の全額に等しい価値を持つと考えられる（このことは上記の金額を借り入れて，a 年後に得た収入で返済することを想定すれば納得できるであろう）そしてこれをこの収入の**現在価値**という。

そして1年後，2年後，……，k 年後にそれぞれ R_1，R_2，……，R_k の収入が得られるとすると，その現在価値の合計は

$$\frac{R_1}{1+r/100} + \frac{R_2}{(1+r/100)^2} + \cdots\cdots + \frac{R_k}{(1+r/100)^k} \text{ 円}$$

となる。それゆえこの値が投資額 M より大きければ，得られる収入の現在価値は必要な資金額より大きくなり，したがって投資することによって利益が得られることになる。逆に上記の値が M より小さければ，投資をすることは損である。なぜならばそれだけの資金を貸すことによって利子を得る金額の方が，より多くの収入が得られるからである。

したがって収入の現在価値総額が要する資金額より大きいか少ないかによって，この投資をすべきか否かが決められることになる。一般に上記のようにして収益の現在価値を計算するために用いられる r を**割引率**という。

5.1 企業

現実の問題では，収益の見込みでは不確実なところがあり，それだけリスクがともなうので割引率は金利より高めに想定されるのが普通である。そうすると上記のことは次のようにいい換えることもできる。いまちょうど

$$M = \frac{R_1}{1+y/100} + \frac{R_2}{(1+y/100)^2} + \cdots\cdots + \frac{R_k}{(1+y/100)^k} \text{円}$$

となるような y（％）を，このような投資の**収益率**という。そうすると収益率が，金利（あるいは金利にリスクを考慮したいわゆるリスクプレミアムを加えたもの）より大きければ投資をし，小さければ投資をしないということになる。いくつかの投資計画が考えられる場合にはそれぞれについて収益率を計算して，それらの中でもっとも収益率が高く，金利より高いものが選ばれることになるであろう。

（3） 企業行動を決定するもの

しかしながら企業の行動はこのような論理だけでは決められない。企業の行動を決定するのは経営者であるが，経営者は株主や従業員のことも考えて行動しなければならない。

そのことは企業の行動にどのように影響するであろうか。企業の短期的行動，つまりある時期に資本設備，従業員等が与えられた条件の下では，企業はその利益が最大になるように行動すると考えてよいであろう。その限りでは企業は第3章で述べたように，自分の利益を最大にしようとして財やサービスを供給すると考えてよい。

しかし長期的な観点からの行動は一義的には決められない。というのは一般的には長期的にも利益を最大にすることが目標となるとしても，それをどのような基準ではかるかが問題だからである。

株主の観点からは現在の一株当たりの配当を最大にすることが望ましいと考えられるかもしれないが，長期的に経営にかかわる経営者は，現在の利潤を蓄積して投資し，企業規模を拡大することが望ましいと考えるかもしれない。その際，利潤率つまり一単位の資本当たりの利潤は少なくなっても，利潤の総額が大きくなればよいと考えるかもしれない。

逆に経営者の任期が短いときは、長期的な利益を犠牲にしても、自分の任期中に利益を上げようとするかもしれない。また自らが従業員の中から昇進した経営者の場合、企業の利益とともに従業者の利益も重要と考えるかもしれない。そのような経営者は従業員を解雇したり、給与を引き下げたりして利益を増やすことは好まないであろう。

また企業の長期的投資には不確実性、つまり損失を生ずる危険、いわゆる**リスク**をともなうことも少なくない。このような場合にリスクがあっても大きな利益のある可能性がある場合、あえてリスクを冒すか、それとも慎重にリスクを避けるかは、経営者の個性とともに企業内部での意志決定の方式に依存する。それは決して単純な確率や期待値の計算では決められない。

実は企業は短期的にも、長期的な影響を考えて行動することも多い。短期的に利益があるとわかっていても、企業のイメージや信用を損なうような行動を慎むことがしばしばあるのはそのためである。たとえば企業は市場の状況が変化しても、その製品の価格をあまりしばしば変えるようなことはしないであろう。そんなことをすると消費者の信用を失うと考えるからである。

■ 経済主体としての企業

(1) 企業意志

市場経済において、経済活動の大きな部分は企業によって行われる。

企業というものは、一定の経済活動を継続的に行うことを目的として作られた人々の集合体であり、それ自体一つのまとまった主体と見なし得るものである。それは、国家、共同体、家族というような社会的存在と同じく、一つの社会的主体であると見なすことができる。企業は合理的な計算にもとづいて、最大の利益を得ようとするものであるとされている。

しかし現実の企業はしばしば長い歴史と伝統を持ち、またそれぞれに個性を持った存在となっている。企業が1人の実業家によって設立された場合、しばしばその人は大多数の株を持ち、その企業はその人の所有物という性質を持っていて企業の行動にもその人の考えが強く反映していることが多い。

しかし企業が発展して規模が大きくなり，大勢の人々が参加するようになると，個人の所有物という性格は少なくなる。

　企業を構成しているのは，株主，経営者，従業員等の人々であるが，しかしそれらの人々の集合が，すなわち企業というわけではない。またいわゆる個人企業といわれ，個人がその企業の資産を全部所有している場合でも，その個人と企業とがまったく同じものでもなく，また企業はその人の単なる所有物というわけでもない。企業はそれを越えた何らかの一つの存在であると考えられる。

　経済学においては，このような形で企業を理解することはむしろ稀である。しかし現在の経済においては，企業の活動が非常に大きな意味を持ち，また企業の中には数十万人の人々を雇用しているものもあり，その力はきわめて大きいので，そのことを無視して経済について考えることはできないはずである。

　重要なことは，企業の行動は経営者，場合によっては株主，あるいは従業員などによって決定され実行されるにしても，それをすべてそれぞれの個人の行動に還元することはできないということである。そこには一人一人の意志を越えた「企業意志」というべきものが働くのである。したがって現在の経済を分析するとき，経済活動をすべて個人の行動に帰着させてしまうことはできない。

（2）　企業の論理

　また企業，特に大規模な企業は，複雑な構造を持った人間組織であり，そこには人々の間のきわめて複雑な交渉を通して，固有の論理が働く。したがって企業をそれ自体一つの明確な意志を持った単一の主体と考えることも誤りである。企業の中でどのような論理が働き，どのようにして企業意志が形成されるかをあきらかにすることは経営学の課題であり，経済学はそれを前提にして論理を構成しなければならない。経済学においても，企業というものが構造を持った組織であることを無視してよいというわけではない。

　現在の企業は，大部分が株式会社である。しかし企業が株式会社であるか

個人企業であるか、あるいは民間企業であるか、国有ないし公営企業であるかということは、もちろん企業の性格に影響するが、必ずしも絶対的な区別ではない。本質的なことは、その企業が独立の経済主体と見なし得るか否かという点にある。現在では法律上は別会社とされていても、事実上同一の企業の異なる部門と見なさなければならないような企業が多数存在している。

■ 経済の発展と企業家

　市場経済の下で、企業活動の目的は、当面は利益を上げることである。つまり人々を雇用し、生産設備を作り、原料その他を買って財やサービスを生産し、それを販売して利益を上げようとする。そのために、なるべく安く買い、なるべく効率的に労働力や設備を利用して、より多くの生産を行う。あるいはコストを引き下げ、そうしてなるべく高く売ってできる限り多くの利益を上げようとする。市場経済においては、企業は利益を最大にすることを目指して合理的に行動することが前提されている。市場における取引は、このような合理的行動の一部として行われるのである。

　このような短期的に合理的な行動については問題は少ない。というのは企業が利益を上げること自体は、株主、経営者、従業員のすべてにとって利益になることであり、あるいは少なくとも不利益にはならないからである。もちろん経営が賃金を切り下げたり、従業員を解雇したりして利益を上げようとすれば、利害の対立が生ずるであろう。しかし賃金そのものは市場で決まるとすれば、企業内での短期的な利害の対立は、経済の論理から生ずるもので、それが逆に経済に影響を与えることはないと考えられる。

　しかし長期的には企業のあり方が、経済の発展に影響する。特に市場競争の中で、企業が現在与えられた条件の中で最大の利益を求めようとするだけでなく、より多くの利益を得てさらに発展していくことを求めて、新しい市場や、新しい製品を開発し、また新しい生産方法などを採用してコストを下げていこうとし、そのために新しい技術を開発していくことが、市場経済発展の原動力となっている。シュンペーター（J. A. Shumpeter, 1883–1950）はそ

のような行動を起こす人を**企業家**と呼んで，資本主義経済の発展にとって企業家がもっとも重要な役割を果たしていることも強調した。

■ 企業の社会的影響力

大企業は大きい資本と大勢の人員を持ち，単に市場において強い競争力を持っているばかりでなく，社会全般にいろいろな面で影響力を及ぼしている。また場合によって政治的にも大きな力を持って政府の政策を企業に有利な方向に動かそうとすることもある。

第二次大戦期までは日本では**財閥**と呼ばれるものが三井，三菱，住友，安田などの巨大な資本を持つ家族を中心としていろいろな産業分野にわたって多くの企業を支配し，経済全般に大きな力を持っているだけでなく，政治的にも強い影響力を持っていた。戦後**財閥解体**が行われ，特定の家族やその代表者による企業集団の支配はなくなったが，財閥を中心として作られた企業集団は戦後も残り，それぞれの銀行を中心とする企業集団を作っていろいろな産業分野の企業が結び付いて，巨大企業集団を作っていた。そうしてそれぞれこれらの集団に属する数社の企業が産業の大きい部分を占めて寡占的競争を行う場合が多かった。そうしてこれらの企業集団は全体として日本の経済に大きな影響力を及ぼしてきたのである。

しかし最近ではこのような企業集団のあり方が大きく変わろうとしている。それはいわゆる経済のグローバル化にともなって，世界的な規模で大企業の新たな連携や協力の再編成が迫りつつあるからである。

■ 中小企業の存在

日本には非常に多くの企業があるが，その大多数は規模の小さい，いわゆる**中小企業**である。一般に企業は一定以上の規模である方が有利であると考えられる。それはある規模までは限界生産費が低下すると考えられるからであり，また特に固定費については規模に比例しては増大しない。つまり単位生産規模当たりの固定費は規模が大きくなると減少することが多いからであ

る。また市場における競争においても，大企業の方が有利になる場合が少なくない。

それにもかかわらず中小企業が非常に多いのはなぜであろうか。

中小企業が存在するのはいろいろな場合がある。一つは特殊な財やサービスあるいは特別な好みに合わせた商品などについて，そもそも市場が小さく需要が大きくない場合がある。そのような場合にはそれについて技術を持ったあまり規模の大きくない企業が，事実上独占的な地位を占めることができる場合がある。このような企業は規模が大きくなることはできないが，市場に有利な地位を占めることができる。また市場が全体としては小さくなくても，商品の運搬が困難であるなどの理由によって市場が地域ごとに分断されているために，地域ごとに小さい企業がその地域の市場において独占的な立場を占めていることもある。

第二は中小企業が大企業の活動の一部を引き受けている場合である。自動車などの産業では，自動車を最終的に組み立てているのは大企業であるが，その際用いられた莫大な数の部品の大部分は中小企業によって大企業の注文に応じて作られるものである。このような中小企業はしばしば下請けと呼ばれる。大企業が下請けから部品などを購入し，自分では作らないのは，莫大な数の細々とした製品を生産するのには，結局その方がコストが低くなるからである。その際中小企業の方が安く生産できるのは，賃金が低く労働条件が悪いので労働コストが低くなるからだという理由もある。

またまったく新しい分野では，後に大企業となるような企業も，最初は小さい規模から出発する場合が多い。そのような企業は成功すると短期間に大きな企業に発展し，それを始めた人々は巨額な創業者利得を得ることになる。最近では新しい分野で発展しようとする企業は**ベンチャー企業**と呼ばれている。それは多くは中小企業であるが，その中の一部は後に大企業にまで発展する可能性を持っている。しかしその中の多くは失敗に終わってしまうことも事実である。

中小企業やもっと小さい，いわゆる零細企業が多数存在するのは，伝統的

な小売業や飲食店，対人サービスの分野である。このような分野では家族を中心とした営業形態を取っているものが多い。このような企業では一般にその利益は利潤というよりも企業主やその家族の生活費をまかなうだけのものである場合が多く，あまり高くない。

最近このような分野にも，大規模な店舗や多数の店舗をチェーン店として経営する大企業が進出し，伝統的な零細経営は次第に減少する傾向がある。

中小企業や零細企業が競争上不利な立場にあるために，その企業主や家族あるいは従業者の生活が不安定になる場合が多い。そのために中小企業や零細企業を保護する政策が取られることがある。このような企業が多い分野に，新しく開業することを何らかの形で制限したり，あるいはこのような企業に対して金融面などで援助したりすることはしばしば行われる。特に小売り商業については，日本ではいわゆる大店法（大規模小売店舗立地法）により大型のスーパーマーケットや百貨店が新しい店舗を開くことについて，地元の既存の商店の利益を大きく損なうことのないよう規制が行われてきた。

このような保護政策は，経営の効率が低いために利益が得られない中小企業を存続させることになるので，経済の効率性を損なうものとして批判されることもある。しかし中小企業に働いている多数の人々の生活を保障することも必要であるから，効率性の点だけから問題を考えることも正しくない。

5.2　家　計

■「家計」とは

(1) 生活の単位としての家族

現在では大多数の人々は家族を単位として生活している。生活の単位としての家族は経済学では**家計**と呼ばれる。ただし日本の調査では世帯ということばが用いられることが多い。

家計は現代ではふつう一組の夫婦と，その未成年の子供達から構成されて

いる。このような家族は**核家族**と呼ばれる。しかしそのほかに年老いた親や成年した子やその配偶者がともに暮らしていることもある。そのような家族は二世代家族と呼ばれる。

　ただし同じ家，あるいは同じ敷地内に住んでいても，収入や支出をまったく別個にしている人々は別世帯と見なされる。年老いた親が同じ家に住んでいても，その人が自分のための支出をまったく自分自身の年金などの収入でまかなっているとすれば，その人は独立の家計を営んでいるものと見なされている。

　（2）　家計の果たす役割

　家計は，生活の一つの単位と見なされ，それは一体となって行動するものと仮定されている。

　家計の経済において果たす役割は2つあると考えられてきた。すなわち一つはいろいろな財やサービスを購入して生活を組織していくことである。この点からは家計はまた**消費者**とも呼ばれる。もう一つは**労働**を提供することである。その代価として賃金や給料を得て，財やサービスを購入することになる。

　しかし家計の役割はそのほかにもある。家計は得た収入のすべてを消費のために使ってしまうとは限らない。そのうちのある部分は貯蓄する。貯蓄された部分は預貯金や株式などの金融資産になり，銀行などの金融機関を通じて企業や政府のための資金を供給する。家計はそれに対して利子や配当などの**資産所得**を得ることになる。また貯蓄は老年などになってほかの収入がなくなった場合や住宅や自動車，高額の消費財などを購入する場合には引き出されることもある。

■ 家計の行動原理

　（1）　効用の最大化

　家計は収入をいろいろな目的に支出するが，その際当然収入をできる限り有効に使おうとするであろう。

5.2 家 計

そこでいま，買うことのできる財やサービスが n 種類あるとし，それぞれの価格を p_1, p_2, ……, p_n とする。また使うことのできる金額が y であるとしよう。そこで n 種の財・サービスの購入量を x_1, x_2, ……, x_n とすれば

$$p_1 x_1 + p_2 x_2 + \cdots + p_n x_n = y \tag{1}$$

とならなければならない。

第3章で述べたように，これだけの財・サービスを消費することから得られる満足は，効用と呼ばれる。いま，効用 u がこれらの量の関数として

$$u = u(x_1, x_2, \cdots, x_n)$$

と表されるものとしよう。そうすると家計は条件（1）の下で u を最大にするような x_1, x_2, ……, x_n を定めると考えられる。

そうすると家計は，各財についての限界効用（$\Delta u / \Delta x_i$）が，貨幣の限界効用とその価格とを掛け合わせたものと等しくなるように，各財の購入量を定めるであろう。なぜならばある財の限界効用が貨幣の限界効用より大きければ，その財の購入量を増すことによって効用を増すことができるし，ある財の限界効用の方が小さければ，その財の購入量を減らせば効用が増すからである。

したがって，貨幣の限界効用を λ（ラムダ）で表せば

$$\frac{\Delta u}{\Delta x_i} = \lambda p_i \qquad i = 1, 2, \cdots, n \tag{2}$$

となる。

所得が増加すれば貨幣の限界効用は低下するであろう。そこで価格が変化しないとすれば，所得が増大するときの各財・サービスの購入量は（2）の変化に対応して変化することになる。

このような議論は状況を数学的に簡単化したもの，すなわち一つの数学的モデルである。現実にはわれわれは，日常何かを買うときにいちいち効用関数を計算したりしないであろう。しかしこのような数学的モデルを考えることは論理を理解する上で有益な場合がある。同時にそれが現実を極端に単純

化したものになり，理想化したものであるから，現実をそのような論理で説明することには限界があることは頭においておかねばならない。

(2) 家計と貯蓄

家計の貯蓄を考える場合には，貯蓄というもう一つの財を考えてその額を D とし，条件

$$p_1 x_1 + p_2 x_2 + \cdots\cdots + p_n x_n + D = y$$

の下で

$$u = u(x_1, x_2, \cdots\cdots, x_n, D)$$

を最大にすることを考えればよい。

しかしここで貯蓄 D の効用，あるいはそれが効用 u にどのような形で入るかを考えることは難しい。また家計が貯蓄の引き出し，あるいは借金ができる場合には D は負の値をも取り得ると考えられる。その場合，u は貯蓄の減少あるいは負積の増加によって減少する。

一般的に考えれば，貯蓄の効用とは，要するにそれによって得られる将来の所得を用いて買うことのできる財の効用であると考えられる。

簡単に考えて将来得られるであろう収入を W とすると，W は D に比例すると考えられるが，その大きさは貯蓄から得られる金利などの収益に依存するであろう。そこで収益率を R とすれば収入 W は

$$W = (1+R)D$$

となる。また将来の収入 W から得られると思われる効用を現在評価したものを

$$u = u(W)$$

と表すことにしよう。そうすると

$$u = u(x_1, x_2, \cdots\cdots, x_n) + u(W)$$

と表すことができるであろう。

ここで R，すなわち金利が増大すると貯蓄 D から得られる額は増加するから，効用 $u(W)$ は増加するであろう。しかし将来の収入 W が十分増すと，効用 $u(W)$ の限界効用は下がることになるであろう。

すなわちこのことは金利 R が上昇すれば一般には将来の貨幣の限界効用が増大し，したがって貯蓄の限界効用は増加すると考えられるが，R が大きく上昇すると，将来の所得が十分大きくなったと感じられるので，それ以上将来の収入を増やす必要はないと感じられるかもしれないということを意味する。逆に R が非常に下がっても（マイナスにならなければ），貯蓄が非常に小さくなってしまうことはないであろう。それは将来の貨幣そのものの価値はなくならないからである。

また貯蓄から得られる収入の価値は，将来所得がどの程度得られるかによって変わり，もし十分所得があることが期待できれば，その効用は小さくなり，したがって貯蓄は少なくなるであろう。もし将来十分所得が入ると期待され，そして現在の所得が小さいならば，負の貯蓄すなわち借金をしても現在の貯蓄を増すことになるかもしれない。

（3） 家計の内部構造

家計が一つの経済の主体であると考えることは，それが一つのまとまった効用を持つと行動するということを意味する。しかしかつて一部で見られたように，家父長あるいは主婦が収入支出のすべてを支配している場合は別として，普通は家計の中で家族が共同で支出する部分と，メンバーがそれぞれ自分だけで自由に支出を行う部分とが存在する。

後者は小遣いなどと呼ばれることもあるが，その部分は家族のメンバーがそれぞれに収入を得るようになれば増大する。そこで家族が全体として一つの効用関数を持ってそれを最大にするように行動すると考えるのは，必ずしも現実に合致しない面があることに注意すべきである。

■ 養育の問題

家計，というより家族の重要な役割は子供を産んで育てること，すなわち次の世代の人々を生み出すことである。伝統的な家族のあり方では，このことは重視され，特にそれが女性の中心的な役割とされていた。

近代社会ではすでに述べたように，家庭生活はプライベートな，すなわち

社会的生活から切り離された私的なものとされ，それとともに子供を養育することも私的な関心事とされてしまった。最近になると女性も「家庭から出て」社会生活にいろいろな形で参加することが多くなったが，それとともに子供を誰がどのようにして育てるか，その際の費用や労力を誰が負担するかが大きな問題となってきた。

（1） 子供を持つコスト

経済学ではこれまで子供の養育，いい換えれば人間の再生産の問題をあまり論じてこなかった。せいぜい賃金は労働者個人の生活を支えるだけでなく，その家族の生活費をまかない，したがって次世代の労働者を生み出すのに足りるものでなければならないといわれる程度であった。そうして賃金によって何人の子供を産み，どのように育てるかは個人の決定に委ねられたのである。

社会が近代化し，また避妊の技術などが進むにつれて，人々はいつ結婚するか，子供をいつ何人産むか，その子供をどのように育てるかについて，ますます自由に選択をすることができるようになった。そうすると人々は子供を持つことの利益，つまり愛情の対象を持つこと，将来世話をしてもらうことへの期待等々と，コスト，つまり肉体的・精神的負担，経済的費用などを比較して，もっとも望ましいと思う行動をとるようになると考えられる。

しかし子供，つまり次世代の人間は，単なる親の資産ではない。それは社会を構成するもっとも基本的な要素であり，したがってその円滑な再生産は，社会の存続にとって基本的な条件である。したがって人間の再生産について，社会が要求するところと，親が望ましいと思うところとが一致するとは限らない。

一般的にいって，社会が一人の人間を維持するためにかかる費用と，その人の貢献から受ける利益とは，個人の収入や支出とは必ずしも一致しないし，またその人を育てた親にとってのプラス・マイナスと一致するものではない。したがって親が自由に自分にとってもっともよいと思う選択をした結果が，社会にとって望ましいものになるという保証はない。

全般的にいえば，親にとって前近代社会では子供を持つことの利益が大きく，近代社会ではそのコストが大きくなる傾向がある。前近代社会では幼児の死亡率は高く，子供が成人になる前に死んでしまう危険が大きかったが，無事成長した子供は比較的早くから労働力として役に立ち，親はそのことから利益を得ることができた。

しかし近代になると子供が成人になる前に失われる危険は小さくなったが，教育その他の費用が高くなって，養育するコストは高くなった。他方成人した子供は独立した家庭を持ち親から離れてしまうので，親にとって子供を持つことの経済的なプラスはほとんどなくなった。また子供の養育のために要する手間や時間は，親，とくに女性の社会的活動の支障になると考えられることも多いので，子供を持つことの負担が大きく感じられるようになる。

（2） 少子化への対応

先進国の経済が発展するとともに，出生率が次第に低下した理由は，上記のようなものであったと考えられる。その結果，現在の開発途上国や近代化の初期の段階では，教育などの公共施設が整備され，あるいは近代産業における雇用が十分提供される以前に，人口が増加して「人口過剰」が生じ，他方最近の先進国では出生率が著しく低下して，若年労働力が不足し，高齢化が進んで深刻な問題が生じている。

政府はそれぞれの段階で「出生率抑制」あるいは「出生奨励」策を取っているが，中国の「一人っ子政策」のような強力な政策は人権の点で問題があるし，「子供を産む」ということは個人のプライバシーにもっとも深くかかわることなので，政府が直接それに干渉することには問題がある。しかし人間の再生産は本来社会のもっとも基本的な関心事であることを考えれば，個人が社会的にも望ましい形で，子供を産み育てるような環境や条件を作り出すことが必要である。

5.3 政府

■ 政府の仕組み

ここでは**政府**とは，何らかの意味で正当な権力を持った組織を指すものと考えよう。現代社会では政府を構成する基本的単位は**国家**であり，国家は一定の範囲にある土地と人々に対して，全面的な支配権，つまり**主権**を持つものとされている。そうして国家の機能を果たす具体的な機関が政府である。もっと具体的にいえば，国家全体にかかわる中央政府と，その特定の地域のみについて権力を持つ地方政府とが存在するのが普通である。

（1） 財政活動

政府の経済的な機能を**財政**という。財政には収入と支出の両面がある。政府の収入は政府自体が当事者となって，財あるいはサービスを提供して収入を得る場合と，直接個人あるいは企業から租税を徴収する場合とがある。近代社会では政府だけが強制的に租税を徴収する資格を持っている。

政府が租税を徴収する権利を持つことは，政府のもっとも基本的な特質であるから，それを決定する権限を誰が持つかは，政府あるいはそのような政府を持つ国家の基本的な性格を決定する。専制君主国や独裁国家では君主や独裁者は独断で租税の額や徴収方法を決定し，徴収することができた。立憲君主国家では，君主が租税の徴収に当たって議会の同意を必要とすることとなった。これに対して民主主義国家では，政府の毎年の収入と支出の計画を予算という形で編成し，国民から選出された議会からなる国会の承認を得なければならない。予算承認権は国会のもっとも重要な権限であり，それによって国民がその代表者を通じて政府をコントロールする力を持つものと解釈される。

（2） 地方政府

地方政府は日本では**地方自治体**と呼ばれる。それは住民の意志によると同時に中央政府によってコントロールされる面があるが，その収入・支出につ

いて独自の決定権を持っている。そうしてその予算はそれぞれの地方議会によって承認されなければならない。

地方政府がどの程度独自の権限を持つかは国によって異なる。連邦制国家では，連邦を構成する各地方（アメリカやドイツの州（state あるいは Land））は強い独立性を持っている。日本では中央政府はしばしば国と呼ばれるが，政府が国民から徴収する租税のうち約70%は国の収入となり，残りの約30%が地方政府に入る。しかし支出の面では国が約30%，地方が70%である。その差の40%は国から地方へいろいろな形で移転される。

■ 政府と市場経済

政府が市場経済に果たす役割は，一般の個人や民間企業の自由な活動だけでは達成されない社会的な仕事をすることである。

（1）　社会秩序の維持

そのような仕事の中で，昔から重要と考えられてきたことは秩序を維持すること，および外敵から国を守ることであった。秩序を維持することの中には，人々の生活や財産を侵害する犯罪を防ぎ，犯罪者を罰するほか，人々の間の社会的交渉が円滑に行われるように法律やその他のルールを定め，それが守られることを保証することも含まれる。また経済的には通貨を発行し，それを少なくとも国内では強制的に通用させるとともに，その価値を保証することも重要な政府の権限である。

政府の果たすべき役割は，基本的に社会秩序の維持にとどまるべきであって，それ以外のことは原則として民間の自由な活動にまかせるべきであるというのが，自由主義経済学の考え方であり，そのような考え方は**夜警国家論**と呼ばれている。

（2）　インフラストラクチュアの整備

しかし市場経済を中心にする資本主義国家においても，政府の機能は決して秩序維持だけにとどまることはなかった。

その一つは個人や民間企業の力では作れないような社会的設備を建設する

ことである。道路，橋，港，運河，灌漑排水施設などは，昔から政府が建設して，広く一般の人々の利用に提供するのが原則であった。これらのものの利用に対して使用料や通行料を取ることがあっても，それで利益を得て営業することは一般に不可能である一方，その社会的必要性は大きいからである。このような施設は**社会基盤資本**，あるいは**社会的インフラストラクチュア**と呼ばれることがある。

さらに社会的に有益な事業であって，民間の企業が利益を上げることが困難と思われるもの，あるいは利益を目的として事業を行うことは適当でないと思われるものに関しては，政府が担当すべきものと思われている。義務教育，公衆衛生などはその代表的分野である。地域によって，サービスを提供するために要するコストに差があったり，その需要量に大きな違いがあったりすると，民間企業にまかせるのでは不利な地域，たとえば人口が少なく交通不便な地方にはサービスが提供されなかったり，あるいは料金が著しく高くなったりする恐れがあるからである。

このような場合，政府企業が全体としては収入とコストがバランスするようにするとすれば，結局有利な地域では利益を上げて，それを不利な地域で生ずる損失を埋めるために使うことになる。このようなことは国民が平等にサービスを受けることができるようにするためには必要なことと考えられる。

（3） 社 会 保 障

近代になると，国民全般に最低の生活を保証すること，したがって自らの力では生活を維持できない人々や，いろいろな理由によって生活が困難になった人々に対して援助することも，政府の責任と考えられるようになった。それが**社会保障**という考え方である。それは病気の人，失業者，高齢者，保護者のない子供，母子家庭，身体障害者などに対し，医療や生活費，年金などを保障するものである。ただし，それらの経営については政府が管理し強制的に加入させるという形で，個人や企業も負担する社会保険という形を取る部分もある。大体第二次世界大戦期から，先進国では政府の直接支出と社会保険によって，国民のほとんど全部に社会保障が行われるようになった。

このような国家はしばしば**福祉国家**とよばれる。そのために先進国では病気になっても金がないために医療が受けられないとか、失業したために飢えて死ぬとかいうことは、ほとんどなくなった。

(4) 政府の市場への直接的関与

a. 専売　政府はまた直接産業活動に関与することがある。それにはいくつかの場合がある。一つはそれによって利益を得て政府収入を得ることである。専売という行為は、政府が特定の商品の生産あるいは流通を独占して、自由な生産や購買を禁止し、それによって収入を確保するものである。これは政府が生産者あるいは流通の独占の利益を得ようとするものであって、国民生活を圧迫することになりがちである (3.7参照)。かつて塩は中国をはじめとする多くの国で専売の対象となり、政府の収入源とされた。塩は必需品であるから、このことは問題を起こした。日本ではタバコはつい先頃まで政府の専売であり、いまでもほとんどそれに近い。

b. 国営企業　第二は国民生活、あるいは産業活動、あるいは国防などのために重要な財やサービスを提供するために、政府が自ら経済活動を行う場合である。とくにそのために巨大な資本を必要とするが、民間には十分な資本がない場合に政府が始めることが少なくない。鉄道、郵便、電信・電話、上下水道などは政府の経営として始められることが多かった。このような場合には料金を取ることもあるが、それが必ずしもコストに一致するとは限らない。

国民生活や産業活動に重要な役割を果たす産業については、政府が直接事業を行うが、しかしそれについては一定の価格を提供し、収入と支出がバランスするようにして、それ自体は政府にとって負担とならないようにする場合もある。その場合、政府が全部所有するが、その収支は政府の一般の財政とは独立した中央あるいは地方の政府企業の経営、あるいは特別会計という形で処理される。もちろんこれらの企業や特別会計が利益を上げれば、それは政府の収入となるし、逆にそれが損失を出せば、政府の財政支出によってそれを埋めなければならない。

国民生活に重要な意味を持ち，かつ大きな資本を必要とする事業を政府が経営するのは，一つには民間の企業によってはそれを供給するのが困難であるからであるが，またそれについては独占が成立しやすく，企業の自由にまかせておくと，特定の企業が高い料金を課して不当な利益を得る可能性もあるからであるし，またサービスを受けることについて国民の間に不公平が生ずる可能性があるからである。

　c．補助と規制　　政府が経済活動にかかわるもう一つの方法は特定の分野の企業やその他の活動に対していろいろな形で干渉することである。それには特定の財の生産に対して補助金を出したり特定の分野の投資に対して資金を提供したり，あるいは逆に特定の活動を制限したり，価格を定めたりする場合がある。

　特に外国との関係では，政府が特定の財の輸出入を制限したり，関税をかけたり，輸出補助金を出したりすることは少なくない。それによって特定の産業を保護することは広く行われている。

　d．幼稚産業保護　　政府がどの程度経済活動とかかわるべきかということについては，いろいろな説がある。自由主義経済学者は，政府はできる限り経済に干渉すべきではないと考えている。経済活動は市場における企業や個人の自由な競争にまかせるべきであり，それによってもっとも効率的な運営がなされると主張する。

　これに対して国民や国家にとってもっとも重要な産業については，市場の自然な働きにまかせておいたのでは十分に発展することができない，特に長期にわたる発展については，政府が計画的に発展させ，あるいは保障する必要があるということがいわれている。

　特に規模の経済が作用する場合で，外国に比べて遅れている産業分野では，もし外国からの輸入を自由にしておいたのでは，自然にその産業が発展することはできない。このような場合には，しばらくの間，政府がその分野を保護して，外国からの輸入を制限し，政府自らがその産業を生み出すか，あるいはその分野の活動を援助して，その分野での産業を発展させる。そうして

ある程度発展して外国と競争できるようになったら，保護はやめて市場の競争にまかせることにすればよいと考えられた．これが前章で述べたいわゆる幼稚産業保護の考え方である．

また重要な産業については，市場における需要供給関係の変動によって価格が急激に変動したり，あるいは国際的競争や自然災害などによって供給が急に止まったりすることによって，国民生活に大きな影響が及ぶことは避けねばならないと考えられる．そこでこのような企業分野をある程度保障したり，あるいは援助して供給を確保することは必要と考えられる．

(5) 政府の市場介入の問題点

政府が特定の産業に補助金を与えたり，関税を設定したりして保護することは，必ずしもその産業そのものを育成するためでなく，その産業に従事する人々の利益や生活を守るために行われることも少なくない．

ほかの部門や外国との競争で不利な条件にあり，もし市場での自由な競争にまかせると，多くの人の所得が著しく減ってしまったり，あるいは失業したりしてしまう恐れがある場合には，このような政策が取られることが少なくない．多くの農家が栽培している農産物を，輸入制限や関税によって保護したり，あるいは助成金を出したり，政府自身が高く買って安く消費者に売るなどの政策を取ることは，世界の多くの国で行われている．また伝統的な家族経営で行われている小規模な商業者や製造業者などに対して，その分野における大規模な企業の活動を制限するなどの形で保護することもしばしば行われている．

しかし政府の産業保護政策などについては問題が生じやすい．それはそれがその産業にかかわる特定の人々の利害と結び付くために，それらの人々の政治的圧力によって，不当に大きな保護が与えられたり，あるいはもはや保護が不要になった段階でも保護が続けられたりするために，結局国民が不当に高価なものを買わされるなどの不利益を受けることになる可能性があるからである．また政府自身が事業を行う場合には，競争がないために，自ら不効率になったり，無駄が生じたりしやすいという欠点も生ずる．

さらに抽象的に政府といっても，それを実際に構成しているのは官庁であり，現実に仕事をするのはそこで働く官僚である。そうするとそのような官僚機構は，自ら自分の仕事や権限を減らすことには反対する。そしてそれが特定の業界の利益と結び付くと，国民経済全体の観点からは無駄な政策が続けられることになりやすい。また本来政府の活動をチェックすべき国会でも，その議員が特定の業界や一つの地域の支持によって選出されている場合には，むしろその業界や特定の地域の利益を守る政策を推進することになりやすい。

一般に減税をしたり，社会保障支出を増したりすることは，国民に歓迎されるが，増税したり，支出を減らしたりすることは，長期的には国のために必要であっても不人気となりやすい。政治の中でこのような点から経済政策が歪められる可能性も小さくない。

■ 政府の収入

（1）租　税

a．直接税と間接税　政府の収入は原則として3つの形で得られる。強制的に徴収される租税，サービスを提供したり財を販売する事業からの収入，そして借金である。この中でもっとも重要なものは**租税**である。租税には個人や企業の収入や資産に対して課される**直接税**と，財やサービスの販売に対して課される**間接税**とがある。

直接税の中で重要なものは，個人に対する所得税と法人に対する法人税である。所得税については，現在では所得が増加するにつれて税率が高くなる累進税率が採用されている。これに対して法人税は，会社等の法人企業に対して，その利潤と見なされる部分に対して一定の率を課せられるのがふつうである。

間接税には，特定の財やサービスについて課せられるものと，一般的に財・サービスに対して課せられるものがある。前者についてはアルコール飲料，タバコ，あるいは石油，ガソリン，あるいは特定のぜいたく品に課せられるものがある。後者については現在では消費税がある。そのほか外国からの輸

入品に課せられるものとして**関税**がある。

　直接税は，それを支払う国々や企業の直接の負担となるが，間接税については結局その分はそれだけ財やサービスの価格が引き上げられて，それを支払う消費者の負担となると考えられる。このことを税負担が消費者に**転嫁**されるという。

　しかし間接税の負担はすべて消費者に転嫁されるとはいいきれない。ある財に間接税がかけられた結果，その財の価格が高くなるとすれば，第3章で述べたように需要量は減るであろう。市場での均衡によって価格と取引量が決まるとすれば，取引量は減り，消費者の支払う価格は間接税を含めて上がるが，生産者の受け取る価格は下がるであろう。取引量も減ることを合わせて，生産者の得る余剰は減ることになる。そういう意味で生産者も税による影響を受けることになる。

　b．関　税　　関税の場合には，直接それを負担するのはその国の消費者であるが，同じ理由によって供給国の生産者も被害を被ることになる。特に同じ財がその国の生産者によっても供給されるとすれば，関税を支払わないその国の生産者は価格が引き上げられることによって利益を受けることになる。

　特定の財やサービスに間接税をかけることは，その供給量を市場均衡の値より下げることになるから，社会的に不効率となるといわれることがある。しかし関税については，それから得られる税収と合わせれば，それをかける国にとってはむしろ利益となり，輸出国がもっぱら不利益を被る可能性がある。逆に直接税にしても，そのために消費者の所得が減るから，先に述べた所得効果によって，財やサービスの需要に影響することは確かである。

　c．租税の公平性　　財やサービスの需要供給に影響を与えないような政府の活動は中立的であるといわれる。すべての財・サービスの取引に対して一様に課税する，取引高税や一般消費税などは中立的と考えられるが，それらがすべての人々に一様に影響するということはないから，決して完全に中立的な租税はあり得ない。むしろ租税が政府に収入をもたらすと同時に，ど

のような経済的効果をもたらすかを考えることが大切である。

　租税の重要な条件としてそれは公平でなければならないといわれる。何が公平であるかということは，ある意味では難しいが，少なくとも同じような立場にある人は同じような負担をすべきであるということがいえよう。

　たとえば同じ額の所得を得る人は，同じ額の所得税を支払うべきであるとされている。前近代社会ではこのことは必ずしも実行されていなかった。貴族や特権的身分の人々は税を免除されていた。近代社会ではすべての人は平等に税を負担すべきものと考えられている。

　しかし平等といっても，すべての人が同じ額だけ負担する人頭税のような税は，前近代社会には存在したが，現代ではかえってそれは不公平とされている。貧しい人より豊かな人がより多くの租税を払うべきであるとするのは，租税は負担能力に応じて支払うべきであるとする考え方による。しかしどれだけ多く支払うべきかということは簡単には決められない（次章6.4参照）。累進所得税の考え方は金持ちはその所得に対して，平均的な比率以上に支払うべきであるとする考えにもとづいており，それは現在では広く受け入れられているが，どの程度まで累進税率が認められるべきかについては，考え方は必ずしも一定していない。あまりに税率を高くすることは，かえっていろいろな歪みを生ずると思われている。

　累進所得税は，結果として金持ちの所得を減らすことによって，貧富の格差を小さくする効果がある。これを税の**所得再分配効果**という。貧富の格差が大きいことは公正でないと考えられるから，所得の再分配は望ましいことと思われる。しかし所得がその人の社会的貢献に対する報酬と見るならば，所得の差にはそれなりの正当性があるとも見られるのであって，その格差をあまり強く変えてしまうことはかえって望ましくないともいえる。

　これに対して間接税は，財はサービスを買うすべての人に一括にかけられるので累進的ではない。しかしそれが生活必需品にもかけられるとすれば，むしろ貧しい人の負担が大きくなると思われる。これを**間接税の逆進性**ということがある。

現実の場合には，直接税と間接税は適当な比率で課するのがよいといわれる。それを租税の**直間比率**の問題という。

昔から人々は租税を収めることを嫌ってきた。それは昔は支配者が被支配者から権力的に財やサービスを得る手段を強制的に取り上げるものと見なされていたからであり，それはまた事実でもあった。現在では租税は一般的には国民が政府から受ける社会的サービスに対する対価と考えられている。

しかし個々の場合については支払う租税の額に対して受け取るサービスが正確に対応しているわけではない。やはり納税は人々が社会的に生きていることから生ずる社会的義務と見なされているので，税を増やすことは人々がそれだけ負担を負うものと考えられるのである。

喜んで税を支払う人は少ないから，税を徴収する場合には手間やコストがかかる。また税は少なくともそれを納める義務を持つ人からは公正に取らなければならないから，税の支払を不法に免れようとする脱税を取り締まることも必要である。したがって税は徴収しやすく脱税しにくいものの方が望ましい。この点では直接税より間接税の方が優れている。

（2） 政府事業からの収入・国債

政府事業からの収入は，本来収入を得ることを目的として行われる場合と，公共的目的で行われるものがたまたま収入をもたらす場合とがある。前者の場合には同じ分野に民間企業が入ることは制限し，あるいはその事業を国が独占することを意味する。一方公共的サービスを目的とする事業の場合には，必ずしも利益があるとは限らない。損失が出た場合には政府がそれをまかなわなければならない。公共的サービスを提供するのが目的の事業においては，一般に利益も損失も出ない状態が望ましいと考えられている。

支出に対して収入が不足するときは支出を切りつめるか借金をするかしかないことは，政府でも個人や企業と同じである。政府の借金は一般に国債を発行するという形で行われる。

国債はやがて償還されなければならない。つまり借金は金利とともに返済されなければならない。それはまた国民からの租税でまかなうしかない。こ

のことから国債は後の世代の人々に対する負担をもたらすものであるといわれることがある。しかし国債は政府の借金であり，それは結局国民全体の借金であるという考え方は正しくない。外国で国債を発行したり，あるいは外国人に国債を売ったりするのでなければ，国債の持ち主，つまり貸し主はやはり国民（あるいは国内の企業）である。

したがって政府の借金はある意味で国民の借金であるといえるとしても，貸す方も国民であれば，国全体としてはそれは打ち消し合うから，全体として借金が残るということはない。

しかし国債が大量にたまってしまうと，その金利の支払や期限がきた分の償還の負担がきわめて大きくなって，政府の支出の大部分をそれに向けなければならなくなってしまう。さらには政府が支払う約束を果たせなくなって，破産してしまう場合もあり得る。あるいは政府が大量の紙幣を発行して支払に当て（よりくわしくいえば政府が国債を大量に発行して中央銀行に売り，中央銀行がそれに対応して大量の通貨を発行するという形になる），その結果，物価が急激に上昇してハイパーインフレーション状態となり，その結果国債が実質的に無価値となって，いわば政府が借金を返さずに済ましてしまうこともあり得る。このようなことがあれば，経済に大きな混乱が生ずるからそれは避けなければならない。

■ 政府の経済政策

政府のもう一つの役割は，国民経済全体が円滑に機能するための経済政策を実行することである。それはマクロ経済政策と呼ばれる。それについては第7章でも述べる。

経済政策について重要な機関として政府のほかに中央銀行，日本では日本銀行がある。中央銀行のもっとも重要な役割は貨幣を発行し，その価値を維持することである。中央銀行は一応政府とは独立の機関であるが，しかしその役割は政府の経済政策にとって重要な意味を持っている。

特に金本位制が廃止されて管理通貨制度になってからは貨幣の供給量を適

切な水準に保って，物価が上昇してインフレーションになったり，逆に貨幣の不足からデフレーションになったりしないようにすることがきわめて重要となった。

中央銀行は公的機関と考えられるが，しかしそれが一応政府，とくに財政当局から独立した形になっているのは，政局の財政上の都合によって貨幣が大量に発行されたりすることをチェックするためである。

(1) 効率と公平の問題

政府の経済活動に対する介入については，最近ではむしろそれをなるべく少なくするべきであるという議論が再び強くなった。

政府の活動については3つの面がある。一つは秩序維持や法律の制定とその実施などである。この点に関していえば，経済の観点からはあまり問題はない。財産が保護され，秩序が維持され，貨幣価値が保証されるなどのことは，市場経済が円滑に運営されるためにも不可欠な前提条件だからである。

第二の面は経済の効率性である。少なくとも短期的には市場経済は効率的であることは，理論的にも証明されるし，また経験的にも多くの場合，経済活動は政府が行う場合よりも民間企業の自由な競争に委ねた方がよい場合が多いことは知られている。しかし長期的には社会全体に大きな利益をもたらすが，その分野で民間企業が容易に利益をあげることができないような分野については，政府が直接にかかわる必要がある。先に述べた社会資本の整備や教育などがそれに当たる。

また社会的に大きな不利益が生じても，直接企業や個人の負担にならないような場合には，政府がそれについて防止策を講じたり，あるいはそのような結果を生ずる活動を禁止したり規制したりする必要も生ずる。環境汚染を防止したり，自然環境や自然資源を保護することはこのような観点から必要とされる。

社会的に利益や損失が生じても，それが企業や個人の利益や損失に反映されない場合，それは**経済外部性**を持つといわれる。外部性を持つ社会的活動については，政府が適切な措置を取ることが必要である。

経済外部性を持つ活動については，常に政府がそれを直接行ったりあるいは禁止したりする必要はない。プラスの外部性を持つ活動については補助金を与えたり，マイナスの外部性を持つ活動については罰金や課徴金を課すなどして，それを企業や個人の利益に反映させることによって，その活動に影響を与え，結果として望ましい結果をもたらすことも考えられる。このような方法は経済外部性の**内部化**といわれることがある。

政府活動の第三の面は公平性，あるいは社会的公正の維持ということである。市場における自由競争は結果として一部の人々に大きな利益をもたらす一方，多くの人々の所得を著しく低くすることがあり，所得分配がきわめて不平等になることがあり得る。また一部の社会階級が親からの相続やその他の理由によって，土地などの資産や資本を独占する一方，多くの一般民衆が土地や資産を持たず，地主や資本家に雇われたり，土地を地主から借りて働かなければならない場合には，多額の地代や利潤が一部の階級のものとなって，多くの人々がきわめて貧しい生活を強いられることになる。

近代になってこのような状況は不公正であり，社会的正義に反すると多くの人が考えるようになった。また所得の分配は別としても，人々は少なくとも最低限の生命と健康を維持することはできるようにしなければならないこと，また自ら働くことができず，保護者や援助する人もいない幼小児や高齢者の保護も必要であることが認識されるようになった。

その結果，所得の多い者には高率の所得税を課すいわゆる累進所得税や，親から継承する遺産のかなりの分を徴収する相続税によって，高額所得者からはその所得の少なくない部分を徴収して，それをいろいろな形で低額所得者にまわす所得再分配の政策や，生活に最低限必要なサービスについては無料や著しく低い価格で公共的に提供する政策が取られるようになった。

このような政策については，それは高い所得を得るような人々の働く意欲を減退させ，経済活動の効率を下げるものであるという批判がある。確かに抽象的に考えれば，累進所得税は高額所得者の実際の限界収入を減らすことになるから，それだけその人々の労働サービスの提供を減らすことになると

いえるかもしれない。しかし平均所得の何十倍もの所得を得る人の所得は，必ずしもその人の働きの社会に対する限界的な貢献の適切な評価とはいえないであろう。またこのような人にとって貨幣の限界効用はきわめて小さいと考えられるから，現実に収入が減ることによって働く意欲を大いに失うこともないと思われる。

いずれにしても市場での評価によって生じた所得が，社会的に正当なものであるという理由はないから，政府による所得再分配が正しくないということはない。

しかし他方，所得は完全に平等でなければならないというのも正しくないであろう。普通の人が得る平均所得の水準では，所得の大きさはやはり働く意欲に影響するから，社会的に有益な仕事をする人や，効率よく仕事をする人が多く収入を得ることは望ましいことであり，必要なことであると考えられるからである。

(2) 政策担当者の問題

政府の政策は，経済的な視点からだけ行われるわけではない。政府は政治の中心であり，政治というものは人々が権力を握って，自分たちの利益や理念を実現しようとして争う場である。したがって政府が国民全体の「公益」を代表するものであるというのは，一つの抽象的な理念にすぎない。

近代以前の国家は，しばしば権力者や支配階級が，国民を支配し，自分達の利益を守るための手段であった。近代になると国家は国民全体の意志に従い，国民全体の利益を守ることを目的としなければならないと考えられるようになった。そのことは民主主義国家の基本的な原則であるが，制度的には民主主義が十分実現していない国々でも，現在では少なくとも建て前としては政府は国民全体の利益を代表し，それを守るものということになっている。しかし現実には政府を通じて政府の政策が特定の集団の利益を守るために国民全体の利益や社会の公正に反する方向に歪められることがあるのは事実である。

しかしこの場合，国民全体の利益というものは必ずしも国民所得の大きさ

で測られるようなものだけを意味しているわけではない。むしろ社会のあるべき姿に関する理念に照らして，望ましい社会秩序を実現することが政治の重要な目的であると考えられる。そうしてこのような理念については人々の考えは必ずしも一つにまとまるとは限らない。望ましい社会秩序のあり方についての人々の考えには，利害と価値観や道徳意識とがからみあって，いろいろな対立が生じ，それが異なる政党や政治運動によって代表されることになる。

政府の経済政策もこのような政治上の理念によって影響されるので，必ずしも経済的な基準だけで決められるものでないことに注意しなければならない。

■ 政府による統制経済

また非常事態，戦争の場合などには政府の政策は，戦争遂行を第一目的として，そのほかの考慮は排除されてしまう。特に現代の戦争は，莫大な費用と人力を必要とし，またそのもたらす破壊もきわめて大きいから，戦争を遂行するためには，経済力もすべて戦争目的のため，すなわち戦争に必要な軍需品を生産し，兵士や国民の最低限の生活を維持し破壊された設備や財を補って生産を維持することに向けられなければならない。

したがって全面的な戦争に直面した政府は，そのために労働力や資本設備，技術力をすべて動員しようとして経済活動を全面的に政府のコントロールの下におく**統制経済**を実施しようとする。特に先進諸国が全力をあげて戦った第二次世界大戦においては，戦争は軍事力だけでなく経済力，技術力のすべてを注いで戦う総力戦といわれ，社会主義体制のソ連や，国家社会主義を唱えたドイツはいうまでもなく，原則として自由主義経済を保持したアメリカやイギリスにおいても，軍需生産の国家管理，重要な物質の割当制や配給制，外国貿易の国家統制など，いろいろな経済統制が行われた。

このような政府による経済の統制政策は戦後次第に緩和，撤廃されたが，日本などでは多くは戦争直後も一部は形を変えて残され，完全に統制が撤廃

されるまでにはかなり時間がかかった。それは敗戦直後には経済システムが混乱し，市場経済システムが正常に機能しなくなっていたので，政府は国民の最低生活を保障し，経済システムを正常化するための政策を実行しなければならなかったからである。また戦時中兵士や，兵士の家族，軍需産業で働く労働者の生活や健康を保持するために取られた政策の一部は社会保障政策の一環として，戦後も残され，あるいは発達した。

戦争はもとより経済的にも「悪」であるが，戦時経済は戦争や敗戦のような非常事態の下では，政府が市場経済に強く介入することが必要であることを示している。それは特定の目的のために経済的な努力を強く集中することが求められる場合には，政府が強い力を持って介入することが必要であり，市場経済にまかせておいたのでは目的は達せられないことを示している。しかし他面ではそのことは政府が強い権力を持つことを必要とし，国民の自由を束縛することになる。また特定の目的は達せられても，ほかの面では不効率が多く生ずることも避けられないであろう。だから市場経済を前提とする限り，そのような介入はやはり非常事態の場合のみに限られるべきである。

■ 非営利団体の経済活動

政府ではなく，人々が自発的に作った団体で利益を得ることを目的としてはいないものは**非営利団体**と呼ばれる。その中には財団法人や社団法人というような一定の法律的資格を持ったものもある。その活動分野は，教育，医療，文化，宗教，福祉，環境保護など多くの分野にわたっている。

これらの団体は利益を得ることを目的としているわけではないが，その活動を行うためには人を雇用し，設備や建物を持ち，財を購入して使用などの費用がかかる。それは人々からの一定の拠出金や寄付，会費などでまかなうこともあるが，またその活動の成果に対して料金や代金を要求することもある。このような非営利団体は，特にサービスの分野ではかなりの経済活動を行っていると見なければならない。

5.4　市場経済の効率性

■ 効率性の理由

(1)　競争による効率化

市場経済は効率的であるといわれる。それはなぜであろうか。

第3章で説明したように，ある商品の生産量が，市場均衡の場合に一致するとき，社会的総余剰が最大になることが示される。供給側や需要側に独占が存在すると，この条件が充たされなくなることも述べた。また価格が市場条件以外で決められたりする場合にも，それは一般に市場均衡価格とは異なるであろうから，供給量は市場均衡とは異なることとなり，実際に売れ残りが生じたり，あるいは買いたくても買えない人が生じたりするであろう。

しかし市場経済の効率性はこれだけの理由によるものではない。市場で自由な取引が行われる場合には，買い手はなるべく価格が安くて品質のよいものを買おうとし，売り手はなるべく低いコストで品質のよいものを生産し，できるだけ多くの利益を得ようとするであろう。その結果生産者はできるだけ効率よく生産しようとして，効率のよい生産方法を採用しようとするであろう。つまり市場における競争を通じて一般的に技術が改善され，効率がよくなることが期待されるのである。

(2)　規模の経済性の問題

しかしここに一つの問題がある。それは市場における競争によって市場均衡が達成され，社会総余剰が最大になるのは，限界生産費が上昇するという条件の下においてであるという点である。つまり，いわゆる規模の経済性が働かない場合である。しかし現実においてはむしろ同じものを大量に生産する方が生産費が低下することが少なくない。そのような場合には市場における競争均衡が達成されないことも説明したとおりである。しかし市場が大きくなって需要が増大すれば，やがて現在ある生産設備の下では，量の増加とともに限界生産費が増大するところまで需要量が増大するであろう。

5.4 市場経済の効率性

　現実には限界生産費はある量までは下がり，それから上がるのがむしろふつうであるので，市場が有効に働くために需要がある程度大きくなることが必要である。つまり交通，通信の発達によって，ある程度広い範囲の需要が一つの市場に統合されていることが望ましい。市場があまり小さければ，どうしても多くの生産者がそこで利益を得ることが困難になるから，独占状態が生まれやすいし，そうなると競争がなくなって，生産効率を上げて生産費を下げようとする努力も行われなくなるであろう。

　近代になって市場経済が発展したとき，運輸や交通が発達しただけでなく，通貨や取引の制度も整えられて全国的な市場が成立することが必要であった。また生産技術が発達すると，一般に規模の経済性がより強く作用するようになる。特に大きな設備や多額の資本を必要とするような技術が発達すると，市場がある程度以上大きくならなければ，新しい技術を取り入れることもできなくなる。

　小さい国では，国全体でも十分な需要量を生むだけの市場が大きくない場合がある。このような場合には，国外に市場を求めるか，あるいは他の国との間に共同の市場を作り出すかしなければならない。ドイツがまだ多くの小さい国に分かれていた頃，次第に通貨や関税に関して共同市場が作り出され，やがて19世紀後半に政治的にも統一国家が作られたのであった。小国のままとどまっている国々は，一部の産業だけを発達させて，その製品を外国に輸出し，他の産業の製品については自国で生産せずに外国から輸入する場合が多い。

　実は国内市場がかなり大きい場合でも，規模の経済性が大きい産業については，海外にも輸出することによって利益が得られる場合が少なくない。特に新しく工業を発展させようとする国では，新しい技術を導入して新しい産業を興す場合，しばしば大規模な生産を行うことが必要になるか，少なくとも初期には十分な需要がないので，海外に輸出することが必要になる。

■ パレート最適と効率性

　市場経済についてはさらに進んで，それにより経済全体が効率的になる，すなわち市場における自由競争によって，生産要素が有効に利用され，社会全体の効用が最大になるような条件が作り出されることになるといわれることがある。しかし一般均衡理論によっても市場での均衡がどのように決まるかは，最初に市場に参加する人々がどれだけの財やサービス，あるいは生産要素を所有していたかに依存する。そのような場合でもそのような初期条件を与えれば市場における競争によって達せられた均衡は，もっとも効率的であるといえるが，しかし初期条件が変われば均衡解も変わってしまう。

　市場の均衡について一般的にいえることは，それより市場に参加するすべての人がよりよい状態になる，あるいはすべての人の効用がより多くなるような状態は存在しないということである。このようなことは市場均衡は**パレート最適**であるという。パレート最適な状態は一般に無数に存在するので，それは決して最善を意味するわけではない。だからこのようないい方は市場均衡の効率性についてきわめて弱いことをいっているにすぎない。

　また一般均衡理論のような論理の中で，均衡解が一義的に定められることを示すには，実は多くの条件が必要である。その中でもっとも重要なものは限界生産費増加の原則である。もしそれが成り立たないと，多数の企業が競争するより独占的な企業あるいは政府が需要量の全部を供給する方が効率的になる。規模の経済，つまり大規模生産の効率性が生ずる場合は少なくないから，このことはあり得ることである。

　市場経済の効率性は，一般均衡理論のような枠組みの中で考えるよりも，むしろ市場での競争により企業がそれぞれできる限り大きな利益を上げようとしてコストを下げ，また財やサービスの質を向上させて多くの顧客を獲得しようと努力することから生まれると考えるべきである。独占的企業や政府経営の場合には，無理にコストを下げ，あるいは品質を改善しなくても，利益を奪われたり，場合によっては経営が成り立たなくなってしまう恐れがないので効率化を進める努力を怠ってしまう可能性があるのである。

■ 技術革新の効果

（1） 技術革新のプロセス

　企業というものは，単にその時々に最大の利益を得ようとするだけでなく，得た利益の少なくとも一部はさらに投資してより多くの利潤を得よう，そしてより大きくなろうとする傾向を持っている。そのために新しい技術を採用して生産の効率を上げたり，新しい生産物を作り出したり，新しいサービスを提供したりして，売上を増そうとして努力している。新しい技術を採用して生産効率を上げたり新しい生産物を作り出したりすることは**技術革新（イノベーション）**と呼ばれる。

　利潤を得ることを目的として経営される企業，つまり資本主義企業は技術革新によって経済を大きく発展させる力を持っていることを強調したのはマルクスであり，またシュンペーターである。前述のようにシュンペーターは技術革新を通じて企業を発展させようとする経営者を特に企業家といい，その態度を企業家精神と呼んだ。

　19世紀，20世紀を通して多くの技術革新が行われたが，その大部分は資本主義的企業により行われ，そうしてそれに成功した企業は巨大企業となったのである。市場経済の効率性は，一般均衡のような静的な観点からではなく，技術革新を通ずるダイナミックな過程で考えなければならない。

（2） 独占企業の問題

　企業家が技術革新を行って経済を発展させることができるためには，政府やその他の力によって自由な活動が妨げられてはならない。そのような意味で経済活動の自由が保証されていなければならない。それは市場においても競争が自由に行われなければならないことを意味するが，それだけではない。社会全体が新しいものを求め，積極的に新しいものを取り入れようとする雰囲気がなければならない。また人々の社会的活動の自由が政府によって禁止されないだけでなく，社会の古い伝統や因習によって妨げられないことも必要となる。

　また既存の企業が市場を独占して新しい企業が市場に入ることを妨げるよ

うなことがあってはならない。そこで**独占禁止**という政策も必要とされる。独占禁止法は一面では企業の自由な競争を保証するとともに，巨大企業がその立場を利用して他の企業や消費者の利益を損なうような手段を取ることを禁止するという意味では，企業の活動の自由を制限するものでもあることに注意しよう。

　ただし一般に独占的大企業が技術革新を妨げるともいいきれない。大規模な技術革新には大きな投資が必要であり，そのためには大きな資本を持っていなければならない。またその成果から十分な利潤が得られることも期待できなければならない。多額の費用をかけて新しい技術を開発しても，すぐそれがほかの企業によってまねられてしまうようならば，最初の費用を回収してさらに利潤を得ることができなくなってしまうからである。このような点では独占的な巨大企業の方が技術革新を進めるのに有利な面もあることも認めなければならない。

（3）　知的財産権

　新しい技術について，それを開発した人の利益を保証するのが特許権およびそれと関連した**知的財産権**とよばれるものである。すなわち一定期間，新しく行われた発明その他についてそれを利用しようとする人は発明者に対して何らかの金額を支払って特許の内容を利用する許可を得なければならないとしたものである。それによって発明などの技術開発を奨励することがこのような制度の目的である。

　このような制度は技術革新を推進する効果があるとされているが，しかしあまり発明者などの権利を強くすると，発明者がその成果をいつまでも独占したり，その使用権を非常に高く売ったりして，その成果が広く利用されることを妨げることにもなりかねない。

■ 社会的外部費用

（1）　企業活動のマイナス面

　市場における競争が自由に行われるといっても，企業はいろいろなルール

5.4 市場経済の効率性

を守らなければならないことはいうまでもない。特に企業活動によって人々に損害を及ぼしたり、迷惑をかけたりしてはならないことは当然である。企業活動によって大気や水、土壌に有害物質を出して汚染したり、騒音・振動や悪臭などによって環境を悪化させ、人々に不快感を持たせたり、健康を害したり、著しい場合には生命を危険に陥れるなどの公害を引き起こすことは、大きな問題となる。そのようなことを起こすことを禁止し、あるいは防ぐ法律や制度も作られた。

(2) 社会的外部費用の内部化

この問題に対して一部の経済学者は、公害などが発生するのは、それによって生じた損害が企業のコスト計算に入らないからであると考えた。そうしてそのような市場経済の計算に入ってこないような損害を社会的外部費用と呼んだ。そうしてこのような費用が企業のコスト計算に入るよう、つまりそれを内部化することによって、問題は解決すると考えた。具体的にいえば企業が出す汚染物質の量に応じて課徴金を取ることにすればよいと提案した。またある人は汚染物質の量を減らしたらそれに応じて奨励金を出すことにしても同じ効果が期待できると主張した。

このような考え方は一応合理的であり、場合によっては採用してもよいが、しかし本来公害は出してはならないというのは殺人や盗みが禁止されるのと同じく市場における競争の前提条件として守るべきルールであるから、やはりそれは禁止するのが当然である。

市場経済は効率的であるとしても、効率性つまり財やサービスの生産によって得られる効用を最大化すること、実は具体的な形では最大の利益をあげることが、社会の唯一絶対の基準ではあり得ないから、市場における競争は社会が公正と認める一定の枠組みの中で行われなければならないものであることは当然である。

5.5 世界市場と国際分業

■ 国際的な分業の成立

　国際貿易が発達し，安定的に取引が行われるようになると，世界各地で世界全体を対象とした生産が行われるようになり，世界全体に及ぶ世界市場が成立する。多くの財について世界市場が発達すると，世界の多くの国や地域が，世界市場を対象として，それぞれいくつかの財の生産や供給を行うようになり，国際的な分業体制が成立する。

（1）特産物と世界市場

　昔から世界市場で取引される商品は多くの種類のものがあった。もっとも古いものとしては中国の絹がはるばる西ヨーロッパまで運ばれた。中世には東南アジアの香料がヨーロッパとの間で重要な商品となった。世界のある地域のみで生産される特産物は，しばしば遠くまで運ばれて交易の対象となった。絹，陶磁器，香料，砂糖，茶，小麦，あるいは特別の工芸品などが広く取引された。またそれらのものを買うために金銀や奴隷が逆方向に運ばれた。

　世界市場も一般的には普通の市場と変わるところはない。そこでは需要と供給の関係によって価格が決まり，取引が行われると考えられる。交通・運輸や通信が未発達な時代には世界市場は不安定であって，取引は偶然的な要素によって支配されることが多かったが，近代になると穀物や綿花，あるいは金属などの品質が標準化されやすい商品については，世界市場を対象とする取引所も成立して，市場価格が決められるようになった。また世界的な取引のための制度的枠組みも整備された。

　ある種の生産物，特に鉱産物や，特定の気候に適した農産物などについては，供給できる地域は比較的限られている場合が少なくない。その他の地域で生産することができる場合でも，生産コストが著しく高くなるので，外国からの輸入が自由に行われるようになれば，生産されなくなるので，世界市場が発達すると，供給地が比較的限られてくる。

日本でも幕末までは綿花が生産され，それを原料として綿布が生産されていたが，日本は気候の面で綿花の栽培に適しておらず，生産コストも高く，品質も劣るので，明治以後外国から綿花が輸入されるようになると，日本国内では綿花の生産は行われなくなった。

　近代になって世界的な貿易が発達すると，コーヒー，茶，砂糖，綿花，トウモロコシ，天然ゴムなどの農産物，羊毛などの畜産物，石油，石炭，金，鉄鉱石などの鉱産物については世界的な市場が成立しても安定的に取引が行われている。また小麦や米，あるいは牛肉などについては生産が行われている国は少ないが，一部の国は特に多く生産して，供給が不足する国に供給している。

（2）　国際分業の発達

　他方工業については，一般に特定の地域が自然的条件から有利になることはないが，技術の発達や，資本の蓄積については地域や国によって大きな差があるので，結果として世界で工業が発達している国や地域は限られている。現在多くの先進国では原料や燃料，あるいは食料などを輸入して，工業製品を輸出している。実は工業製品についても，いろいろな種類があり，鉄鋼やカセイソーダ，アンモニアなどの基礎化学製品のような素材，産業機械などの資本財，機械部品などの中間財，繊維製品や食品などの消費財などがある。

　それらを生産する産業については，多くの労働を必要とする労働集約的な産業や，巨大な資本技術を必要とする資本集約的産業，また高度の技術を必要とする産業やそれほど高度の技術を必要としない産業があるので，工業についても国際的な分業が成立している。

　また財の生産だけでなく，それを運ぶ運輸業，すなわち海運，あるいは国際的な商業取引や金融取引あるいは観光業についても，それにかかわる経済活動は比較的少数の国に集中している。その結果，国際的分業はこのような分野でも行われている。国際的な金融取引においてスイスが重要な役割を果たしているのはその例である。

■ 世界市場と国家

（1） 経済的な統合と国民国家

　運輸，交通，通信技術の発達，国際的な取引についての制度の整備が進むとともに，国際的な分業は次第に発達してきた。またそれとともに企業が国境を越えて経済活動を行うことも多くなり，世界は次第に経済的に統合されようとしている。しかしまだ世界が経済的に一つになって，いわば一つの世界経済が成立しているとはいえない。もちろん一つの世界経済が成立していない最大の理由は，世界が多くの政治的に独立な国家に分かれているからであり，それぞれの国家は独自に自分の利益，すなわち「国益」を追求しているからである。多くの場合，国際貿易が発達することは，すべての国にとって自国で有利に生産できるものを輸出して，生産できないもの，あるいは高いコストをかけてしか生産できないものが輸入できるようになるという点で有利なはずである。

　また国際貿易の発達は単に財の取引が活発になるだけでなく，それとともに知識や情報も国際的な流通も活発になり，人の交通も盛んになるので，国際的な理解を増し，政治的・社会的にも世界を統合する方向へ導くことになる。実際に近代において一つの国の内部が多くの政治的単位に分かれていた場合，経済的には国全体を対象とした国内市場が形成され，経済的な統合が進んで国民経済といえるような経済単位が成立し，それがむしろ政治的な統合，つまり国民国家の成立に先行し，それを促進した場合も少なくなかった。現在ヨーロッパ諸国は EU（European Union）という形で統合が進んでいるが，その場合にも経済的な統合が政治的な統合より先に進んでいると考えられる。

　しかし各国の「国益」あるいは国益と考えるものが，必ずしも互いに同じ方向に向かわない場合もある。つまり国際分業関係の中でも有利な立場と不利な立場とがあるので，各国はそれぞれ有利な立場に立とうとし，そこから競争，場合によっては紛争が生じることがある。

（2） 経済的支配圏拡大をめぐる動き

　かつては有力な国々は世界市場で有利な生産物や国防上必要な素材の生産

5.5 世界市場と国際分業

地を支配することが望ましいと考えて、植民地やそれに近い支配圏を獲得しようとした。それが征服戦争や、植民地獲得をめぐる対立や紛争を引き起こした。現在では植民地などはなくなっているが、しかし多くの資本や資金を持ち、また政治的にも強力な先進国が、国際的な取引の中で有利な立場に立つことが多いのは事実である。

特に農産物や鉱産物などのいわゆる一次産品については、需給関係の変化によって世界市場での価格の変動が大きく、その中で情報を多く持っている先進国や買い手である大企業に対して、開発途上国やその国の農民などが不利な立場に置かれることは少なくない。そこでその産出国は輸入国に対してはなるべく自由に輸入することを要求する一方、なるべく有利な立場に立つために政治的に行動することもある。

かつて1973年、80年の2度にわたって世界の石油産出国が協同して原油価格を一気に引き上げ、いわゆる「オイル・ショック」を起こして世界経済に大きな影響を与えたことがあった。それは世界市場における生産者独占のきわめて顕著な例であるが、しかし原油価格はそれまで長い間低い水準に甘んじており、工業製品の価格がその間上昇していることを考えれば、むしろ相対的にはゆっくりとではあるが低下し続けたといわねばならない。石油などの鉱産物については、一度資源が発見されれば、それが枯渇するまでは限界生産費はきわめて低いから、完全な競争市場においては価格はきわめて低くなってしまう可能性があるのである。

また特に高度の技術や大きな資本を必要とする工業の製品については、それをもっとも早く開発することに成功した国は、世界市場で独占的な有利な立場に立つことがある。かつて19世紀に世界に先駆けて産業革命を遂行したイギリスは「世界の工場」と呼ばれて、世界中に工業製品を輸出し、大きな利益を上げることができた。20世紀になり、特に第一次大戦後は、アメリカが大量生産システムによる巨大な工業力を中心として大きな経済力を持ち、世界経済に大きな影響力を持つようになった。また第二次大戦後の冷戦期には、自由主義陣営の中心として、政治的・経済的に圧倒的な力を持っていた。

世界各国ができるだけ高度の技術を持つ産業を発達させて，有利な立場を獲得しようと努力するのは当然であるが，そのことは各国は一次産品や労働集約的で技術の低い産業だけでは満足しないことを意味し，それを発掘させるために単に市場にまかせるのではなく政策的な努力をすることになるが，それはまた国際的な競争や時には対立を生むことになる。

また政治的な体制や思想が異なる国は，世界市場に参加しようとしない場合もある。かつてソビエト連邦を中心とする社会主義諸国は資本主義諸国と異なる制度と考え方を持っていたので，世界市場にかかわらなかったわけではないが，全面的に参加することはなかった。またナチスドイツは自国を中心として他の国々を政治的・経済的に支配するような勢力圏を建設しようとした。中国も一時は外国との交易をほとんど止めていた。

20世紀末になって中国も世界市場に積極的に参加するようになり，少数の国を除いて統一的な世界市場の形成はますます進んでいる。

5.6　市場経済のグローバル化

■ 進行するグローバル化

（1）　国境を越える市場経済

21世紀に入り，世界の，特に先進国の大企業は単に外国に資本を輸出するだけでなく，多くの国にまたがって，その企業活動を全面的に展開している。多くの国にそれぞれの状況に適した工場や事業所，あるいは研究所などを建設して，それらの活動を世界市場を対象として全体として最大の利益を上げることができるよう，総合的に経営している。このような企業は**多国籍企業**と呼ばれている。また異なる国の企業が共同して，一つの事業を行ったり，あるいは互いの活動を調整したりする提携や，さらには合併して多国籍企業を作ることも行われている。その結果，国境を越えた分業がますます進んでいる。

（2） 均一化される世界

このような経済活動の国境を越えた展開は，しばしば**グローバル化**とよばれている。それは単なる国際取引より一段と進んだものである。このような傾向はますます強まりつつあるが，それは世界各国にいろいろな影響をもたらすであろう。

経済のグローバル化は，世界の統合を進める強い力を持つことは確かである。国境を越えた人々の交渉と，人々の移動が活発化するにつれて，文化的，社会的な相互の影響も強まり，世界の情報も多量に流入するようになるであろう。外国企業とそれにともなう外国からの人の流入は，社会制度や慣行にも影響を与えるであろう。経済的交流の活発化は，伝統的な社会制度や慣習などを変化させる強い圧力となるであろう。それは長期的に社会の枠組みを変え，西欧近代化社会をモデルとするような「近代化」を推進するであろう。

またそうした動きは人々の考え方や行動様式にも影響し，次第に世界全体の社会を均一化する方向に進みつつある。すでに世界中のどの国においても，少なくとも大都市に住むある程度以上の教育を受けた人々の生活様式や考え方などは，きわめてよく似たものとなっている。多くの開発途上国ではこのような人々はまだあまり多くはないが，しかしきわめて急速に増加しつつあり，そしてまたそれらの人々は国全体に大きな影響力を持っているのである。このような傾向は，結局長期的には世界の政治的統一を促進することにもなるであろう。

（3） 産業の空洞化

しかし経済のグローバル化にはマイナス面もある。現在では世界的な政府は存在しないし，また各国政府間の政治的協力もあまり強くはないので，政府の経済政策は，多国籍企業の活動やその他の企業や人々の国境を越える活動を十分チェックすることができない。

したがって，それぞれの国が必要とする政策が十分効果を発揮できないことが起こり得る。たとえばある国で税金を高くすれば，多国籍企業は経済活動の中心を外国へ移してしまう可能性もある。またある国で金利が低く抑え

られれば，その国の資金はより金利の高い外国へ流出してしまうであろう。あるいはある国の労働者の賃金が上昇すれば，企業は生産活動を外国に移してしまうかもしれない。その結果企業としては利益を上げることができても，その国の産業は衰え，また失業が増大するかもしれない。このような現象は**空洞化**と呼ばれることがある。またグローバル化は，各国の国内の不平等や格差を拡大する傾向もある。開発途上国も含めて大都市は発展し，そこで働く一部の人々は豊かになるが，農村や都市のスラムに住む人々の生活はいっそう苦しくなりがちである。

■ 国際協調の重要性

したがって経済のグローバル化は，少なくとも短期的には個々の国の経済にマイナスの影響を与えることがあり得る。またグローバル化は世界全体の経済を活発にすることは確かであるが，その中で全面的な競争が行われれば，大きな多国籍企業や，先進国の大企業が有利な立場を占めて，先進国の労働者や，開発途上国の農民などは一層不利な立場になり得，その結果，所得分配の不平等，所得の格差はますます拡大するかもしれない。

また世界全体を対象としたマクロ経済政策を実行する主体はないし，また国ごとのマクロ経済政策もグローバル化が進む中では有効でなくなっているから，世界経済全体を安定化させるような政策は存在しないことになる。アメリカのドルが事実上世界全体の貨幣となっているにもかかわらず，その発行高はアメリカ政府（より正確にはアメリカの連邦準備銀行）によってアメリカだけの観点から決められるとすれば，それは世界全体にとって適切なものとなる保証はない。また世界全体の雇用を維持するために財政支出を行う政府も公共投資を行う政府もない。

そしてこのような点で，各国政府の間に，単に自国の「国益」だけを考えたものでない政策的協力が行われなければ，経済のグローバル化のマイナス面がどんどん大きくなってしまう。何らかの形で各国は経済政策の面で互いに協調しなければならない。いわゆるサミット（主要先進国首脳会議）やＧ７

(先進7カ国の財政担当大臣会議)においては,そのような政策協調がはかられており,その成果は一定の影響力を持っているが,まだ十分であるとはいえないであろう。

さらに重要なことは世界各国の企業が世界市場で競争する場合の枠組み,あるいは競争のルールを定めることである。WTO(世界貿易機構)は自由貿易を前提として,貿易のルールを定めようとしている。しかしそのルールの定め方そのものは各国の利益に影響するもので,それについて各国の合意を得ることは必ずしも容易ではない。

原理的には自由な貿易は,すべての関係国に利益をもたらすはずである。しかし他方自由競争は常に強い国,強い企業にとって有利であることも事実である。したがって経済的にまだ弱い国々が,自国の産業を保護しようとすることもまたある程度まで認められなければならない。その間のバランスを適切に保つことは難しい。

6 所得と分配

　生産された財やサービスはそれにかかわった人々の間で分配される。市場経済の中では人々は何らかの形で貨幣を得て，それを支払って財やサービスを購入する。人々が経済活動によって得る貨幣を所得という。所得がどのように分配されるかをあきらかにすることは経済学の大きな課題の一つである。

6.1 所得の形態

■ 所 得 と は ─────

　現代の社会では，すべての人が生活に必要なほとんどすべての財やサービスを代金を支払って購入している。そこで人々が生活していくためには，どこからか貨幣を獲得すること，つまり収入が必要になる。

　何らかの経済活動によって得る収入を**所得**という。所得には自らの労働によって得る**労働所得**と，自分の持っている資産から得る**財産所得**の2つの種類がある。労働所得には，企業や他の人に雇用されてもらう賃金や給料等の**勤労所得**と，自分で経済活動を行って得る**個人業主所得**がある。個人業主所得を得る人々には，自分の所有する耕地や他から借りた耕地で自ら農業を営む農業者，自らの店で働く商店主，そして美容師や理髪師などのサービス業者がある。また作家，画家など自分の作品を何らかの形で売って所得を得る人々は自由業と呼ばれることもあるが，広い意味の自営業主に属すると考えてよい。

　財産所得には，土地，家屋等の**実物資産**から得られるものと，株式，債券，あるいは預金等の**金融資産**から得られるものとがある。土地や家を貸して得られる地代や家賃，株式から得られる配当，債券や預金の利子等である。ただし自分の所有する土地や家屋を自分で使用する場合には，地代や家賃の収入は得られないが，その代わり自分が使用している土地や住んでいる家に対して地代や家賃を支払う必要もない。このような場合，実は自分が自分に地代や家賃を支払っていると見なして，その分だけ所得がありまたその分だけ消費支出もなされたと見なすことがある。このような形で計算される地代や家賃の額を**帰属地代**あるいは**帰属家賃**という。たとえば農家が自分で作った農産物を自分で消費するいわゆる自給分について，それぞれ所得と消費の額に加えて計算することが多いが，帰属地代や帰属家賃は土地や家屋の使用というサービスの自家消費と見なすことができる。

■ **所得の移転**

　所得は何らかの形でのサービスの提供に対する報酬，あるいは対価と考えられる。それ以外にも金銭を獲得することはある。犯罪などによる非合法な手段によるものは除くとして，サービスを提供することなく一方的に金銭を得ることは**移転**という。家族から得る仕送り，あるいは政府からの社会保障給付などがその例である。

　また土地や株などを購入してからそれを再び売って，その価格の差で利益を得ることもある。これはキャピタルゲインという。逆に損をした場合にはキャピタルロスという。これは原則として資産の実質的な価値に変化があったために生じたものであるとは考えられないので，たとえば次章で説明する国民経済計算における国民所得の一部とは考えられないのである。

　対価をともなわない移転には資産の移転もある。その中で大きいのは親や配偶者から財産を受け継ぐ相続である。**相続**については，配偶者は別として子が相続する場合，すべての子が原則として平等な額を受け取る均分相続制と，大部分を長男またはその他の「家の後継ぎ」とされたものが受け取る長子相続制あるいは家督相続制とがある。また男子だけしか相続権がない場合と，男女平等に権利がある場合がある。戦前の日本は原則として男子のみの家督相続制であったが，戦後は男女平等の均分相続制となった。

6.2　勤労所得の格差

　一つの社会の中には豊かな人も貧しい人もいる。豊かというときには一般に2つの意味がある。一つは資産を多く持っているということであり，もう一つは収入あるいは所得が多いということである。前者はその人の持っているストックについてであり，後者はその人にかかわるフローについての表現である。この2つは一般には一致する。多くの資産を持つ人はそれから多くの資産所得を得る場合が多いからであり，所得の少ない人は宝くじに当たる

ような特別な幸運がなければ，多くの資産を持つことはできないからである。しかしまた逆に所得が多くても，むやみに浪費したり，あるいは災害等で資産が破壊されたりすれば，資産がなくなってしまうこともある。

　現実にはいろいろな理由によって，人々の間には所得にも資産にも大きな格差あるいは不平等がある。

　このような不平等が生ずる理由はいろいろある。所得についていえば，勤労所得と資産所得とは異なる原理によって決定されている。勤労所得の大部分はいわゆる賃金と呼ばれるものが多い。賃金についてはすでに第4章4.1で述べたが，大まかにいってその額はそれを受ける人の外的な条件と，それを支払う企業側の条件，そして個人個人の能力や実績等によって決められる。

■ さまざまな賃金格差

（1）　性差による賃金格差

　賃金を決める外的な条件としては，性，年齢，学歴，勤続年数，制度的な資格等がある。男女間の格差はかなり大きかったが，最近では仕事の上で性によって賃金やその他の待遇に差をつけることは禁止されている。しかし同じ仕事に対しては同一賃金を支払うという原則があっても，仕事の種類によって男女の比率が著しく異なり，そして仕事によって大きな賃金の差があれば，男女の賃金に事実上大きな差が生ずることになる。たとえば病院では，医師の場合男女の賃金の差はほとんどないが，看護婦は（最近では男性の看護士も少数存在するが）ほとんどすべて女性である。そして医師と看護婦の間には大きな賃金格差が存在する。

（2）　年齢・学歴による賃金格差

　日本では勤続年数による賃金の差がかなり大きい。同じ企業に勤務していれば，ある年齢までは一定期間ごとに昇格するのがふつうである。その結果，平均賃金は20歳代から30歳代，そして40歳代まで年齢とともに上がっていくことになる。戦後の日本では，一度一つの企業に雇用されれば，ほとんど定年によって退職するまで企業を変わらない。いわゆる終身雇用が一般的であ

ったので，平均賃金は年とともに上がっていき，年功賃金といわれる現象が見られる。

学歴による差とは，卒業した学校の種類によって付けられる差である。日本では一般的に義務教育（中学校）卒業，高等学校卒業，大学卒業の3つの種類によって賃金や給与に差が付けられるのが普通である。大学以上の大学院等の卒業については，まだ別の賃金体系にはなっていない。

（3）企業内での賃金格差

企業の内部では，賃金や給与は，仕事の種類（職種）と，仕事の上の地位（職階）によって決まるが，職種は多くの場合学歴と結び付いており，職階は特別の場合（企業の創業者やその子弟など）を除くと，勤続年数と関係がある。

同じ企業でほぼ同じ立場にいる人の間でも，実際にその人がした仕事の量や業績によって，賃金や特にボーナスに差が付けられる場合もある。しかし戦後これまで，日本ではこの差は小さかった。

企業に雇用されている人々の中で，期間を定めず長期間にわたって雇用されているいわば常時雇用者と，比較的短い一定期間雇用されている臨時雇用者との間には，一般に賃金に大きな差がある。また後者の人々はボーナスや，あるいは福利厚生施設の利用，社会保険の適用などの点で不利な条件におかれていることが多い。

（4）企業間での賃金格差

企業と企業の間の平均的な賃金，あるいは同じ条件にある人の賃金水準にも差がある。もちろん雇用される人も企業を選択する自由があるから，企業間の賃金の差はあまり大きくはならないはずである。しかし一度就職した企業を変わることは必ずしも容易でない場合も多いし，また勤続年数によって賃金や職種が決められるような場合には，企業を変わることは不利になるから，企業間にある程度の賃金水準の差は生じ得る。日本ではこれまで大企業と中小企業の間の賃金の差がかなり大きかったが，その差は縮小している。

■ 格差の理由

　賃金や給与の格差が決定される理由はいろいろと考えられる。第一に特別な能力や，獲得するのに困難であったり長い時間がかかるような資格を必要とする職種の賃金は高い。医師や弁護士などがその例である。

　第二に組織の中で特に力を持つような，高い職階の給与は高い。それはこのような高い地位にあるものは，特に優れた能力を持つからであるということもできるが，逆にそのような人々は自分の給与を高くする力を持っているからであるともいえる。大企業の経営者や，政府や官僚組織の高い地位の人々などである。ただし民主主義国では政府や行政組織の長があまり高い給与を得ることは避ける場合も少なくない。

　第三に人々が好まないような苦労の多い仕事や外見のよくない仕事，危険の多い仕事などは高い賃金を支払わなくてはやる人がいなくなってしまう。

　第四に企業や組織に大きな利益をもたらすことができるような人には高い給与が支払われる。しかし一般に企業の業績に特定の個人がどれだけ貢献したかを定めることは難しいから，特定の個人に特に高い給与が支払われるのは，芸能界やプロスポーツ界などむしろ特殊な分野に限られている。

　最近では個人ごとにその能力や業績によって賃金に差をつけるべきであるという考え方も強くなっているが，しかしそれがどの程度であるべきかについては合理的な基準を定めることは難しい。プロスポーツなどでは一部の有名選手には極端に高い給与が支払われるが，それはむしろ例外的な状況と考えるべきである

　以上は賃金や給与を支払う側から見て，格差をつける合理的な理由と考えられるが，受ける側から見れば，収入を得る必要が大きい人はより高い賃金を受け取るべきであるという考え方も成り立つ。独身者や子供のいない若い人よりも子供を含む家族を養わなければならない中年の人々の賃金が高いのはその意味で当然であると考えられる。

6.2　勤労所得の格差

■ 賃金格差の要因

（1）　限界付加価値への対価

　雇用者の間の賃金格差について，たとえば大学卒の新入社員と，高校卒の新入社員，あるいは20歳代の新入社員と50歳代の経営幹部との間には，賃金に差があることは当然であるが，どれくらいの格差が妥当であるかを具体的に定めることは難しい。

　一方では賃金の額は，その人が企業の利益に貢献する程度によって決められると考えられる。よりくわしくはその人の限界生産性，つまりその人が企業に加わることによって，その企業が得る付加価値の増加分に等しくなるのが妥当であるという考え方がある。つまり賃金がそれ以下ならば企業はその人を雇用することによって利益を得，それ以上ならば企業は損をするからである。

　しかし雇用は通常ある程度長期間にわたるものであるし，また多くの企業において，その業績は多くの人々の協力の成果であるから，一人一人についてその限界生産性を計算することは不可能に近い。実際大学卒の人のする仕事と，高校卒の人のする仕事がそれぞれ生み出す限界付加価値を比較計算するなどということはなされないし，その賃金格差を限界生産性の差で説明することは不可能であろう。また，社長の給料が新入社員の何倍であるべきかということも，このような考え方では説明できないであろう。

　一方で社長のする仕事の量は，新入社員の何十倍もあるわけではないという考え方もあるが，他方では重要な問題に対する社長の判断によって，企業が莫大な利益を出したり損をしたりすることもあるから，正しい判断のできる社長の限界生産性はきわめて高いということもできる。

　実際アメリカなどでは，最近はこのような理由によってトップ経営者が莫大な報酬を得ることもある。しかし社長がいくら正しい判断を下すことがあっても，企業の成功はやはり多くの人の協力の結果であるから，社長の判断によって生じた利益を全部その人の限界生産性を表すものと考えることはできない。

(2) 教育費用への対価

　賃金を決定するもう一つの要因は，人が一定の資格を得るのに要する費用である。人は働くことができる年齢に達するまで養育されなければならないし，また高度の学歴を得るには成人に達した後も収入が得られないのみか，場合によってはかなりの学費が必要になる。

　これらの費用は多くの場合，親が負担するとしても，高等教育を受けた人や特別の訓練を受けた人は，いわばそれだけ生産コストがかかっているのであるから，より多くの賃金を支払わなければならないのは当然であると考えられるであろう。ただしその場合，教育にかかる費用よりも賃金の増加のほうが大きければ，あるいは人々がそのように期待するとすれば，高等教育を受ける人の数は増すであろう。

　一方雇用する側において高等教育を受けた人をそれほど多く必要としないとすれば，2つのことが起こる可能性がある。一つは高等教育機関が現実に受け入れる人の数がそれを希望する人の数より少なくなって，いわゆる「受験競争」が起こることである。その場合，それに勝って高等教育を受けた人は，他の人より高い賃金が保証されることになる。

　もう一つの場合，高等教育を受けた人の数が，雇用する側の需要を越えてしまって，その結果高等教育を受けた人の賃金が低下し，そのコストと比べて高等教育を受けることの利益がなくなってしまうことである。そうなると高等教育を受けようとする人もそれ以上増加しなくなるであろう。

(3) 慣習・偏見

　しかし雇用者の間の賃金格差は，上記の2つの面以外にも色々な面で生じている。中でも伝統的な社会的慣習，あるいは偏見等によって生ずるものが多い。もっとも重要なものは階級であった。つまり多くの収入の得られる地位や職業，つまり高級官僚，大企業の経営幹部，法律家，医者などの高い収入の得られる自由業などは，貴族やブルジョアの出身者が独占していることが多かった。そうして多くの収入と高い権威を持つ地位を占めることによって，またその階級の力を維持したのである。

6.2 勤労所得の格差

　近代になると，人が単にその生まれによって特定の地位につくことができることは少なくなったが，その代わり高い収入と社会的名誉をともなう職業や地位につくには，高い学歴やあるいは特定の学校を出ることが要求されるようになった。そうしてこのような学校に入るには大きな費用を必要としたので，結局そのような学校に入ることができたのは貴族や地主あるいはブルジョア階級の出身者に限られることになったのであった。

　社会的に作り出された賃金の格差として大きかったのは男女の差である。それには多くの職業や地位が男にのみ限られていたことと，同じ職業あるいは同じ仕事についている場合でも男女の賃金に差が付けられていたこととの2つの面がある。

　それは伝統的に女性は家庭にあって，家族の世話や子供の養育に当たり，男性が所得を稼いで家族を養うべきものであるという考え方の反映であった。その結果として女性は社会的分業から排除されることになり，また労働市場では不利に差別されるようになった。

　しかしここで注意すべきことがある。これまでの社会でも，上流階級や一部の中産階級を除く人部分の人々の間で，女性は決して社会的分業から排除されてはいなかった。むしろそれに参加せざるを得なかったことである。前近代社会において人口の大半を占めた農家や，あるいは商家などにおいて女性も当然に仕事に参加したし，またより貧しい人々の間では女性は，使用人として他の家で働かざるを得なかったのである。ただその中でも男女の間に仕事の分担，いわゆる性的分業が生じ，一般的に女性の得るものが男性より少なかったことは事実である。

　現在では仕事や賃金の上で，男女の性によって差別することは禁止されており，先進諸国においては少なくとも制度上は平等の地位と賃金とが保証されている。また男女の性的分業も廃止されつつある。

　アメリカやヨーロッパでは，人種や民族による賃金の格差も問題である。アメリカでは19世紀以来，いろいろな国からいろいろな民族の人々が移民労働者として入ってきたが，新しく入国した人々は，賃金の低い職業にしかつ

くことができない場合が多かった。また奴隷制度は南北戦争後廃止されたが，しかし黒人はいろいろな形で差別され，低い賃金しか得られない場合が多かった。20世紀後半になって市民権運動を通し，黒人やその他の少数民族の人々の条件は改善されてきたが，いまだにそれらの中には貧しい人々が多い。ヨーロッパでも旧植民地などから流入した外国人労働者が低い賃金しか得られないことが多い。

（4）労働組合

雇用者の賃金を決める際の大きな要因の一つは**労働組合**の存在である。かつて工場などで働く労働者の賃金はきわめて低く，またその働く場の労働条件も劣悪であった。そこで働く人々が労働組合を結成し，団結して資本家からより高い賃金，よりよい労働条件を勝ち取ろうとする運動が生まれた。

労働組合を結成することや，要求が受け入れられないと仕事をすることを一斉に拒否するストライキを行うことは，最初は禁止されていたが，19世紀以来先進国では次第に合法的なものと認められるようになり，現在では組合を結成する団結権や，交渉の手段としてストライキを行うストライキ権は，多くの場合法律的な権利として認められている。そうして労働組合が結成されているところでは，組合が労働者を代表して経営者側と団体交渉を行い，賃金やその他の労働条件について交渉し取り決めるのが慣行となった。

最近では日本やアメリカでは労働組合の力は弱くなったが，労働組合の存在が一般に雇用労働者の賃金を上昇させるのに貢献したことは認められる。

6.3　個人業主所得

■ 農家の所得

被雇用者・雇用者以外で大きな部分を占めるのは，農業，商業，サービス業などで家族を単位として営業している人々である。この中でかつては農家が大きな比重を占めていた。農家の中には自ら農地を所有して経営する**自作**

農と，地主の所有する農地を地代を払って経営する**小作農**があった。また大きな農地を所有し，人を雇用して経営を営む大規模な農業者や，自ら経営する農地を持たず，人に雇われて生活する農業労働者もあった。日本では戦後行われた農地改革によって，地主の土地はほとんど小作農に分配され，ほとんどすべての農民が自作農になった。

(1) 農家の収入

自作農の収入は，自分で耕作する農地からの収穫を売ることによって得られるものであるから，農作物の収穫量に比例し，また農産物の価格と収穫までに必要としたコストとに依存する。農作物の収穫量は多くの場合，耕地の面積に比例するから，自作農の収入はその所有する農地の面積によって決まる。日本では大多数の農家は一戸当たり1ヘクタール以下の農地しか持っていないので，かつてはきわめて貧しかった。現在でも半数以上の農家は農業以外の仕事から半分以上，あるいはかなりの所得を得ているいわゆる兼業農家であり，農業のみに従事している専業農家は約100万戸にすぎない。

ただし一部の農家は耕地が大きくなくても，温室などの施設を作って野菜や花などを栽培し，あるいは牛，豚，鶏などを飼育して，肉や乳，卵などを供給して所得を増やし，中には大きな所得を得ているものもある。

農業については他の産業と違ったところが多くあり，そのために政策的にも特別の扱いを受けている場合が多い。

日本などでは，かつて支配階級としての武士などを除く一般国民の大多数は農民であり，農民はそれぞれの家を単位として「村」ごとにまとまった共同体を作って，農作業や祭りなどを共同して行い，収穫の一部を年貢として領主や地主に収めるほかはほとんど自給自足の生活をしていた。近代になってこのような構造は次第に崩れたが，現在でも農業経営の単位は個人ではなく家であると考えられている。そして所有する農地は，第二次大戦後行われた農地改革によって得られたものでなければ，親から代々受け継がれたものであり，個人の財産というよりも家の財産と見なされている。農業の労働は家族全体の仕事と考えられ，主な働き手が農業以外の仕事に従事している場

合でも，主婦や老人によって行われ，また休日に行われることが少なくない。

（2） 農作物の需要と供給

　農家は原則として所有する農地は全部利用しようとするであろう。また農家は栽培する作物の種類や品種を選ぶことはできるが，一度植えてしまった作物は原則として1年，果樹などなら数年間は変えることができない。また収穫量は気象条件によって変化し，豊作の年と不作の年がある。したがって農家は農作物の市場での価格が変化しても，自由に供給量を短期間に変化させることができない。すなわち農作物について，その供給曲線は価格の変化に対してあまり大きく変化しない。つまり，ここでは供給の価格弾力性は小さいということになる。

　一方需要については農作物の大部分は必需品に近い食物であるから，価格が変化してもあまり需要量は変わらない。つまり需要の価格弾力性も小さい。いいかえれば供給量の変化に対して市場価格は大きく変化することになる。

　このことから何らかの外部的な条件によって農作物の供給量や需要量が変化すると，その市場価格が大きく変動し，関係者に大きな影響を与えることになる。

　たとえばある年の気候が不順で，ある農作物の収穫量が大きく減ったとしよう。そうすると供給量が減り，それによって価格が大きく上昇することになる。いま需要の価格弾力性が0.5，つまり1％の価格上昇に対しては需要が0.5％だけ減るとしよう。ここで，もしある年の収穫量つまり供給量が20％減少したとすると，需要量も20％減少するためには，価格は20％÷0.5＝40％上昇しなければならない。

　そうすると総売上高は量が20％減少，価格が40％上昇だから結局0.8×1.4＝1.12倍，つまり12％増加ということになる。そこで売る側の農家の全体としては，収穫が減少した分以上に価格が上昇して，かえって収入が増えることになる。この場合，生産のコストはあまり変わらないから，所得はより高い比率で増大する。たとえばかりに，いま通常の売上の50％がコストであった

とすると，50％分が所得となる。そこで売上が12％増加しコストは変わらないとすると，所得は通常の売上の62％となり，結局所得は24％増加することになる。つまり農家は不作の年にかえって所得が増えることになる。他方，消費者は価格の高騰によって損害を被ることになる。特に米のような必要性の高い食物であれば貧しい人にとってのマイナスが大きくなる。

他方，逆に気候条件がよくて収穫量が大きく増加したりすれば，価格が大きく低下して，農家の所得は減ってしまうことになる。いわゆる豊作貧乏ということが起こるのである。その場合，消費者は価格の下落によって大きな利益を得ることになる。

（3） **農産物価格の安定化**

一般に外的な条件によって収穫量が増大することはよいことであり，減少することは望ましくないことであるはずである。もう少し厳密な表現をすれば，いまコストは気候条件によって変わらないと仮定したから，社会総余剰は収穫量が増加すれば増大，減少すれば減少するはずである。したがって上記のようなことが起こるのは，収穫量が増大したときは消費者が社会総余剰の増大以上の利益を受け，逆に収穫が減ったときには，社会総余剰の減少以上の損を被ることになるからである。

したがって価格変動が大きすぎるためにこのようなことが起こるのは好ましくないと考えられる。そこで多くの国では政府が農産物の価格を安定化し，農家の所得を保障するための政策を採用している。

もっとも簡単な方法は政府が**公定価格**を定め，その価格以外で売買することを禁止することである。しかしこれは公定価格が市場の均衡価格から大きく離れている場合は無理な政策であって，十分効果を上げることは難しい。

もう少し実質的な方法は政府が定めた価格で売買を行うことである。穀物のようにある程度の期間貯蔵できるものであれば，政府が備蓄を持って，価格がある水準以下に下がったときは買い入れを行って備蓄を増し，ある水準以上に上ったときは備蓄した分から売り出して，価格がある限界を越えて変動することがないようにするのである。これによって気候の変動などによる

収穫量の変化を平滑化することができ，価格変動の幅を小さくすることができる。

　農家の所得を保障する簡単な方法は農家に補助金を与えることであり，その出し方にはいろいろなルールがある。また農家から一定の価格で買い入れて，それより安い価格で消費者に売る場合もある。

　農家の側が共同して利益を守るために行動する場合もある。農業共同組合はそのような組織であり，農産物の売り手として，また農業機械や肥料，農薬などの買い手として集団として行動する。

　農作物が特定の工業や食品加工業の原料であったり，あるいは特定の流通機構の手を経て消費者に渡る場合などには，買い手が大企業であって需要独占に近い状況が成立する場合がある。このような場合には農家の側が個々に競争して不利な立場に陥らないために，共同して交渉する必要がある。

　また長期的に供給が過剰となって，価格が著しく下がってしまうが，あるいは在庫がどんどん増えてしまうような場合には生産を減らすことが必要になる。しかし個々の農家にとっては価格が現実に限界生産費以下に下がらない限り生産を減らすことは利益にならないし，また土地と一定の労働力があるとすれば，それ以外の限界生産費はかなり低いことが多いので，市場競争の中では生産は減りにくい。そこで政府や農業共同組合によって作付け制限のルールが作られることがしばしばある。

（4） 農業と市場経済

　また農産物の輸入については，何らかの形で制限されている場合が少なくない。それは主として農産物の価格を世界の市場価格より高い水準に維持して農家の所得を保障するためである。

　農業においては，ほとんどすべての国で何らかの形の**保護政策**が取られている。もちろん他の産業でも保護政策が取られる場合もあるが，農業の場合は他と異なる面がある。農業保護には実は産業としての農業の保護という面と農家の保護，あるいは農家の所得の保障という二面がある。それは効率のよくない農業をいつまでも残すことになり，全体の経済の不効率をもたらす

という意見もあるが，しかし農業とその担い手としての農家は，資本主義的な市場経済の成立する以前からの存在を引き継いでいることが多いので，すぐにそれを市場経済の論理で割り切ってしまうことはできないのである。

そして現実には，現在の日本では農家の所得は農業以外から得られる所得を加えれば，非農家の所得より低くはない。しかし他方では農家の数も，その中で農業に従事している人の数も大きく減っているので，農業所得の国民所得に占める比率はきわめて小さくなっている。

農業者の所得は，理論的には本人と家族の労働に対する賃金，所有する土地に対する地代，そして農業経営から生じた利潤という3つの部分を含むと考えられる。最後の部分は農業のための投資に対応するものと考えられる。

しかし現実には多くの農家はいわば昔から存在しているのであって，農業経営の目的で設立された企業とはいえないから上記のように考えるのは無理がある。けれども本人や家族が外で雇用される機会があれば，そこで農業で働くより多くの賃金が得られれば，農業に従事しなくなるであろうし（休日には農業をするかもしれないが），また土地が農業以外の，たとえば工場用地，住宅地，あるいはゴルフ場用地などとして売ることができれば，それから得られる金額の利子分は地代として計算することができなければならないと考えられるであろう。したがって現実に農業から得られる所得が上記の3つの分の和より小さくなれば，農業者は農業をやめることになるであろう。

経済が発展し，農業も市場経済の中にますます深く巻き込まれるようになると，やがて農業自体も市場経済の論理に従う産業になり，伝統的な農業というものは消滅して，資本主義的に農業を経営する農業事業者あるいは企業と，そこで雇用される農業労働者あるいは農業技術者とが現れることになるであろう。

■ そのほかの自営業者

農業とともに自営業者の多いのは，小商店，小飲食店，あるいは美容・理髪などの**対個人サービス業**である。これらの中にも伝統的な家族経営のもの

が多い。しかしまたそこでは資本主義的な大企業も進出している。これらの業種では一般に互いの競争が激しいので、その所得はあまり高くなく、またその額は不安定である。ただし、これらの業種についてはその収入やコストが十分把握されていないので、所得に関するデータは不完全であるといわなければならない。

6.4 所得と分配

■ 所得の不平等をどう考えるか

　所得がどの程度平等であるべきかは、簡単に決めることはできない。すべての人は本来平等な権利を持つという考え方からすれば、できる限り平等であるべきだという考え方も成り立つが、しかしほかの人より優れた能力を持ち、優れた仕事をし、あるいはより大きな努力ををした人はそれだけ多くの報酬を受けるべきだというのも当然である。またよりよい仕事に対してはより多くの報酬を与えるという刺激がなければ、人はよりよい仕事をするための努力をしなくなるであろうということもいえる。

　市場経済のもとでは、すべての人がより多くの利益を得ようとして競争することによって、経済の合理性が実現されることになっている。すなわちそこでは、競争の中で有利な地位を得たものがより多くの所得を得ることができることが当然の前提となっているのである。だから市場経済の下では所得は当然不平等になる。

　ここで結果としての所得の不平等と、競争の出発点における立場の平等とを区別しなければならないということがしばしば指摘される。そうして出発点においては、人々はすべて平等な立場に置かれなければならないというのが、少なくとも近代社会の建前である。そこで生まれや、人種、あるいは性によって最初から差別されることは正しくないとされる。

　しかしここで2つの問題がある。一つは社会的身分や人種などの理由によ

って，生まれながらに差別されることはなくなったとしても，豊かな家庭や，高度の教育を受けた両親の下に生まれた人は，貧しい家庭であまり教育を受けなかった親の下に生まれた人よりも，教育を受ける機会やそのほかの点で，出発点において有利になりがちである。また親の財産を相続すれば，最初から大きな資産や，それにともなう収入を得ることになる。これは不平等ではなかろうか。

　もう一つは，平等な競争の結果は，つねに公正といえるかということである。市場経済の下での成功と失敗，それによって生ずる所得の不平等は，常に人々の社会的貢献や努力の大きさを反映するとは限らない。また企業が倒産した場合，経営者が所得や資産を失うのはその人自身の責任であるとしても，そのために失業する従業員には責任はない。

　また資産から生ずる所得，あるいは特に資産の価格上昇によって生ずるキャピタルゲインは，ほとんどの場合，その所有者の努力や貢献とは無関係である。したがって投機的な資産購入や，親から相続した資産から多額のキャピタルゲインを得た人が，しばしば社会的に非難されるのは自然である。

■ 所得の再分配

　現在の先進国においては，一定以上の所得を得た人からは，累進所得税によってその所得のかなりの部分を政府が取ることが行われている。それは政府が公共的な目的のために支出する費用は，所得が多く，したがって多額の税を負担する能力のある人から徴収するのが妥当であると考えられるからであるが，そのことはまた非常に大きな所得は，必ずしもその人の努力や貢献によって生じたものではなく，社会の状況によってたまたまその人が得ただけであるから，その一部あるいは大部分を社会に還元すべきであるという考え方にもとづいている。

　また親から多額の資産を子供が相続することも必ずしも公正とはいえないという考え方から，高率の相続税を課することも行われている。このようにして得られた政府の支出は，また社会保障という形で国民に給付されるが，そ

れは原則として貧しい人にも平等に，あるいは場合によっては貧しい人により多く与えられるから，政府は収入と支出の両面から所得を一部豊かな人から貧しい人に移す役割を果たしている。これを政府の**所得再分配機能**という。

■ 平等と経済効率

　結果としての所得の不平等がどの程度まで認められるべきかということについては，いろいろな考え方がある。誰でも極端な不平等の存在，つまり一方では食物もなく飢えている人が大勢いるのは，一部の人々が社会の所得の大部分を占有して贅沢な生活を営んだ上，多額の資産を蓄積しているというような状況は，たとえ豊かな人々の所得が特に不正な手段によって得られたものでないとしても，社会的に公正とは思われないであろう。

　しかし他面所得を完全に平等にし，そして所得を生み出すような資産の所有を一切認めないという極端な平等主義も，やはり非現実といわねばならない。人々の能力や努力には差があり，したがって，その社会的貢献の大きさにも違いがあるのは避けられないから，やはりある程度所得にも差が生ずることがむしろ公正であると考えられる。また人々の貢献や努力の差を無視してまったく平等にしてしまうと，人々は努力しようとしなくなって経済活動が停滞してしまったり，あるいは不正な形で特別の利益を得ようとして社会的不正がはびこったりする危険性がある。

　20世紀になって，先進諸国では平等化が大いに進み，全般的な経済の成長とともに，極端な貧困はほとんどなくなった。また累進所得税や相続税が導入され，貴族などの特権が廃止されて，莫大な財産を持つ人もなくなって，貧富の格差は大幅に縮小し，国民全体の中産階級化が進んだ。

　現在では，しばしば平等と経済効率との矛盾が議論されている。平等化をあまり進めると経済活動が停滞してしまうので，行きすぎた平等化はよくないというのである。このような議論は抽象的にはいろいろなことがいえるが，具体的にどのような状況で平等化が「行きすぎ」であるかをいうのは難しい。

　人が仕事のために努力するのは必ずしも経済的利益のためだけではない。

名誉やほかの人からの賞賛，あるいは純粋に利他的，あるいは自分の属する共同体への奉仕，あるいは仕事そのものに対する興味等いろいろな面があり，経済的報酬が少なくなれば，人は努力をしなくなるとは限らない。また経済的利益あるいは所得にしても，必ずしもそれを支出することによって得られる財やサービスから得られる満足が目的ではなく，むしろそれ自体が自分の仕事の「成功」と「社会的承認」の尺度として重視される場合も少なくない。莫大な所得や資産を得ている経営者が，その所得を消費する時間もなく，より多くの利益を得るための仕事に没頭していることは稀ではない。その場合には高い所得は豊かな生活のための手段ではなく，それ自体が自己目的となっているのである。

また高い所得を得ている人が行う多額の消費支出にしても，必ずしもそれによって得られる財やサービスの効用が目的ではなく，社会的地位や，あるいは単に自分が豊かであることを人に見せるために行う場合もある。そのような場合には高価な財は，単にそれが高価であるという理由で尊重されることになる。高価な宝石や，高級な衣服などは，そういう意味で価値あるものとされるのである。このような消費は，いわば見栄のための消費であって，それについては人より多く支出すること，あるいは少なくとも人と同じ程度には支出できることが重要なのである。

所得分配の問題については，このような人間心理も考慮に入れなければならない。そうして競争心が人間が努力する重要な動機であるとすれば，それをまったく無視することもできない。しかし競争心や虚栄心が重要な要素であるとすれば，最初から所得分配をできる限り平等にしようとするよりも，競争に勝った人には大きな所得を一応与えた上で，累進所得税や，高価な贅沢品に対する高率の間接税を通じてその所得の大きな部分を社会全体のための財源として取り戻す方が合理的であろう。

■ 所得分配のグラフ化

所得や資産の分配の不平等の程度をグラフに表したものとしてローレンツ

(**Lorenz**)曲線がある。これはある集団の中で，たとえば所得についてその値の低い人から順に並べ，下から何％の人が，全体の所得の何％を得ているかをグラフに表したものである。たとえば簡単な例として，10人の集団について，それぞれのある月の所得が次のようになっていたとしよう。

　　　65, 38, 47, 76, 124, 59, 82, 90, 68, 101　（単位：万円）

これを大きさの順に小さい方から並べると次のようになる。

　　　38, 47, 59, 65, 68, 76, 82, 90, 101, 124

これから次のように計算する

順 位 (1)	その相対値 (2)	所 得 (3)	累 積 値 (4)	その相対値 (5)
1	0.1	38	38	0.051
2	0.2	47	85	0.113
3	0.3	59	144	0.192
4	0.4	65	209	0.279
5	0.5	68	277	0.369
6	0.6	76	353	0.471
7	0.7	82	435	0.580
8	0.8	90	525	0.700
9	0.9	101	626	0.835
10	1.0	124	750	1.000

そして（2）と（5）の欄の値をそれぞれタテ軸，ヨコ軸にとってグラフに表したものがローレンツ曲線である。

　ローレンツ曲線は，その作り方から，つねに45度の線より下にくることがわかる。そうして分配がほとんど平等ならば，下位の a ％の人の所得合計の全体の所得に占める比率はほとんど a ％になるから，ローレンツ曲線は45度線に近くなり，不平等ならば下位の人の所得の比は小さくなるから，ローレンツ曲線はヨコ軸に近くなる。そして45度線とローレンツ曲線とで囲まれた部分の面積を，45度線の下の三角形の部分の面積，すなわち0.5で割った値をジニ（**Gini**）係数といって，不平等度の尺度として用いる。ジニ係数が0に近ければ分配は平等であり，1に近ければ不平等であるといえる。上記の例ではジニ

6.4 所得と分配

図6.1 ローレンツ曲線

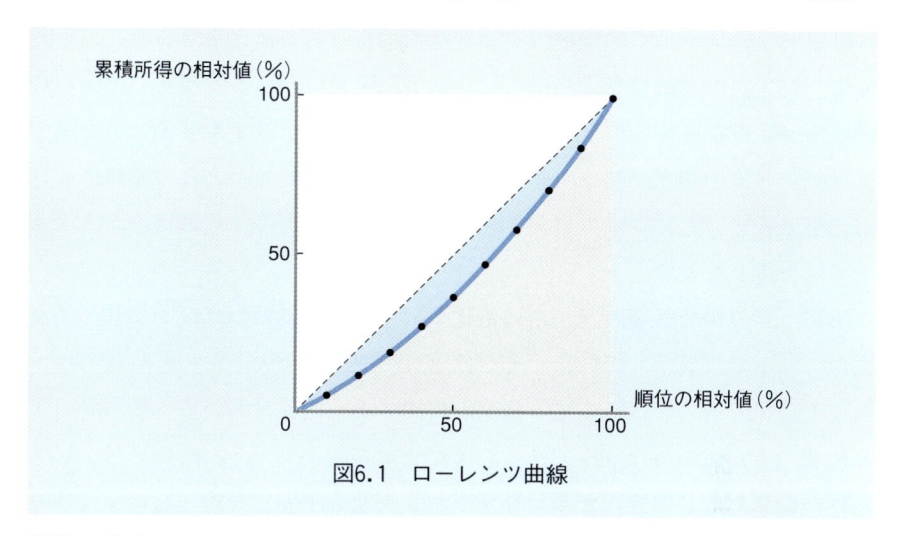

係数の値は0.091÷0.5＝0.182となる。

多くの先進国において，賃金や所得の分配のジニ係数は0.3〜0.4であることが多い。また所得税率の税を引く前の所得と，税引き後の所得では，当然後者のほうが不平等度が小さくなるが，現実にはそれほど大きくは変わらない。

20世紀になって，また特に第二次大戦後には日本を含む先進国では，所得分配の不平等度は小さくなったが，1980年代からは逆に再び不平等度が拡大する傾向も見られる。

■ 財産所得の問題

財産所得は所有している財産から得られる収入である。それはその人の働きによるものではないから，不労所得と呼ばれて，正当なものではないように考えられることもあった。しかし人が持っている財産を一定期間借りて利用するとすれば，それによって何らかの利益は得られるはずであるし，他方財産を持っている人はその期間は自分ではそれを利用できなくなるから，借り手から貸し手へ何らかの形で対価が支払われるのは当然であるとも考えられる。いずれにしても市場経済の下では，財産の賃借に対して対価が支払われるのは当然である。

財産所得には土地，家屋等の実物資産から得られる地代や家賃と，預金，債権，株式等の金融資産から得られる利子，配当等がある。所有している金融資産が値上がりすることによる資産額の増大はキャピタルゲインであって，国民経済計算の観点からは所得ではないが，資産を買ったときの価格より高い価格で売ることによって現実に利益を手にしたときは，それはその人にとっては所得となる。

国民所得の中で財産所得が占める比率は先進国ではかつてはかなり高かったが，いまでは低下している。それは階級の間の差が大きかった時代には，地主と農民，あるいは資本家と労働者の間での力関係において，前者の力より後者の力が弱かったからである。また資本蓄積が不十分な時期には，農業以外の産業部門での雇用が多くなかったし土地も十分になかったので，多数の農民や労働者の競争によって農民の所得や労働者の賃金が低くなったということも考えられる。現在の開発途上国でも一部の人々が莫大な財産所得を得ているのは，かつての先進国と同じような状況にあるからである。

財産所得が不労所得であるか否かは別としても，一部の人々があまりに大きな財産所得を得ることや，全体として財産所得が高い比率を占めることは，社会的に望ましいことではないと考えられる。特にそれが投機的なキャピタルゲインによって一挙に得られたものであったり，逆に特権的な身分や階級の先祖から受け継いだ資産から得られるものであったりする場合には，高額の所得を得ることは公正でないと思われることが少なくない。

多くの先進国はいまではかなり高率の相続税を課しており，また特権的な身分の持っていた財産は農地改革やその他の民主化の改革によって失われ，また金融資産などは戦争などによる経済混迷期に起こったインフレーションによってその価値を失ったので，大きな財産所得を生み出すような大きな資産を持つ階級はほとんどなくなってしまった。つまりその分だけ雇用所得あるいは働く人々の所得が増加したことになる。

ただし現在では財産所得の一部は，労働者やその他多数の人々のものとなっていることに注意しなければならない。というのはいまでは多くの一般の

人々がいろいろな形で貯金したり，金融資産の購入あるいは年金の積み立て，生命保険への支払いなどいう形で貯蓄し，それによって退職後に収入を得ているからである。だから財産所得はすべていわゆる「金持ち」だけのものではない。

7

国民経済

　人々の経済生活は自ずから一定の範囲の社会を単位として行われる。昔は小さい地域共同体の中でほとんど自給自足の経済が行われていたが，市場経済が発展すると，経済活動の範囲が次第に拡がり，近代になると一つの国 nation が基本的な経済の単位となり，国民経済という概念が成立した。

7.1 国民経済計算

　現在では，一つの国が社会経済の基本的単位となっている。一つの国の中では一定の通貨が通用するし，取引や，財貨，人の移動も自由に行われるからである。

　そこで一つの国の中では，経済について基本的なバランスが成立しなければならない。国に関して成り立つバランスを表したものが**国民経済計算**であり，統計データにもとづいて毎年政府によって計算され，公表されている。

■ 国民経済計算の諸概念

（1） 総需要と総供給

　国民経済計算においては，すべての財やサービスの取引は，需要の側と供給の側の両面から見ることができる。そこでは，**一国内**で**一定期間**に行われた財やサービスのすべての取引を加えて

$$総供給 = 総需要$$

という関係が成り立たなければならない。

　ところで財やサービスが使用される場合，それが他の財やサービスの生産のために使われる場合と，消費や新たなストックの形成に使われる場合とがある。前者を**中間投入**あるいは同じものを別の方向から見て**中間需要**，後者を**最終需要**という。つまり

$$総需要 = 中間需要 ＋ 最終需要$$

となる。

（2） 総付加価値と総最終需要

　他方，供給側から見れば，総供給の中で中間投入分を除いた分だけが，実際に産出されたもの，つまり総産出と考えられる。すなわち

$$総供給 = 中間投入 ＋ 総産出$$

となる。したがってまた

$$\text{総産出} = \text{最終需要}$$

と表すことができる。この関係は「もの」の関係としても成り立たねばならないが，市場経済を前提とする経済では，両辺はその貨幣価値で表されるのが普通である。そうしてその場合，上式の左辺は**付加価値**といわれる。すなわち

$$\text{総付加価値} = \text{総最終需要}$$

という関係が成り立つ。

(3) 国内総生産と国内総支出

国民経済計算では，一国の内部で生産された付加価値の全体を**国内総生産** GDP という。また総最終需要は国内の経済主体の支出の和とも見ることができるので**国内総支出** GDE という。すなわち

$$\text{国内総生産} = \text{国内総支出}$$

となる。

国内での総生産は，農業，製造業等の多くの産業部門によって生み出されるものである。そこで

$$\text{国内総生産} = \text{各産業での付加価値の合計}$$

となる。一方，総支出はその場で使われてしまうものと，将来の生産のために使われるものとに分けられる。前者を**消費**，後者を**資本形成**という。すなわち

$$\text{国内総支出} = \text{消費支出} + \text{総資本形成}$$

となる。

(4) 貿易の考慮

実はここで外国との関係も考えねばならない。国内で生産された財のうち一部は輸出される。つまり最終需要の一部は外国から来る。同時に一部の財は外国から輸入され，国内に供給される。したがって外国との関係も含めて考えると

$$\text{国内総生産} + \text{輸入} = \text{国内最終需要} + \text{輸出}$$

という関係が成り立たねばならない。これは普通

$$\text{国内総生産} = \text{国内最終需要} + \text{輸出} - \text{輸入}$$

という形に表される。あるいは

$$国内総生産 = 消費支出 + 総資本形成 + 輸出 - 輸入$$

となる。

(5) 消費支出の内訳

さらに消費支出は，消費者，つまり**家計**の消費支出と**政府**の消費支出，および営利を目的としない**非営利団体**の消費支出とに分けられる。企業の支出は，新たな投資目的の支出以外には，生産のための**中間投入**か，あるいは従業員に対する給与の現物での支払いのどちらかと見なされ，後者は家計の消費と見なされるので，企業自体の消費支出はないものとされる。

政府の支出の中でも，一般に取引の対象となるような財やサービスの生産のための支出は中間投入とされ，また公共的に利用されるストックの形成に向けられる分の政府による資本形成と見なされる。したがって，これらの一般行政サービス，教育，福祉，防衛安全などのための支出が政府消費と見なされることになる。

(6) 資本形成

資本形成の内容は，住宅と，企業の生産設備と，公共的な資本，それに使用されずに残された財の在庫形成からなる。

住宅はふつう数十年にわたって使用される。そこで新しく住宅が建設されたとき，それが他人に貸して家賃を得るためである場合はもちろん，個人が自分あるいは家族で住むために作られたものであっても，資本形成と見なされる。そうするとそれに対応して，自分の家に自分で住んでいる場合でも，それを人に貸せば得られるであろう家賃分だけのサービスを受け取っていると見なされることになる。つまり自分の家の所有者は一方で，家の使用というサービスを作り出し，他方で居住者としてそれを消費しているという計算になる。その分は帰属家賃と呼ばれている（前章6.1参照）。

(7) 固定資本減耗と純資本形成

ところで，生産に使われる機械などの固定資本は，使用している間にだんだん摩耗し，ある年数が経てば利用できなくなってしまう。つまり固定資本

は使用する間に価値が減ってくると考えなければならない。そこでこの分は新しく補充しなければ生産は継続できない。その大きさを**固定資本減耗**という。

　総資本形成のうち，固定資本減耗に当たる分は，ただ古い資本をおき換えただけと考えられる。そこで総資本形成から固定資本減耗を引いた分だけが，純粋の資本ストックの増加を表すと考えられる。これを**純資本形成**という。すなわち

$$\text{総固定資本形成} \ = \ \text{固定資本減耗} \ + \ \text{純資本形成}$$

となる。

　固定資本減耗分は企業であれば減価償却費として積み立てておかなければならないものである。そこで総資本形成からそれを引いた残り，つまり純資本形成は別の観点からは**貯蓄**となる。すなわち

$$\text{純資本形成} \ = \ \text{貯蓄}$$

である。

　国民総全体としても，資本減耗分は本来別の目的に使ってしまってはならないものである。そこで

$$\text{国内総生産} \ - \ \text{固定資本減耗} \ = \ \text{国内純生産}$$

という。

　この国内純生産 NDP は，もう一つの面から見れば，個人や企業あるいは政府の所得になる。そこで

$$\text{国内純生産} \ = \ \text{国内所得}$$

となる。

　ところで，ここで**総**〜と**純**〜ということばを使っているが，これはそれぞれ英語の gross〜 および net〜 の訳であって，前者は**粗**〜と訳されることがあり，むしろ意味の上からはその方が適切である。とくに，総〜は「全部の」という意味に考えては適当でないことに注意すべきである。

　さらに国内所得というときには，上記のように「純」概念になっていることは注意すべきである。そうして

> 国内所得 ＝ 消費支出 ＋ 貯蓄

という関係が成立する。

(8) 「国内」と「国民」

ところでこれまで**国内**（英語では domestic）ということばを使ってきた。これは日本という国の中で行われている経済活動を取り扱っていることを意味する。しかし日本国内には外国企業や外国人も経済活動を行っており，それは国内での経済活動に含まれる。他面日本人が外国で行っている経済活動もある。そこで日本人が行っている経済活動をいうときは，**国民**（英語では national）ということばが用いられる。

そこで国内所得から，外国人や外国企業の所得を引き，日本人が外国から得ている所得を加えると国民所得が得られる。つまり，

> 国内所得 － 外国人および外国企業の日本での所得
> 　　　　　＋ 日本人および日本企業の国外での所得
> 　　　　　＝ 国民所得

となる。

■ 国民所得

国民所得は，国民の間に分配されることになる。それは基本的には個人と法人企業と政府の間に分配される。ただしここで法人企業から個人株主に配分される配当や，重役に対する役員報酬は個人所得と考える。また政府が個人や企業から徴収する直接税（所得税，法人税等）は，いったん個人や企業の所得になった上で，改めて個人や企業から政府に移されるものと考える。同様に政府が社会保障などの形を個人に与えるものも，ここでは所得とは考えない。だからここで政府の所得とされるのは，政府の行っている企業活動から得られる所得だけである。

ここで問題なのは**間接税**である。間接税は企業の売上からコストを引いた残りのうちから支払われるが，その分は最初から売上金額のうちに含まれると考えられる。したがって

7.1 国民経済計算

$$\text{国民総生産} = \text{間接税} + \text{間接税支払い後の付加価値合計}$$

となる。

そこで間接税支払い後の付加価値合計を，**要素費用での国民総生産**という。それに対して間接税を含んだ国民総生産は，**市場価格での国民総生産**という。それに対応して国民所得についても，間接税を引いた残りを要素費用での国民所得，あるいは要素費用での国民総生産という。それゆえ

$$\begin{aligned}\text{国民所得} &= \text{間接税} + \text{要素費用での国民所得} \\ &= \text{間接税} + \text{個人所得} + \text{法人企業留保} \\ &\quad + \text{政府企業所得}\end{aligned}$$

となる。

また個人所得は賃金，俸給等の雇用者所得と，預金利子，配当，賃貸料の財産所得と，個人業主所得（個人商店等の利潤）に分けられる。

国民経済計算において，以前は主として**国民総生産 GNP** というように**国民概念**が用いられたが，最近では**国内概念**の方が中心になっている。それは企業活動が国際化している中で，外国企業の日本国内での活動は，むしろ日本企業の日本国内での活動と一緒にはかった方が都合がよいからである。

■ 名目額と実質額

国民総生産や国民所得は貨幣額で表されるので，物価が変動すれば「もの」として量が変わらなくても増大したり減少したりしてしまう。このことを考慮に入れるためには，その年の価格で表された額を，平均的な価格を表す指数で割って，基準になる年の価格で表す必要がある。ここでその年の価格で表された額を**名目額**，平均的な価格を表す指数を**デフレータ**，名目額をデフレータで割った値を**実質額**という。そこでたとえば

$$\text{名目国民総生産} \div \text{GDP デフレータ} = \text{実質国民総生産}$$

となる。

国民総生産などの変化を調べる場合には実質額を用いる方がよい。特に実質国民総生産について

$$\frac{ある年の実質国民総生産}{前年の実質国民総生産} - 1$$

は国民経済の実質成長率といわれ，もっとも注目される指標である。

7.2 マクロ経済学の考え方

　国内総生産の大きさは，その国の経済活動の全体的水準を表している。そこでその大きさ，およびその年ごとの変化率，すなわち経済成長率は，経済活動の状況を表す**指標**として，重要視されている。

　それでは国民総生産の大きさは何によって決まるのであろうか。それを論ずるのが，いわゆる**マクロ経済学**の課題である。

■ 需要が先か，供給が先か

　一国の経済についての基本的な関係として

　　　　　国内総生産 ＝ 国内総支出

という関係が成立しなければならないことは，すでに述べた。これをまた別の式では

　　　　　総供給 ＝ 総需要

という関係と見ることができることも述べた。この両辺は結果としては常に同じ大きさにならなければならないが，そこでどちらの大きさが先に決まって，もう一方がそれに等しくなるのかを考えることによって，2つの考え方が生まれる。すなわち供給が先か，需要が先かということである。

　すなわち供給量がまず与えられて需要がそれに等しくなるのか，需要量が決まっていて，それを満たすだけの供給が生ずるのかということである。

　（1）　**供給が需要を生み出す**——古典派経済学の立場

　一般に社会の生産力が低く，財が不足しているような状態では，供給されたものが需要されないということはないと考えられる。すなわちその場合に

は，国民総生産は供給によって，つまり供給可能な量によって決まり，需要は自動的にそれに等しくなるであろうと考えられる。

アダム・スミス，リカード，J.S.ミルなど古典派と呼ばれる昔の経済学者（18世紀後半〜19世紀前半）は，経済の現実においては供給が先行するのが通常の状態であると考えた。つまりそのときに与えられた生産要素の存在量と，そのときの技術水準に応じて，可能な供給量が決まる。そうするとそれに対応し需要が生じると考えられた。その間，生産要素がどのようなものの生産に振り向けられるかは，価格によって決まる。そこで市場での均衡を通じて，すべての財やサービスについて需要と供給が一致するように，価格と生産量が決まると考えられる。

このような状態の下では，原則として生産要素が利用されずに残されることはないと考えられる。すなわち失業や遊休資本は存在し得ない。もし有用な労働力や資本設備が残されているとすれば，それを利用することによって何らかの有用な財やサービスを生産することは可能であり，そしてそれはもし価格が十分下げられれば，必ず需要されるはずであると考えられる。したがって失業や遊休資本設備が生ずるのは，価格，特に賃金が不自然に高く止まっているためであるか，あるいは労働力や資本設備の部門間の配分が不適なために，一部の部門での供給が過剰になっているためであると考えられる。いずれにしても市場が十分に機能して価格が適切に動けば，失業や遊休資本は発生し得ないというのが，かつての古典派経済学の考え方であった。

（2） 需要が先行する——ケインズ経済学の立場

これに対して，供給に対して必ず需要が発生するというのは誤りであるという考え方もある。ある財についての人々の需要量というものには自ずから限界がある。価格が下がればいくらでも需要が増すというわけではない。他方供給側から見ても，生産要素に余裕がある限り，どんなに価格が下がっても，必ず供給が行われるというのは正しくない。特に限界生産費が，数量が減るとかえって増加するような場合には，需要がある量より少なくなれば生産しても損失が出るので供給はなくなってしまう。また賃金については，原

則としてそのときの標準的な生活を維持するのに必要な水準より著しく下げることはできない。

全体としての需要が，供給力より小さければ，供給力過剰が生じ，失業や遊休資本が生ずることになる。そこでこのような考え方からすれば，需要が先に与えられて，それに応じるだけの供給が行われることになる。需要が先行すると考えて一つの経済学を構成したのがケインズである。そしてそのような経済学はケインズ経済学と呼ばれ，1930年代末から成立して現在に至っている。

ここで，特に注意しなければならないのは，需要というものは，それだけのお金を支払って買おうとする人々がいるということを表すものであって，単に必要があるというだけでは需要にならないことである。このようないわばお金に裏付けられた需要を**有効需要**と呼ぶ。

第二次大戦前，1930年代の大不況の時代には世界中で飢えた失業者が家もなく巷をさまよっている一方で，農産物は売れずに畑で腐り，多くの家は借り手がなく空き家となって荒れていた。それは失業者はお金がないので，食べ物を買うことも，家を借りることもできなかったからである。また企業は財を生産しても売れる見込みがないので，労働者を雇おうとはせず，機械設備も動かされないままに錆びついていた。つまり全体として有効需要が不足していたのである。

■ 有効需要のメカニズム

それでは有効需要は何によって決まるのであろうか。総需要は3つの部分からなる。すなわち個人あるいは**家計の消費需要**および**住宅投資需要**，**企業の投資需要**，それに**政府の需要**である。

ところで総需要の中には，所得に依存して決まる部分と，所得とは独立の別の要因によって決まる部分とがあると考えることができる。前者を**派生需要**，後者を**独立需要**という。

（1） 独立需要と国民総生産

7.2 マクロ経済学の考え方

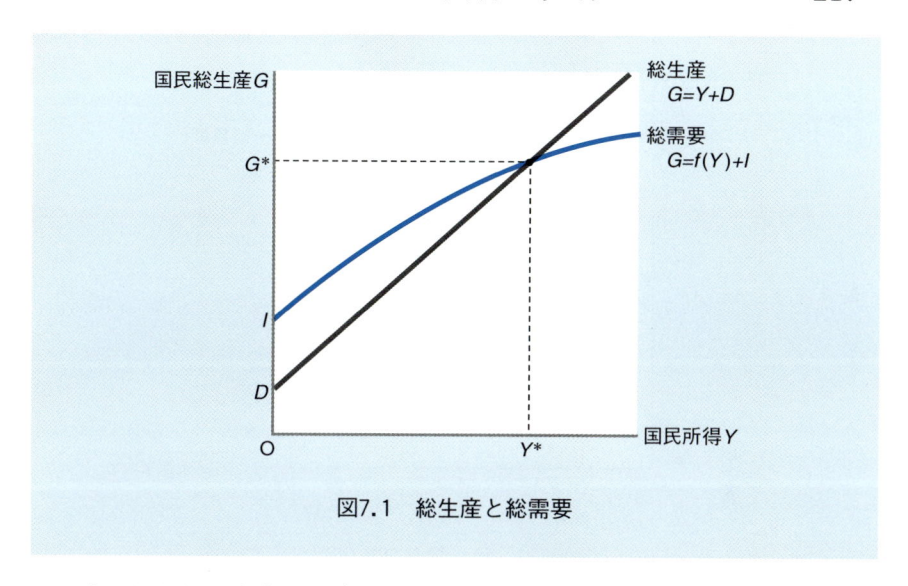

図7.1 総生産と総需要

いま，国民総生産を G，資本減耗を D，国民所得を Y とすると，外国との取引関係を無視すれば，

$$G = Y + D$$

となる。一方，派生需要を Q，独立需要を I と表せば，総需要は総生産に等しいから

$$G = Q + I$$

ところが，Q は I によって決まるから，それを国民所得 Y の関数として

$$Q = f(Y)$$

と表すことができる。そうすると

$$G = Y + D = f(Y) + I$$

とならなければならない。ここで資本減耗はすでに存在する資本ストックに応じて決まっており，また独立需要 I は国民所得 Y と独立に定められるとしたから，上の式から Y が定められることになる。すなわち総需要が決まると総生産に等しくなるように，総生産および国民所得が定まる。これを図に表せば，次のようになる（図7.1）。

つまり総生産を表す直線 $G = Y + D$ と総需要を表す曲線 $G = f(Y) + I$ の交

図7.2 独立需要の変化

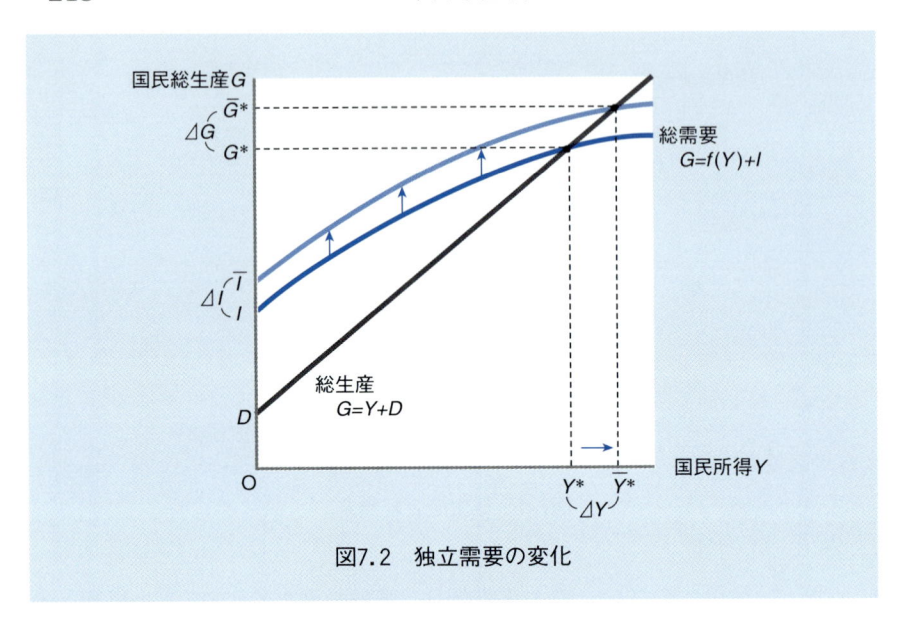

点 (G^*, Y^*) によって国民総生産の水準が定められることになる。

そこで独立需要 I が変化すれば，国民総生産も変化するであろう。グラフを用いれば次のように考えられる。いま独立需要が I から $\bar{I}$ に増加したとすれば，総需要が総供給と等しくなるときの国民総生産および国民所得は，それぞれ G^*，Y^* から $\bar{G}^*$，$\bar{Y}^*$ へと上昇するであろう（図7.2）。

ここで注意すべきことは国民総生産あるいは国民所得の増加額

$$\Delta G = \bar{G}^* - G^* \qquad \Delta Y = \bar{Y} - Y^*$$

は独立需要 I の増加額，すなわち $\Delta I = \bar{I} - I$ より一般に大きいということである。それは独立需要が増加すればそれに応じて総供給が増加するが，そのことは所得を増やすことになり，それによって派生需要が生ずるからである。

（2）国民所得と派生需要の関係——乗数効果

このことをよりくわしく次のように説明することができる。

派生需要関数 $f(Y)$ は一般に Y の増加関数であると考えられる。またそれは滑らかに変化すると考えてよいであろう。そこで簡単な説明のために，それが一次関数で表されると考える。すなわちそのグラフが直線であるとしよ

7.2 マクロ経済学の考え方

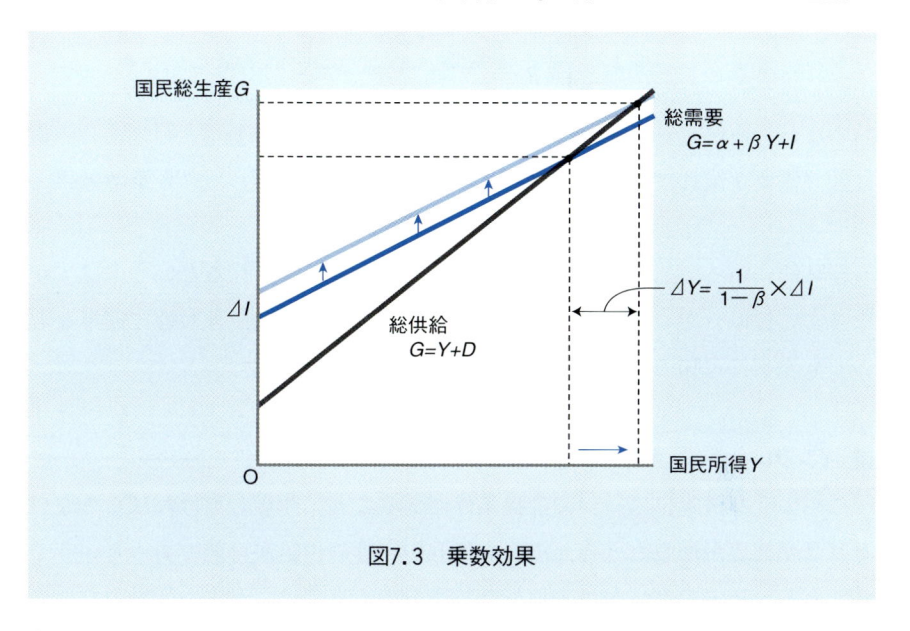

図7.3　乗数効果

う（図7.3）。そこでいま

$$f(Y) = \alpha + \beta Y \qquad (\alpha, \beta \text{ は定数})$$

とすると $\alpha > 0$, $0 < \beta < 1$ と考えられる。そうして総需要は

$$G = \alpha + \beta Y + I$$

となる。一方総供給は

$$G = Y + D$$

であるから，この両者が等しくなるときには $Y = \alpha + \beta Y + I - D$ とならなければならない。この式を Y について解けば

$$Y = \frac{\alpha}{1-\beta} + \frac{1}{1-\beta}(I - D)$$

となる。そこで I が 1 単位変化すると，国民所得はその $\dfrac{1}{1-\beta}$ 倍だけ変化することになる。このとき $0 < \beta < 1$ と仮定したから

$$1 < \frac{1}{1-\beta}$$

となる。そこでこの値 $1 < \dfrac{1}{1-\beta}$ を**乗数**，あるいは**所得乗数**という。

すなわち独立需要が $\varDelta I$ だけ増せば，国民所得はその乗数倍だけ増える。逆に独立需要が減ればその乗数倍だけ国民所得は減少する。これを**乗数効果**という。

経験的にいって，消費関数が国民所得の一次式で表されるというのは，かなりよい近似であることが多いので，上のような議論は，きわめて簡単なものでも現実に意味のある議論の出発点になり得る。

■ インフレーションギャップとデフレーションギャップ

このような議論には一つの前提条件があることに注意しなければならない。それは総需要が増したとき，それと等しいだけの供給が可能であるということである。特定の年における可能な総供給の大きさは，資本や労働力などの生産要素の存在量と技術水準によって決まり，一定の大きさ G_0 以上にはなり得ない。上記の議論は均衡値 G^* が G_0 より小さい場合にのみ当てはまるものである。つまり総需要が総供給の可能な限界以下であること，すなわち供給力に余裕があることが前提されているのである。

そこでもし $G^* > G_0$ となれば，需要を満たすだけの供給を生み出すことができないことになるから，満たされない需要が残る。そうすると市場機能によって市場均衡を達成することができず，価格がどんどん上がってしまうであろう。すなわちインフレーションが起こる。そこで G^* が G_0 より大きいとき，その差 $G^* - G_0$ を**インフレーションギャップ**という。

逆に総供給 G_0 が均衡値 G^* より大きくなれば，競争によって価格が下がっていく傾向もあるであろう。そして $G^* < G_0$ のときには $G_0 - G^*$ は**デフレーションギャップ**と呼ばれる。

このような議論によれば一般に均衡値 G^* が総供給 G_0 に一致することは保証されていない。しかし昔の古典派経済学の考え方によれば，G^* は G_0 に常に一致するものと考えられていた。そこではもし G^* が G_0 より小さく失業が

存在するならば，労働者の競争によって賃金が下がり，そうすれば雇用が増大して現実の生産が増加するとともに所得も増大して需要が増加すると考えられていたからである。逆に G^* が G_0 より大きくなれば，物価の上昇によって需要が減少し，結局 G^* が G_0 に一致することになると考えられたのである。そこで現実に失業が存在するとすれば，それは賃金が高すぎるために労働の需要が供給より小さくなっているためであると考えられた。

しかし1930年代の大不況期のような時期には実際に多くの失業者が出たが，それは賃金が高すぎるためであるとはいえない状況であった。企業は賃金がいくらか下がっても，その生産する財やサービスが売れる見込みがなければ，雇用を増やそうとしなかったからである。

■ 好況と不況

ここで何が派生需要であり，何が独立需要であるかを考えよう。典型的な派生需要は**消費需要**である。もっとも簡単なモデルでは，派生需要は消費需要とされている。そこで消費需要を表す関数は**消費関数**と呼ばれる。資本形成および政府支出は独立需要とされる。

現実には投資の中には，そのときの国民総生産の水準に対応して変化する部分と，それとは独立に行われる部分がある。前者を**派生投資**，後者を**独立投資**という。需要が伸びれば，それに応じて生産を増やそうとして，投資が行われることがある。これが派生投資である。

全体として需要が供給より大きければ，物価は上昇し，それとともに生産も増加し企業の利益は増え，やがて企業は投資を増やし，雇用を増やす。それとともに賃金も増し家計の消費も増え，経済活動全般が活発になる。これが**好況**，あるいは**好景気**といわれる状況である。

しかしやがて投資の結果，供給能力が増える一方，一時的な需要は満たされて，供給が需要を上回る状態になると，商品が売れ残るようになり，企業の利益は減る。企業は生産を減少しようとし，雇用は減り失業が増大する。経済活動が全般的に低調になる。これが**不況**あるいは**不景気**という状態であ

る。

　資本主義経済はその成立以来，このような好・不況の変動を繰り返して来た。しかし長期的に需要が供給力を上回れば，物価が全般的に上昇する。そうなると所得が増えない人々は需要を減らさざるを得ないことになる。しかしもし物価が上昇した結果，企業の収入が上昇し，そうして人々の賃金や所得も増加するならば，需要は減らないかもしれない。そうすると需要は供給を超え続け，物価が上がり続けることになる。これがいわゆる**インフレーション**の状態である。

　そうして人々が物価は常に上昇すると思うようになれば，人々はなるべく早く財を買ってしまおうとし，需要はますます増大して，物価上昇は加速される。その結果，通貨の価値がますます下落し，ついには人々の通貨に対する信用がまったく失われてしまうようになると，物価は猛烈な勢いで上昇し，ついには通貨が貨幣としての役割を果たさなくなってしまう。これがいわゆる**ハイパーインフレーション**といわれる状況である。

　逆に需要が供給力より小さくなった結果，商品が売れ残り，その価格が引き下げられると，企業は損失を被る。その結果，企業の投資は減り，賃金も引き下げられ，あるいは解雇が行われて失業が増えると，所得が減って消費需要も減る。その結果，全体としての需要がますます小さくなって供給力とのギャップが拡大して，物価が一般的に下がる。そのようにして生産が減少していってしまうということがある。これが**デフレーション不況**といわれる状況である（次章8.2参照）。

■ マクロ経済政策

　ハイパーインフレーションやデフレーション不況は，経済がいわば病気になって正常に機能しなくなる状態である。このような状態になると多くの人々の生活が混乱に陥ってしまう。そこでこのような状態がなくなるように，あるいはそもそも需要と供給が大きく離れることのないように，適切な経済政策を実施しなければならないと考えられる。このような国民経済全体の需要

をコントロールして，経済のバランスを維持しようとする政策は**マクロ経済政策**という．

全体としての需要が不足している場合には，マクロ経済政策によって独立需要を増やさねばならない．そうしてそれがうまくいけば，それはさらに派生需要を生み出し，先に述べたような乗数効果によって，需要は増大するであろう．

独立需要を増やす方法はいろいろあり得る．一つは政府自身の支出を増やすことである．ただしその場合，そのための財源を税収によるとすれば，それは国民の所得を減らし，需要を減らしてしまうことになるから，むしろ政府がいわゆる**赤字財政**によって，国債を発行してそれによって支出を増やすことが必要であると考えられる．そうしてそれによって需要が増え，さらに乗数効果を通じて生産と所得が増加すれば，やがて税収も増加して，国債を償還し買い戻すことができるようになると考えられる．

さらにこのような支出が，社会にとって必要な社会資本を建設する**公共投資**という形で行われるならば，それは将来の経済をより効率的にし，結局社会の生産力，あるいは供給力を増加させることになると考えられる．

有効需要を増やすもう一つの方法は，政府需要以外の需要を増やすような政策を取ることである．一つは**減税**によって国民の自由になる所得を増やし，消費支出を増やすことである．ただしこの場合，政府支出を減らしてしまっては全体としての需要を増やすことができないことになるから，政府支出は減らさず，政府の収入を減らすことになり，やはり政府の赤字が増えることになる．

また金利を下げるなどの**金融政策**によって，企業の投資需要を増やすようにすることも一つの方法である．金利が低下すれば，企業は借入れを増やして投資しても，利益を得ることができると考えて投資をするようになるかもしれないからである．

逆に変動が大きすぎて供給力を上回り，インフレーションになる恐れがあるときは，上記とは逆の政策によって有効需要を減らさなければならない．

■ 失業をどうとらえるか──古典派経済学とケインズ経済学の相違──

　以上のような分析は，現実の国内総生産の大きさがその可能な上限の値より小さいこと，つまり資本や労働力が過剰であることを前提としている。いい換えれば**不完全雇用**の状態がむしろ正常であることを前提としている。ケインズがこのような分析法を初めて提案したのは1930年代，世界が**大不況**の最中にあったときで，失業や遊休設備は世界中に大量に存在していたから，不完全雇用状態にあることは誰の目にもあきらかであった。

　これに対してケインズ以前の大部分の経済学者は，供給があれば必ず需要が生ずるはずだと考えた。もしある財の供給が過剰になれば，もし市場が正常に機能していれば価格が下がり，そうすれば需要が増して需給はバランスするはずであるというのである。この間，一時的には限界生産費が市場価格以上になってしまった企業が，その財の生産を中止して，労働力や生産設備をほかの目的に向けるまでの間，一時的に失業や遊休設備が生ずるかもしれないが，それはいずれにしても過渡的なものにすぎないと考えた。

　需要構造が変わったために労働力が一つの目的からほかの目的に向けられるまでの間，過渡的に生ずる失業は**摩擦的失業**と呼ばれる。そうでない失業は，実は賃金がその限界生産力以上に高くなってしまったために労働の需要が減ることによって生ずるもので，本来賃金が下がれば解消すべきものである。失業が生ずるのは労働組合などが賃金が限界生産力水準より下がることに対して抵抗しているためか，あるいは労働者がそのような賃金で働くことを拒否しているからであって，そのような失業は労働者の意志や態度によらない**非自発的失業**ではないと考えられたのである。

　しかし大不況期にはどんな賃金でも職があれば働きたいという失業者が溢れており，また雇用する側は，必要があれば一定の賃金を払うことを拒まなかったのであって，一般に賃金が高すぎるので雇用が生じないということはなかったといってよい。企業が人を雇うのは，その生産する財あるいはサービスに対して一定以上の価格で一定以上の量が売れるという見込みがある場合で，その場合には賃金がある額であっても雇用するが，もしそういう見込

7.2 マクロ経済学の考え方

みがなければいくら賃金が低くても雇用しないであろう。このことはいい換えれば規模の経済性がある限り，つまり限界生産費が低下するような範囲では，需要が一定量以下であれば賃金が低くなっても供給は生じないし，したがって雇用も生まれないとされていたのである。

そのような意味では需要が少なくなると生産が縮小して雇用が減り，そのことが所得の減少をもたらしてますます需要が減るという悪循環が起こり得るのであり，その極端な場合には大不況になってしまうのである。

しかし1920年代までは，国民経済全体としての需要と供給は常にバランスしていたので，このような意味のマクロ経済政策は不要であると考えられてきた。むしろ政府は常に収入と支出が一致するよう，つまり赤字も黒字も出さない**均衡財政**を維持することが大切であると考えられてきたのである。けれども1930年代の大不況期には有効需要が大きく減って失業率が20％〜30％にも達し，国民総生産も大きく減少した。それとともに政府の税収も減少したので，均衡財政を維持しようとすると，政府支出も減らさなければならなくなり，政府の需要も減って，ますます悪循環を生ずることになった。

このような状況の下でケインズが有効需要は供給力に常に一致するとは限らないこと，有効需要が不足するときには政府が赤字財政を発行して需要を刺激する必要があることを論じて，ケインズ経済学という新しい経済学の考え方を樹立したのであった。

その後，第二次大戦後には，すべての国の政府がこの考え方を取り入れて，マクロ経済政策を実行するようになった。

■ 有効需要創出の問題点

しばらく前までは，政府が政府需要を増やしたり減らしたりすることによって，有効需要を適切に作り出して，失業を解消し，インフレーションやデフレーションを生み出すことがないようにすることができると考えられた。しかし実際には政府の政策によって経済をうまく運営することは，それほど簡単にはいかないことがわかってきた。それにはいくつかの理由がある。

(1) マクロ経済政策実行上の問題

一つは政府の支出は経済学的な観点からは正しい政策がわかっていても，政治的には実行できない場合も少なくないことである。

どのような場合でも減税や政府支出の増大は国民に人気があるが，増税は国民に歓迎されない。また政府支出の削減も，政府に財やサービスを売っている人々からは反対される。そこで需要を拡大するための減税や政府支出の増大は政治的に行いやすいが，その逆は困難である。そのために不況のときの経済政策は受け入れられやすいが，好況のときに増税をしたりして有効需要を抑制することは困難になる。

そこで長期的には政府の需要が累積して，**国債**が膨大な額になってしまう。また有効需要が過大なときにも抑制されないので，インフレーション傾向になり，物価が傾向的に上昇していくことになる。このようなことが第二次大戦後の20年間に起こったので，どの国でも1975年ごろからそれまでの政策の考え方が再検討されるようになった。

ただしここでしばしばいわれるように国債の累積は「国民の借金」であり，それは子孫に負担を残すはずであるという表現は間違いである。外国で国債を発行して外国から借金をするのでなければ，国債を買う人々あるいは企業は，やはり日本のものであるから，国債は政府が国民から借りた借金にほかならないのであって，政府の借金は，要するに「国民の借金」であるとしても，それは同時に「国民の貸した金」でもあるので，国全体として見れば，打ち消し合って何も残らないことになる。それは企業や銀行が社債や債権を発行して個人に売って資金を借り入れる場合と変わることはない。

しかし多額の国債がたまってしまうと，その金利の支払いや，期限の来た債権の償還のために多額の支出を必要とし，それが政府支出の大きな部分を占めるようになって，政府の財政がうまく運営できなくなってしまう。それはいろいろな意味で悪い影響を残す。個人や企業が多額の借金をかかえることが望ましくないように，政府が巨額の国債を累積することは望ましいことではない。

（2） 政府支出が民間経済に与える影響

マクロ経済政策が予定通りの効果をあげられない第二の理由は，政府の支出が民間の需要に影響することがあるからである。たとえば資金が十分に供給されていない場合に，国債を大量に発行すると，民間の投資に対する資金が不足してしまうかもしれない。そうすれば民間の投資は減ってしまうから需要は増えないままになる。これを**クラウディングアウト効果**という。また政府の支出が特定の部門に向けられた場合，その部分の供給を増やすことについて何らかの障害があると，結局生産を増すことができなくなるかもしれない。そのような特定の障害はボトルネックと呼ばれることがある。

また政府支出が長い間特定の分野で行われると，それが産業構造に影響して，経済構造を歪め，全体としての経済の効率を悪くしてしまうかもしれない。冷戦下での軍事費や，また日本の公共事業費の一部は，雇用を確保し一部の産業への需要を維持する効果があるが，結局全体としては経済全体の構造をアンバランスにして不効率にしてしまう可能性を生み出した。

7.3 貨幣とマクロ経済

■ 価格水準の変動

これまで国民経済全体を考えるときに，**貨幣**，あるいは貨幣で表される**価格**の問題は考えに入れなかった。

一つの考え方によれば，もしすべての財やサービスの価格が，一斉に一定の比率で上がったり下がったりすれば，それは単にこれまでの貨幣の単位，あるいは呼び方を変えることと同じだから，何も実質的な変化は起こらないと思われる。

たとえばある日不意に，すべての財やサービスの価格，賃金，税金および資産などが急にすべて100倍になったとしたら，それは単にこれまでの100円を1万円といい換えたと同じことにすぎないから，何も実質的な影響はない

であろうと考えられるのである。実際ハイパーインフレーションが進んで価格が何千万もの数字になって止まったときは，古い貨幣をその1000分の1，10000分の1の額の新しい貨幣と交換することによる貨幣単位の切り下げ，いわゆるデノミネーションが行われるが，それによって国民経済の大きさが実質的に変わるわけではない。そこで価格について重要なのはその相互の比率，つまり相対価格であって，絶対的な大きさは問題でない。また貨幣は，その信用が失われてしまうようなことがない限り，その量は問題ではないといわれることがある。

しかしそれは必ずしも正しくない。経済全体を考え，そこに流通している貨幣の総量を M としよう。貨幣はいろいろな取引のために使われる。そして一定の期間，たとえば1年の間に取引される財やサービスの総量を T で表そう。そうしてその平均価格を P で表す。そうすると，1年間の取引総額は P と T の積 PT に等しくなる。ただし，ここで貨幣というとき，それは銀行券やコインなどの現金通貨だけでなく，すぐに引き出すことのできる普通預金や小切手を切ることのできる当座預金，およびそれを担保にして容易に金を借りることのできる定期預金なども含んで考えるのが普通である。このような預金は**預金通貨**と呼ばれることがある。

ところで貨幣は人々の間を何回も動くから，同じ貨幣が何回もの取引に用いられるであろう。そこで貨幣が1年に取引に用いられる平均回数を**流通速度**といい V と表す。そうすると取引総額について

$$MV = PT$$

という関係が成り立つ。この式の右辺は1年の取引額を取引されるものの側から表し，左辺は取引に用いられる貨幣量の側から表している。

この式はいろいろな方向から見ることができる。もし流通速度 V は一定とし，財やサービスの総量 T は価格水準と関係なく決まるとすれば，この式は貨幣の総量 M と平均価格 P が比例することを表していると見ることができる。つまり価格 P は M の大きさに比例して変動するであろう。一般的な価格水準が貨幣量に比例して変動するという考え方は，**貨幣数量説**と呼ばれている。

7.3 貨幣とマクロ経済

しかし貨幣量の大きさ M が変わることは，平均価格 P 以外には影響しないといえるであろうか。貨幣量が増大すれば，資金の供給が増え，利子率が低下するであろう。そうすると企業の設備投資や，個人や企業の住宅投資が増大するであろう。このことは現実に財やサービスに対する需要を増大させることになり，一般にその総量 T を増加させることになるであろう。そうすれば PT が増大するから，P は M の増加に比例して上昇することはないであろう。逆に M が減少すれば，資金不足が起こり，そのために取引が円滑に行われなくなるかもしれない。その結果として T は減少することになる。このように M の変化は P の変化を引き起こすだけでなく T にも影響すると考えられる。

現実には貨幣量の変化によって，国民経済の実質的な活動水準に影響が生ずることがあり得る。

■ 資産価格の変動

国民経済の中で取引されるものは，財やサービスなど国内総生産の実質的な内容を構成するものだけではない。株式や債権などの金融資産，土地や家屋などの実物資産，あるいはゴルフ場会員権などの権利資産も取引される。これらのものは取引されても実質的な内容が変化するわけではないし，価格が変化して資産の金額が変わっても，それは国内総生産の変化に対応するわけではない。

そこで取引されるものの内容を，財やサービスなどと資産とに分けて，前者の量を T_1，後者の量を T_2，前者の平均価格を P_2，後者の平均価格を P_2 とすると

$$MV = P_1 T_1 + P_2 T_2$$

第一の部分についても，同じ財がただ何人かの人の間で繰り返し取引されることもあるが，いま，そのことは無視すれば，T_1 は国内総生産（あるいは国内総生産に中間財取引を加えたもの）に対応すると考えられる。

貨幣量 M が増加したとき，右辺の第1項が増加するとすれば P_1 か T_1，あるいはその両方が増大することになるが，第2項が増大すれば P_2 あるいは

T_2, あるいはその両方が増大しなければならない。すなわち資産取引が活発に行われるようになり，その価格が上昇するかもしれない。資産価格が上がれば，そこに資産を売却したときの利益，すなわちキャピタルゲインが発生することになる。ここで資産価格 P_2 が上がり始めると，今後それは上がり続けるであろうという**期待**が生じ，キャピタルゲインを求めて資産を買おうとする人が増えるので，ますます価格が上がることがある。それが「バブル」という現象である（7.6，次章8.2参照）。

7.4 産業構造

財やサービスを生産する活動を**産業**という。産業ということばは広い意味でも狭い意味でも用いられる。狭い意味では，それは農業や製造業など「物」としての財を生産する分野に限って用いられる（さらにそれが industry という英語の訳語として用いられる場合には，より狭く工業だけを意味することもある。産業革命というのはふつうは工業生産における革命的変化を意味している）。広い意味では財の生産だけでなく，サービスの生産を含むすべての経済活動を含む意味で用いられる。ここでは広い意味でこのことばを用いる。

■ 産業の分類

社会的分業が発達すると，経済活動は多くの産業に分かれて行われるようになり，現代社会では非常に多くの種類の産業が成立している。産業活動が行われる場所の単位を**事業所**という。工場，商店，事務所，あるいは学校，病院などはすべて事業所である。事業所で行われる経済活動を，その内容によって分類したものが産業分類である。各国ではそれぞれ**標準産業分類**を定めており，普通十数個程度の大分類が立てられ，その中がさらに中分類，小分類と細かく分けられている。

またすべての産業は第一次，第二次，第三次の3つにまとめられることが

ある。農林水産業は自然から直接生産物を獲得するので**第一次産業**といわれる。製造業，建設業，鉱業は自然から得られたものに手を加えて財を生み出すので，**第二次産業**といわれる。そうして財を動かしたり，あるいは無形のサービスを生産するなど有形の財を生産しない産業は**第三次産業**といわれる。

経済が低い発展段階にある社会では，支配階級を除く大部分の人は第一次産業に従事していた。就業者の比率でも国内総生産に占める比率でも第一次産業が50％以上，場合によると80〜90％を占めていた。近代になって全般的に産業が発達すると，手工業などの第二次産業，商業を中心とする第三次産業が発達した。産業革命期には製造業が大きく発展して，第二次産業の比重が高まった。しかしさらに経済が発展すると，金融，保険業，サービス業などを中心とした第三次産業が発展し，第二次産業の比重は逆に下がり，第三次産業の比重が就業者数でも，総生産においても50％を越えるようになった。

現在すべての先進国では総生産の中で第一次産業の占める比率はきわめて低く3％以下である。また第二次産業は30〜40％，うち製造業は20〜30％程度であり，第三次産業が60〜70％に上っている。

最近ではむしろ中国やその他一部のアジア諸国の方が第二次産業あるいは製造業のウェイトは高くなっている。

しかしここで注意すべきことは，先進国において第一次産業，さらに第二次産業の比重が下がったとしても，それは必ずしも，これらの部門の生産の絶対額が減少したことを意味するわけではないことである。これらの部門の生産も増加したが，第一次産業より第二次産業，そして第二次産業より第三次産業の方が成長率がより高かったために，比重が変わったのである。

■ 産業連関表

（1） 産業連関表とは

すべての産業は互いに関連し合っている。すなわちある産業の生産物は他の産業において中間投入して用いられる。この関係を表したものが**産業連関表**，あるいは**投入産出表**である。それは次のように作られる。

いま，ある国において N 個の産業があるとし，第 i 産業の産出高を X_i と表すことにしよう。産出されたものは各産業における中間需要，および最終需要に向けられる。このとき，第 j 産業において中間需要として用いられる第 i 産業の生産物の大きさを X_{ij}, $j=1, \ldots, N$ と表すと，第 i 産業の産出のうち中間需要として用いられる量の合計は，1 から N までの総和を示す記号 $\sum_{j=1}^{N}$（シグマ）を用いて

$$\sum_{j=1}^{N} X_{ij}$$

となるから，第 i 産業における最終需要の大きさ Y_i は

$$Y_i = X_i - \sum_{j=1}^{N} X_{ij}$$

となる。最終需要 Y_i はまた家計消費，資本形成，政府消費，純輸出（輸出－輸入）に分けられる。

　同じことを別の方向から見ると第 j 産業において産出高 X_j の生産に必要な中間投入の合計は

$$\sum_{i=1}^{N} X_{ij}$$

となるから，この産業での付加価値 V_j は

$$V_j = X_j - \sum_{i=1}^{N} X_{ij}$$

となる。付加価値はまた雇用者所得，産業余剰，および資本減税引当に分けられる。ところで N 個の産業すべての最終需要合計を考えてみた場合

$$\sum_{i=1}^{N} Y_i = \sum_{i=1}^{N} X_i - \sum_{i=1}^{N}\sum_{j=1}^{N} X_{ij}$$
$$= \sum_{j=1}^{N} X_j - \sum_{i=1}^{N}\sum_{j=1}^{N} X_{ij}$$
$$= \sum_{j=1}^{N} V_j$$

だから，最終需要合計は付加価値合計に等しくなる。

こうした中間需要＝中間投入および，最終需要および付加価値の値を並べたものを産業連関表という。

(2) 産業連関表の例

現在では数百部門からなる産業連関表が作られているが，ここでは簡単のために3つの産業部門からなる産業連関表について説明しよう。

すべての産業をまとめて

第一次産業 ── 農林業，水産業

第二次産業 ── 鉱業，製造業，建設業，エネルギー供給業

第三次産業 ── 運輸・通信業，商業，金融・保険業，不動産業，サービス業

の3つの部門とする。

さて，ある年のこれらの産業の投入産出額が次のようになったとしよう。

(単位：兆円)

	中間投入				最終需要						産出
	一次	二次	三次	計	消費	政府	投資	輸出	輸入	計	
一次	3	9	0	12	10	0	0	0	−2	8	20
二次	3	120	33	156	58	2	80	35	−30	144	300
三次	2	54	69	125	136	29	12	8	−10	175	300
計	8	183	102	293	203	31	92	43	−42	**327**	620
付加価値	12	117	198	**327**							
産出	20	300	300	**620**							

すなわち，この年の第一次産業の総産出額は，20兆円でそのうち第一次産業への中間投入に3兆円，第二次産業部門への中間投入に9兆円，そして輸入が2兆円あって消費に10兆円が向けられたことを示している。

また，この表をタテに見れば，第二次産業では300兆円の産出があったが，そのために第一次，第二次，第三次産業部門から，それぞれ9兆円，120兆円，54兆円，計183兆円の中間投入がなされ，結局この部門の付加価値額は117兆円であったことがわかる。

3つの部門の付加価値額の合計，すなわち国内総生産は327兆円で，これは

最終需要の合計に一致している。

この表から，さらに次のような表が計算される。第 i 部門から第 j 部門への中間投入額を第 j 部門の産出額で割った値を**投入係数**という。すなわちそれは第 j 部門の一単位の産出に必要な i 産業の産出分の大きさを表している。上の表から投入係数は次のようになる。

	一次	二次	三次
一次	0.15	0.03	0
二次	0.15	0.40	0.11
三次	0.10	0.18	0.23
計	0.40	0.61	0.34

このような係数は各産業間の結び付きを表している。そこで，いま各産業の産出額を X_1, X_2, X_3 それぞれの産出に対する最終需要額を Y_1, Y_2, Y_3 とすると，たとえば第二次産業については，中間需要がそれぞれの産業から $0.15X_1$, $0.4X_2$, $0.11X_3$ であるから，これと最終需要額 Y_2 とを加えたものがその産出額 X_2 に等しくなければならない。すなわち

$$X_2 = 0.15X_1 + 0.4X_2 + 0.11X_3 + Y_2$$

他の部門についても同様に考えると，結局次の関係が成り立つことがわかる。

$$0.85X_1 - 0.03X_2 = Y_1$$
$$-0.15X_1 + 0.6X_2 - 0.11X_3 = Y_2$$
$$-0.10X_1 - 0.18X_2 + 0.77X_3 = Y_3$$

これらの式が産出額と最終需要額の関係を表すことになる。また前頁の表より，それぞれの部門の付加価値係数は，0.6, 0.39, 0.66 となるから，このとき国内総生産は

$$0.6X_1 + 0.39X_2 + 0.66X_3$$

となり，これは $Y_1 + Y_2 + Y_3$ に一致する。

ところで上の関数を X_1, X_2, X_3 に関する連立方程式と見て解くと，

$$X_1 = 1.2417Y_1 + 0.0618Y_2 + 0.0089Y_3$$
$$X_2 = 0.3400Y_1 + 1.7591Y_2 + 0.2513Y_3$$

$$X_3 = 0.2338Y_1 + 0.4193Y_2 + 1.3707Y_3$$

となる．これはそれぞれの部門の最終需要を 1 単位増やすのに，中間投入を含めて 3 つの部門の産出をどれだけ増やさねばならないかを示している．この係数を並べたものを**逆行列表**という．

逆行列表

	一 次	二 次	三 次
一 次	1.2417	0.0618	0.0089
二 次	0.3400	1.7591	0.2513
三 次	0.2338	0.4193	1.3707

したがってたとえば第二次産業の最終需要が輸出の増加によって 1 兆円増大したとすると，一次，二次，三次産業の産出高はそれぞれ，618億円，1兆7,591億円，4,193億円増加することになる．そしてそれぞれの部門で付加価値が

$$618 \times 0.6 = 371 \quad (億円)$$
$$17{,}591 \times 0.39 = 6{,}861 \quad (億円)$$
$$4{,}193 \times 0.66 = 2{,}768 \quad (億円)$$

だけ増加し，合計 1 兆円となる．

ただしこの計算においては，各部門の付加価値，したがって所得が増加することによって生ずる派生需要については考慮されていないことに注意する必要がある．

このような分析法は，経済に起こる何らかの現象がいろいろな産業分野にどのように波及するかを知るために，用いることができる．

7.5　国民所得の分配

国民経済計算における生産と支出のほか，もう一つの要素は**所得**である．すなわち

　　国民総生産 ― 資本減耗 ＝ 国民所得

となり，これがすべての国民の生活を維持し，あるいは経済活動を行うための原資となる。

■ 所得の分類

　国民所得は基本的に個人に分配されるもの，企業が留保するもの，政府が直接取得するものの3つに分かれる。個人の所得には，労働の報酬と考えられる雇用者所得と，資産保有から生ずる財産所得，個人企業の企業主の得る個人業主所得がある。雇用者所得には通常の賃金や俸給のほか，ボーナスあるいは法人企業経営者の得る経営者報酬も含まれる。

　財産所得には預金や保有する債券に対する利子，株式に対する配当，および所有する土地の地代（帰属地代），家屋の家賃（帰属家賃）などである。また前章で述べたように，個人業主所得は農林業や小売商業，サービス業などで生ずるものが多い。

　企業の利得は配当や取締役賞与として分配されるもののほか，準備金として蓄積される。それが**企業留保**といわれる部分である。

　政府の収入の中で**直接税**の部分は，いったん個人や企業に配分された所得から再配分と見なされるので，第一義的な所得分配の中には入れられない。それに対して**間接税**分は直接国民所得の一部を構成すると考えられるが，それ自体はいかなるサービス生産に対応するものでなく，単に価格を引き上げるだけと考えられるので，間接税を含んだ国民所得を市場価格表示による国民所得といい，間接税分を除いたものを要素費用表示の国民所得という。

■ 国民所得の分配

　国民所得の中での雇用者所得の比率を**分配率**ということがある。それは国民所得の中で労働に対する報酬として分配される部分を表していると考えられるからである。しかし国民経済計算における雇用者所得の中には，経営者の報酬なども含まれるので，賃金に当たるものだけではないことに注意すべきである。

また一度国民所得が分配された後，経済主体間での移転が行われることがある。特に重要なのは政府と個人（家計），企業間の移転である。直接税は個人や企業から政府への移転である。逆に社会保障の給付などは政府から個人への移転である（社会保障については年金や生活保護費などの直接的な所得移転と医者などのサービスの提供などの現物給付による移転がある）。

また公的な健康保険，雇用保険や年金などは，加入者の積み立てた資金にもとづいて給付される建前であるが，それは多くの場合強制加入であり，また企業の拠出分や政府予算からの投入も含まれるので，事実上所得の移転を意味する部分が含まれることになる。いろいろな形での移転によって，人々の実際に自由にできる所得は最初の分配額より変化する。このようなことを政府による所得の再分配という（前章6.4参照）。

7.2で派生需要は国民所得によって決まると述べたが，実際には国民所得は上記のようにいろいろな形に分配されるので，需要は分配のされ方によっても影響されることになる。一般的に再分配後の所得の分配の不平等が小さいほど消費需要は多くなると考えられる。

7.6　国富と資産

■ 有形・無形のストック

国全体のストックは**国富**と呼ばれる。国富には土地などの自然資源，機械，設備，装置などの生産設備，住宅や建築物，原料や製品などの在庫がある。また自動車や耐久消費財も含まれる。これらは企業，個人（家計と呼ばれることが多い），政府（地方公共団体を含む）によって所有される。

個人や企業，あるいは政府の所有する資産にはこのような有形のストックのほかに無形の施設権など，さらに**金融資産**がある。金融資産は原則として**債権**を表すものであるから，一方の資産は他方の負債となるので，全体としては打ち消し合うことになる。金融資産を考えるときは，企業を金融機関と

非金融企業に分けねばならない。個人や企業の預金等は，個人や企業にとっては資産であるが，金融機関にとっては負債となるからである。国全体として見るときは，外国に対する債権から債務を引いたものが，純資産（マイナスはいわば純負債）と考えられる。

ただし，ここで**株式**は特別である。株式は会社の資本金を表すものであるから，負債ではない。しかし資本金は会社の実質的なストック，機械設備，建物等々に変えられているから，そのようなストックを一度資産として計上すれば，それ以上に株式が実質的な資産として存在するわけではない。しかししばしば株式の価格総額は会社の所有するストックの総価格から大きく離れることがある。この場合，株式総額は会社という組織全体の価値を反映するものであって，それ自体資産としての実質的な意味を持つと考えることもできるので，他の金融資産とは別個に扱われる。

■ キャピタルゲインとキャピタルロス

ストックは資本形成によって増加し，減耗によって減少する。すなわち

$$\text{国富の増加} = \text{総資本形成} - \text{資本減耗}$$
$$= \text{純投資} - \text{貯蓄}$$

である。しかしストックの価格は，その実質的な内容が変わらなくても価格変化によって変わることがある。すなわち

$$\text{国富額の増加（または減少）}$$
$$= \text{実質総投資} + \text{価格変化分}$$

であり，第2項はキャピタルゲイン，またはキャピタルロスと呼ばれるものであって，それが生ずるのは主として土地や家屋などの不動産と株式についてである。大きなキャピタルゲインが生ずるような資産価格の高騰は前述のようにバブルと呼ばれる。それはまたやがて逆方向に動いて今度は多額のキャピタルロスを生ずることになる。それが「バブルの崩壊」といわれる現象である。

キャピタルゲインやキャピタルロスは経済の実質的な変化を表すものでは

7.6 国富と資産

ないから，**フロー計算**を主体とする国民経済計算には影響しないと考えられるが，しかし多額のキャピタルゲインを得た家計や企業は，価格の上がった資産を売れば多額の現金を手に入れることができるし，そうでなくても所有する資産額が増加したと考えられるから，消費支出や投資額を増大させるであろう。そうすると財やサービスに対する有効需要を増大させることになる。すなわちバブルによって現実の経済も需要が増加し，成長率を高める効果が生まれる。

逆に大きなキャピタルロスが生ずれば，多くの個人や企業の資産額は減少し，一部のものは負債の額が資産額より大きくなって，いわゆる債務超過に陥り，甚だしい場合には破産あるいは倒産してしまうであろう。そうするとそのような家計や企業の消費支出や投資は減り，全体としての需要が減少して，経済成長率を下げることになる。

このような資産価格の変動がフローの需要に与える影響を**資産効果**という。

8

経済循環

　市場経済においては全般的に取引が活発に行われ，生産や消費そして投資が伸びる時期とその逆の時期がある。経済活動が活発に行われるときは景気がよい，そうでないときは景気が悪い，といわれ，市場経済においてはこのような時期が交互に現れるのが普通である。このようなことはどうして起こるのであろうか。

8.1 景気の周期的変動

　国民総生産の成長率は決して一定ではなく，いろいろな形で**変動**している。成長率が高い時期と低い時期，ときにはマイナスになったりするときがある。

　その変動にはいろいろな周期があり，比較的短期，大体2～3年で上がったり下がったりするものから10年程度の周期を持つ変動，さらにはもっと長く50年以上の周期で比較的成長率の高い時期と低い時期とが**交替**するものとがある。

　経済成長率が高い時期には，単に国民総生産の増加率が高いというだけでなく，いろいろな分野での経済活動が活発になり，企業の利潤は増し，雇用が増えて，賃金も上昇する。このような時期は一般に**景気がよい**，あるいは**好況**といわれる。逆に成長率が低く，あるいはマイナスになったりすると，経済活動は不活発になり，企業の利益は減り，一部の企業は損失を出し，ついには倒産してしまう。雇用が減って失業者が増加する。このような時期は景気が悪い，あるいは不況であるといわれる。

　近代になって資本主義経済が成立してから，**好況期**と**不況期**が交替して周期的に変動する動きが見られるようになった。このような変動がなぜ起こるのかについては古くからいろいろな学説が唱えられた。

　景気が変動する原因には2つの種類のものが考えられる。一つは経済システムに対して外から起こるものであり，もう一つは経済システムそれ自体から生ずるものである。前者を**外生的原因**，後者を**内生的原因**という。

■ 景気変動の外生的原因

（1）　自然的原因

　外生的原因としては，自然的原因と，政治などによる経済以外の社会的原因が考えられる。自然的原因としては，気候の変化が農業生産に大きな影響を与えることがその例である。

このことは近代以前の社会では大きな意味を持った。たとえば日本では17世紀には米の生産が大きく増加し人口も増えたが,18世紀になるとたびたび飢饉が起こり,人口の伸びも止まった。このことの少なくとも一つの原因は,17世紀には比較的温暖であった日本の気候が18世紀には寒冷化したために,特に東北日本において冷害のために米の収穫が著しく落ちることが多くなったからといわれている。

しかし現代では農業生産の国民総生産に占める比率は著しく低下し,また農業技術が向上して気候変化に対する抵抗力も強くなったので,**気候変動**が経済に及ぼす影響は小さくなった。また自然的原因としてはまた自然災害がある。地震,噴火,暴風,水害などであるが,中でも大地震は大きな被害をもたらし,経済に影響を及ぼすことがある。1923年の関東大震災は首都圏に10万以上の死者と,莫大な建築物,家屋の損壊などの被害を生じ,その後の日本経済に大きく影響した。

（2） 社会的原因

自然的原因よりも大きな影響を及ぼすのは社会的原因である。現代では最大の影響を及ぼすのは**戦争**である。20世紀前半に起こった2つの世界大戦は,全世界にわたって膨大な人命の損失と物的被害をもたらした。日本も第二次大戦においては大きな被害を受け,人命の損失のみならず,多くの資本設備が破壊され,社会システムが混乱して,国民総生産は大きく減少した。

戦争は結果的には,大きな破壊によって経済にマイナスの影響を及ぼすことは疑いないが,短期的には経済を活発にし好況をもたらすことがあるのも事実である。つまり兵器や軍隊用の被服などの需要や,軍事施設の建設が大きな外生的需要となり,また多くの人々が軍隊や軍に関連した組織に動員されるために失業が減って,実際に戦争の被害が重なって生産が減ってくるまでは国民総生産は増加することが少なくないのである。特に大きな戦争が行われるとき,中立であった国や,直接戦争に参加することが少なかった国では,主として戦っている国々からの需要を満たし,またそのような国々の生産能力が主として軍事的目的に向けられてしまったために生じた世界市場の供

給の低下を補うために，輸出が大きく伸びて，好況になることがある。第一次世界大戦中には連合国側に立って参戦しながら現実に戦争に参加することの少なかった日本は，輸出が大いに伸びて経済は大きく成長したのであった。

また**革命**や**内乱**などで，国内の社会秩序が大きく乱れると，経済活動にも影響して生産が落ちることになる。実は何らかの理由によって経済成長がマイナスになると，国民の所得が減り生活が悪化して国民の不満が高まり，社会紛争が起こることが少なくない。そうして社会紛争が激しくなって秩序が乱れると，経済活動が阻害されて状態は一層悪化するという悪循環が起こることになる。

しかし普通，戦争や政治的紛争などは，経済にとっては外生的要因，つまり偶然的な要因として扱われ，経済学においてはあまり立ち入った分析がなされることはない。しかし大戦争や革命といえるような大きな社会紛争は，単に経済の発展やあるいは衰退に大きな影響を及ぼすだけでなく，経済の基本的な枠組みをも変えてしまうものである。

現在の日本経済の基本的な構造は敗戦後できあがったもので，戦前の日本経済とは多くの点で異なった性格を持っている。それは戦争によって多くの施設や財が破壊され，人命が失われ，社会が混乱して，経済活動が大きく低下した後，戦後の民主化によっていろいろな改革が行われて，新たな社会的枠組みの中で発展したものであった。だから戦争というものを単に一時的に経済の正常な発達を攪乱した偶然的な事件と考えて，戦争が終わればまた経済はもとの「正常な」状態にもどると考えることはできない。

(3) 外生的原因と経済との相互関連

より重要な問題は，**経済的な条件**が革命や戦争などを引き起こす原因となるのではないかということである。つまり経済が混乱，多くの人々の生活が困難になれば，人々は社会的な変化を求めるようになるであろう。それがさらに限度に達すれば，政治的変革を求めて立ち上がるかもしれない。またある国が経済的困難に直面したとき，その国の支配者は問題を，外国に侵略したり，外国から資源を奪ったりすることによって解決しようとするかもし

れない。そのことは戦争を引き起こすことになる。

　歴史上，生活に困窮した人々が暴動を起こし，そのことが王朝が亡んだり，政治体制が変わったりするきっかけとなった例は少なくない。また有力な国が弱い国を侵略したり征服したりして植民地とし，そこから大きな経済的利益を得た場合もある。またそのような植民地の獲得をめぐって強い国々が互いに争奪戦を行うこともあった。

　日本でも1930年代に，世界大不況の影響も受けて経済が困難に陥ったとき「日本は人口が多いのに国土は狭く資源に乏しいから貧しいのだ」として「アジア大陸への進出」の必要性がいわれ，結局中国への侵略，さらには太平洋戦争へと向かうことになったのであった。

　経済学では革命や戦争は**政治**の問題であり経済の問題ではないとして，直接には扱わないが，注意しなければならないのは経済が経済だけの論理で，つまり外生的な条件と無関係に理解できるのは，一定の範囲内においてであり，それを越えると経済を理解するにも外生的な条件を考慮することがどうしても必要になるということである。また経済は外生的な，たとえば政治的な条件の変化によって一方的に影響されるのではなく，経済も政治に影響するということである。したがって長期的な視点から歴史を見るときは，政治と経済とを総合的に考えることが必要である。

■ 景気変動の内生的原因

　経済はある程度まではそれ自身の論理によって動くことも確かである。つまり内生的条件によっても自律的に変動するのである。

（1）　人口の影響

　経済の変化をもたらす一つの重要な条件として人口がある。人口についてかつてマルサスは「人口は生活資糧が許す限り増加しようとする傾向がある」と主張して，人口増加が1人当たりの所得を長期にわたって持続的に引き上げることを不可能にすると主張した。19世紀の経済学者は，人々の生活に余裕が生ずれば子供がたくさん生まれて人口が増加し，そして人口が増加する

と労働供給が増えるので賃金は下がり，そのことにより生活条件が悪化して人口は減り，均衡が達成されると考えた。しかし実際には，特に先進国では1人当たり所得は大きく伸びたが，人口増加率はかえって下がった。最近ではすべての先進国では，1人当たり所得はきわめて高い水準に達する一方，出生率が大きく低下して，人口はむしろ減少する傾向にある。それとともに医療や衛生状態が改善されて寿命が伸び，人口の高齢化が進んでいる。

現在では非常に貧しい国では，経済条件が悪くなると，人々の生活状態が一層悪化して死亡率が上昇することがあるが，一定水準以上の国では出生率や死亡率の変動は，経済状態とは直接関係はないように見える。そこで現在の経済学では人口の変化は，経済にとって外生的な条件として扱われている。

しかし人口は外生的であるとしても，経済にとって重要な条件である。それは国民総生産＝国民総支出の**供給**と**需要**の両面に影響する。すなわち供給の側から見れば人口は労働力としてもっとも重要な生産要素である。人口，特にその中の若い労働力人口が多いことは経済の発展にとって有利な条件である。戦後の日本の高度成長期には，戦後植民地や海外から引き上げた人々や，戦争直後出生率が非常に高くなった時期に生まれた人々が労働力となって，高度成長を達成する一つの要因となった。今後は出生率の低下と高齢化によって労働力人口の減少が心配されている。

需要面では人口は消費者として消費支出の主体となる。このことはマルサスのような考え方では食料や生活資料の不足をもたらす原因と見なされているが，しかし供給側に制約がなければ，それはむしろ需要を生み出す基本的な要因と見なすべきである。

（2）企業の投資活動

外生的な条件のほかに，経済変動をもたらすもっとも有力な内生的な要因は**投資**である。投資が活発に行われて資本が増加するときには，一方では機械や設備，あるいは建物などの資本財や建設に対する需要が増加して，国民経済全体としての需要を増大させる。同時に生産要素としての資本が増加すれば，供給力が増加する。投資が活発に行われることは，経済成長が持続す

るための基本的条件である。

　重要なことは投資が行われてから，現実に供給力が増加するまでには時間がかかることである。すなわち一定期間は財や労働が資本設備や建物などの建設のために需要されるが，新しい設備はまだ使うことができないので，供給は増加しない。この期間を**資本の懐妊期間**ということがある。この期間が過ぎて新しい設備が動かせるようになると，供給は増加する。しかし資本設備の建設が完了したときには資本財や建設労働への需要はなくなってしまう。したがって資本の懐妊期間中は全体として見れば需要が供給を越える傾向が生じ，資本設備の完成後の供給が需要を越える傾向が生まれる。

　しかし機械などの資本設備や建物なども一定期間が経つと老朽化して，生産の目的に使うことができなくなったり，性能が悪くなって生産効率が悪くなるので，新しいものと取り替える必要が生じ，新しい投資が行われるようになる。また老朽化しなくても，技術が発達して，新しいより効率的な機械や設備などが導入されると，古い設備は生産コストが高いので事実上使えなくなる。これを**資本の陳腐化**という。

　資本設備がそれぞれ一定の寿命を持ち，またその建設にある程度の期間を要することから，企業の投資活動はある**周期**を持って行われることになる。いろいろな産業における多くの企業の投資の周期はばらばらであるから，経済全体として見れば，一定の周期は見られないであろうと考えられるかもしれない。しかし多くの産業は関連し合っているので，一つの有力な産業で投資が活発に行われるようになれば，それと関連する産業，たとえばその産業に原材料や中間製品あるいは機械などを供給する産業でも需要が多くなることを予想して投資が行われるであろう。また建設などの雇用が増えて所得が増すことから派生需要も生ずる。

　したがって現実に投資活動の周期的変化によって周期的な景気変動が生ずると考えられる。このような変動の周期は普通10年程度と考えられている。

（3）　需要供給バランスの変化

　もっと**短期的**な変動は，一時的な需要供給のバランスの変化によって起こ

る。あるとき，たまたまある財の需要が増加したとすると，その価格が上昇するであろう。そうするとやがて生産が増え，供給が増加して均衡に達するであろう。しかし生産はしばらく高い水準にあると，やがて供給が需要を越えるようになり，供給は低下し始めるであろう。そうすると，それに応じてやがて生産が低下し供給が減少するであろう。

しかし現実にはこのような供給と重要のギャップが生じたとき，それは直ちに価格の変化をもたらすことなく，むしろ企業の持っている在庫の増減によって調整されることが多いであろう。すなわち供給が過剰になれば在庫が増え，供給が不足しているときには在庫が減るであろう。そうなると企業は在庫が増せば生産を減らし，在庫が増えれば生産を減らすであろう。それによって供給を需要に合わせて調整しようとするであろう。

このようなことから企業の生産量は設備が変わらないままでも，生産量は変化する。現実に在庫の変動に応じて2～3年の周期で循環的変動が起こることが多いと考えられている。

■ 雇用の変動

景気変動の中で，生産量の変動だけでなく利用される労働の量，したがって**雇用**も変動する。好景気の場合には，より多くの労働が必要となるので，より多くの人々が雇用されるであろう。失業は減り，また賃金も上がるので，これまで働いていなかった人々の一部も働くようになって雇用は増加するであろう。これに対して景気が悪くなって，生産が下がると必要な労働量も減少し，一部の人々は職を失って失業が増すであろう。そして景気の循環に応じて雇用量，あるいは失業率も増減することになる。

ただし短期的な，それほど大きくない変動の中では，雇用される労働者の数はすぐには変動しないで，むしろ労働時間によって調整されることが多い。すなわち生産を増加しなければならない場合でも，企業はすぐにより多くの労働者を雇うのではなく，むしろ同じ労働者を残業などの形により長時間働かせることによって生産を増そうとするであろう。労働者もそれによって時

8.1 景気の周期的変動

間外割増賃金などの形でより多くの収入を得ることになる。逆に生産を減らす場合でも，労働者を解雇することには抵抗が多いから，むしろ労働時間を減らし，あるいはパートタイマーや短期的に雇用される臨時労働者を減らすことによって労働量を減らそうとするであろう。

経済が2～3年の短期的，あるいは10年程度の中期的な周期で景気変動を繰り返すことは，市場経済においてはむしろ正常なことと考えられている。

■ 景気変動の長期的変動

さらに経済にはより長い50年程度の周期の長期的な変動もある。つまりある程度の長さの間，景気循環はあっても，景気のよい期間が長く続きその成長率は高く，景気の悪い期間は短くその間成長率があまり下がらないような時期と，逆に景気のよい期間が短くて成長率もあまり高くならず，景気の悪い期間が長く続くような時期とがある。このような長期的な変動は**コンドラチェフの波動**と呼ばれることがある（コンドラチェフは1920年代にこのような現象を発見した旧ソ連の学者の名前である）。

このような波動は**技術革新**の動きと結び付けて理解されることが多い。つまり新しい技術が開発されて，新しい製品や新しい生産方法が導入され，それが大規模に応用されて，新しい産業分野が発展する場合には，景気のよい時期が続き，逆に新しい技術があまり現れず，これまでの製品の需要も一応満たされてしまったような時期には不況の時期が長くなる。産業革命以後このような大きな波動が何回かあったといわれている。

第二次大戦後，それまでに行われた発明や発見にもとづいて，電気機械，石油化学，航空機，原子力などの技術が開発され，それらの製品が大規模に生産されて，新しい製造業が世界的に発展した。そして1950年代から1973年のオイルショックまでの時期は，世界的な好況の時代であった。日本経済の高度成長もこの時期に行われた。日本経済の成長率はこの間他の国々よりはるかに高かったが，この間世界全体が好況期であったことに注意しなければならない。

これに対して1973年に起こったいわゆるオイル・ショックをきっかけとし

て，世界経済はむしろ不況期に入った。オイル・ショックは第二次大戦後，先進国が主要な**エネルギー源**を石炭から石油に切り替えたことによって，石油に対する需要が増加したのに対して，供給量には限界があることを前提として，石油産出国が連合して原油価格を一挙に大きく引き上げたことから起こったのであった。それによって日本をはじめ大量の石油を輸入していた国々は大きな打撃を受けた。そのことがきっかけとなって，世界全体で成長率は低下した。

　1975年から1990年代初めまでは，多くの国々の経済にいろいろな問題が生じ，政府の財政赤字が増加し，失業率は高まった。それにはいろいろな原因があるが，大まかに見れば，新しい産業が大きく発展することがなかったことが，その根本的な原因と考えられる。しかし他方この間コンピュータや情報通信など，いわゆる情報技術は大きく進歩し，またそれは急速に普及してきた。その結果としてもう一度新しい技術革新の大きな動きが起こり，新しい産業が発展して，1990年代末から世界が再び長期的な好況期に入るであろうか。その可能性はあるが，しかしまだ明確なことはいえない。

8.2　景気の極端な変動

　経済が一定の幅と周期で景気循環を繰り返すことは，いわば正常なことと考えてもよい。人々は景気がよくなることを望むのは当然であるから，景気が悪いときには政府が景気をよくするような政策を実行することを，景気がよいときにはそれを永く続くような政策をとることを要求するが，経済はきわめて複雑で，絶えず動いているものであるから，そこにある程度の変動があり，一時的な好・不況の波が起こることは当然で，それを完全に抑え込んで安定的な状態を続けさせようとすることは不可能であり，またそのようなことを無理に実現しようとすると，結局かえって大きな破綻を招くことになりかねない。

8.2 景気の極端な変動

しかしながら経済変動が一定の限界を越えて不安定になると，破滅的な状況に陥ってしまう可能性がある。そのような場合として前章でふれた**ハイパーインフレーションとデフレーション不況**がある。

■ ハイパーインフレーションとその対策

前章でも述べたがハイパーインフレーションとは，供給が全体的に需要に対して不足する結果，すべての物価が上がり，そうして物価がますます上がることを人々が予想するために，人々はできるだけ早く買おうとして，ますます需要が増えて価格上昇が加速されるという状況である。このような状況がひどくなると，人々はもはや貨幣を信用しなくなり，ついには売り手も貨幣で物を売ろうとしなくなってしまう。そうすると貨幣経済そのものが成り立たなくなってしまい，生産は減少し，流通は混乱して，供給は一層減少し，経済は大混乱に陥ってしまう。このようなことが実際第一次大戦後のドイツで起こり，また第二次大戦後，中南米の国々でも起こった。日本でも戦争直後にはほとんどこれに近いことが起こった。

このような状況の下では，市場そのものの機能が失われてしまうから，経済は自然に回復することができない。政府は過剰な需要を抑え，生産をできるだけ回復して，最小限の必要な物資の供給を確保し，そして通貨改革を行って貨幣に対する信用を回復しなければならない。新通貨を発行して，その発行額を厳しく抑えるとともに，旧通貨から新通貨への交換も制限して，旧通貨の一部を事実上切り捨てることはその中の必要な部分である。またこの際，基本的に重要な財，たとえば主食や燃料などについては割当制や配給制によって最低限の供給を確保することも必要になる。

このようなハイパーインフレーションは戦争や大きな社会的紛争，あるいは大災害などによって生産が大きく低下したときに起こりやすい。このような場合，人々はこれまでの生活に慣れていて消費需要が下げられないのみならず，過去の貯蓄が，それに対応する資産ストックが破壊されてなくなってしまったにもかかわらず残っていて，購買力を作り出しているからである。

このような場合には政府が強力な政策を実行しなければならないが、逆にこのような場合、特に敗戦後などは政府の力も失われてしまっているので、経済は混乱に陥ってしまい、政府が統制を実施してもそれに違反するいわゆる「闇経済」がはびこることも多い。

■ デフレーション不況とその対策

ハイパーインフレーションとは逆に、供給に対して需要が不足するのがデフレーションである。一般に需要が不足すれば価格が下がり、それとともに需要が増す一方、供給が減れば均衡が回復されるが、何らかの理由で大きく需要が不足すると価格が著しく低下したり、あるいは大量の生産物が売れずに残って企業が損失を生ずることになる。

そうすると企業は雇用を減らし、一部の従業員を解雇しなければならなくなる。失業が増加し、また雇用されている人々の賃金も低下する。利潤から得られる経営者の収入や配当も減る。そこで一般に所得が減るので、消費需要が減少する。企業も利益が少なくなるので新しい投資をしなくなる。そこで全体としてますます需要が減少することになる。

政府の税収も減るので、財政の収支をバランスさせようとすると支出も減らさなければならないことになる。そこで政府の需要も減少する。需要が一層減るので価格はますます下がり、ついには膨大な失業者が生まれて、街を浮浪し、企業の機械設備は使われずに朽ち、農民や小商人なども生産物や商品を売ることができず収入がなくなってしまって困窮する。これがデフレーション大不況であり、1930年代に世界中に起こったことであった。

このような場合には政府が強力な政策によって外生的に需要を作り出さなければ、景気は自然には回復しないと考えられる。ケインズの経済学はそのような政策が必要であることを理論的に証明するために作られたものであった。実際面でもフランクリン・ルーズベルトによって行われたニューディール政策は、政府が強力に経済に介入して、労働者や農民の所得を引き上げ、雇用を作り出そうとしたものであった。一方、ヒトラーは軍備の拡張とアウ

トバーンなどの公共事業によって雇用を増し、失業者を大きく減らすことができた。しかしその間に国際関係の緊張が高まり、各国の経済は第二次大戦が近づくにつれて戦争準備、軍備拡張のための支出が増大するようになって回復した。

第二次大戦後、再び資本主義経済は深刻な不況に陥るのではないかと心配されたので、政府は経済が不況に陥る前に、需要を作り出す政策を取らなければならないといわれたが、実際には戦後1970年頃までは、先進資本主義国の経済は小さい変動はあっても、好況が続いた。それは、それまでに発明された新しい製品、電気機械、石油化学製品、あるいは自動車などが広く普及し始めて、その生産が大きく伸びたからであった。生産財部門やあるいは原子力などの分野でも新しい産業や技術が生まれて、コンドラチェフの波の新しい上昇局面が現れたのである。

また第二次大戦が終わっても、すぐにいわゆる冷戦が始まり、アメリカを中心とする自由主義陣営と、ソビエト連邦および中国を中心とする社会主義陣営との対立が続いたために、強大な軍事力が維持され、大きな軍事費の支出が続いた。また第二次大戦中から、先進諸国は政府が病気や失業などに対して国民の生活を保障する、いわゆる社会保障政策を採用するようになり、その面での政府支出も増大したので、事実上政策は大きな需要を作り出すようになったので、経済が深刻な需要不足に陥ることはなかったのである。

■ バブル崩壊とその影響

(1) バブルの発生と崩壊

経済を不安定化させるもう一つの現象は「バブル」である。バブルとは先に述べたように土地や株式などの資産の価格が急激に上昇して大きなキャピタルゲインが生ずることをいうが、いったんバブルが生ずると、投機的な期待によって資産を買おうとする人が増えて、ますますその価格が上がるばかりでなく、たとえば企業が土地を持っている場合、その価格が上がると企業の資産が増加したように見えるので、その株も上昇することになる。そうす

ると，その企業の株を所有している他の企業や金融機関の資産も増加することになるので，その株の価格も上がって，株価の上昇が加速化される。そうしてバブルが発達するとそれはまた金融資産を持つ個人や企業の支出を増加させる効果を持つので，経済全般が好況になる。

しかし金融資産の価格があるところまで上昇すると，価格が高すぎるのではないかという反応が生まれてくる。たとえば土地価格があまり高くなってしまうと，その土地を買っても実際に家や事務所，店舗などを建てて利用しようという人もいなくなってしまうであろう。そうして一度資産価格が下がり始めると，投機的に資産を買っていた人々は，それが下がってしまうまでに売ってしまおうとして，売り手が増えるので価格は急速に下がり始めることになる。そうするとまた投機的に土地などを持っていた企業の資産価格が下がるので，その企業の株は下がる。こうして逆の加速が生じ，価格は一気に下がってしまう。それがバブルの崩壊である。そうすると財やサービスに対する需要も減り，経済は不況になる。

（2） 金融機関への打撃

バブルの発生と崩壊は，実質的なストックには直接には影響しないはずである。したがって資産の価格が大きく上がった後，またもとの水準にまで下がってしまったとしても，実質的には単に元に戻っただけで実質的な変化はないはずであると考えられるかもしれない。しかし実際にはそれによって経済が大きく混乱することが多い。

それは投機に失敗した個人や企業が破産したり，倒産したりするだけでなく，大きな企業が倒産したり，借金が返済不能になったりすると，貸し手であった金融機関が損失を被ることになり，それが巨額になると金融機関が倒産してしまう。金融機関が倒産すると，その金融機関が預かっていた預金が払い戻されなくなってしまう。

そこで特定の金融機関が倒産する危険があるということがいわれると，預金者が預金の払戻しを求めて殺到することになる。しかし金融機関は通常預金全部に対応する準備を現金として持っているわけではないから，預金の払

戻し請求が一度に行われると支払い不能になってしまう。これを**取り付け**ということがある。このようなことが起こると金融界が混乱してしまい，極端な場合には金融システムが現実に機能しなくなってしまう。これが**金融恐慌**と呼ばれる現象である。

現在では政府や中央銀行はこのような混乱を避けるために，預金の支払いを保証するシステムを作り，また支払い困難に陥った銀行に緊急に資金援助を行ったりしているが，それは大きな財政負担をもたらすことになる。

金融業界において，銀行は相互に密接な取引関係を結んでいるので，一部の銀行が支払い不能に陥ったり倒産したりすると，全体に波及して大きな混乱が生ずる。そうすると金融による資金供給が円滑に行われなくなり，一部の預金者や債券の所有者は貯蓄を失ったりする一方，企業は必要な資金を借りることができなくなって，経済界全体に大きな影響が及ぶことになる。そうして経済全体が不況に陥ってしまう危険がある。

1929年，アメリカで株式の暴落から起こった金融恐慌は，1930年代の世界大不況のきっかけとなった。1980年代末に日本で起こったバブルは1990年代に入ると崩壊し，多くの金融機関が貸し出した資金が回収されなくなったり，回収する見込みがなくなったりして，いわゆる**不良債権**となった。そうすると金融機関は経営が悪化して資金の貸出しが自由にできなくなり，いわゆる貸し渋りということが起こって企業が必要な資金を借りることが困難になって経済状況を悪化させた。多くの企業や金融機関が経営困難に陥って，1990年代には長い不況が続くこととなったのである。

8.3 現在の経済状況と経済政策の役割

1990年代に入って，ソビエト連邦が崩壊し冷戦が終わった。政治的には社会主義を続けている中国も改革開放政策を採用して，市場経済化が急速に進んでいる。世界全体にわたって市場経済化，市場開放が進められている。

1980年代末まで，アメリカは「双子の赤字」といわれた貿易の赤字と政府財政の赤字が累積し，成長率も低く，失業率は高く，経済は困難な状況に直面していたが，1990年代に入ると冷戦の終結とともに軍事的負担が軽くなり，また情報技術の大きな進歩を世界に先駆けて取り入れて，経済活動は活発になり，政府赤字は減少し，失業率は下がって，好況が続いている。これに対して社会主義体制崩壊後のロシアや東ヨーロッパ諸国では，経済の混乱が続いている。他方東アジアや東南アジアでは，急速な工業化とともに高い成長率を記録する国々も多くなった。その一方，日本ではバブル崩壊後の不良債権問題による金融システムの混乱から，長期にわたって不況が続いている。

　21世紀に入って，情報技術の発達と普及により新たな技術革新の時代が始まっている。それによって世界経済は再び長期的なコンドラチェフの波の上昇局面に入っているという説もある。

　注意すべきことは情報技術の普及いわゆる情報化によって，世界各国の経済的な結び付きが一層強まり，いわゆるグローバル化が進みつつあることである。このことは一国の経済のあり方が他の国の経済によって影響されることが大きくなることを意味する。そのことは必ずしも世界各国の経済の好況，不況の変化が同じになることではない。ある国の経済が好調であることがかえって，他の国にはマイナスの影響を及ぼすことがあり得るからである。

　しかしいずれにしても一国のマクロ経済をその国だけの問題として考えることはできないような状況が生まれている。その意味では一国の経済をその国の政府だけの経済政策によって運営することには限度があることがあきらかとなっている。したがって経済政策についても国際的協調が必要となる。先進国財政担当相会議いわゆるＧ７などはそのための会合である。しかし世界経済の望ましいあり方について各国の利益は必ずしも一致するとは限らないから，世界全体としての適切なマクロ経済政策を実行することは困難であるといわねばならない。

9

成長と発展

　現在世界には貧しい国と豊かな国があり，その間にはきわめて大きな格差がある。しかし，いま豊かな国も最初から豊かであったわけではない。豊かな国々はどうして豊かになったのであろうか。また貧しい国々はどうしたら豊かになれるであろうか。それが経済の成長と発展の問題である。

9.1 経済成長の格差

■ 豊かな国・貧しい国

世界には多くの国があり，21世紀初めには60億を越える人々が生活している。

世界の人々の生活には大きな違い，差がある。各国の生活習慣や，自然環境には大きな変化があるので，直接比較するのは困難な面もあるが，人々の生活の水準に大きな差，いわゆる貧富の大きな**格差**があることは明白である。各国の1人当たり国民総生産をドルに換算すると，もっとも豊かな国々では年40,000ドル近いのに対して，もっとも貧しい国々では年400ドル以下の国もある。その差は100対1以上という大きさである。豊かな国々にも貧しい国々にも，それぞれの中でさらに金持ちの人々と貧しい人々がいることを考えると，もっとも豊かな人々ともっとも貧しい人々との間の差は，極端に大きいといってもよい。

特別に例外的な，たとえば国王や貴族・大資本家を除いても，世界の先進国といわれるアメリカ，カナダ，日本，西ヨーロッパ，北ヨーロッパ，オセアニアなどの中流以上の人々の中には年10万ドルの所得を得ている人が多数いるのに対し，貧しい国々では戦争や自然災害などの特別な災害に遭うようなことがなくても年1人当たり200ドル以下の所得しかないような人々が何億もいるのである。そのようなもっとも貧しい人々は毎日の食べ物も十分取ることができず，まともな住居に住むこともできず，病気になっても医療も受けられない状態である。

■ 格差の比較

ここで豊かな国と貧しい国の所得の格差を，正確にはかることは難しいことに注意しておかねばならない。それぞれの国の通貨で表された1人当たり国民総生産を比較するには，それを共通の単位，普通はアメリカドルに換算

しなければならないが，その換算比率が問題なのである．国際通貨市場での交換レートは必ずしもその国の通貨の真の価値，いわゆる購買力に比例しないし，また短期間にかなり大きく変動するので，交換レートを用いて換算した値は，ときにはその国の人々の経済水準から大きく離れてしまったり，また実体があまり変わらないのにドル換算の値が大きく変動したりすることがある．

(1) 購買力平価

一般に経済水準の低い国ではその国の通貨の信用も低いので，通貨市場ではそれは低く評価されがちであり，交換レートは購買力平価より低くなる傾向がある．したがって交換レートで評価した総生産は，貧しい国においては実際より一層低く表されることになる．このことは国々の間の貧富の格差をより一層拡大して示すことになる．そこでいろいろな国の物価を調べて，それらの国の通貨の購買力を計算し，それを用いて換算した**購買力平価**による表示も用いられることがある．実際購買力平価で計算してみると，もっとも豊かな国々ともっとも貧しい国々との間の1人当たり国民総生産の格差はかなり縮少し，100対1というような値はなくなる．

日本で考えれば，1人当たり年200ドル，つまり3万円より少ない所得では，生きていくことは不可能であるが，世界の多くの国で多数の人々がこのような所得でも生き延びているのは，そのような国では一般にその国の通貨での価格を円に換算してみれば物価がかなり安く，特に生活に最低限必要な物資は安いからである．したがって交換レートを単純に換算すると，貧しい国々の人々の貧しさを誇張することになりやすい．

(2) 正確な比較の難しさ

しかし単純に購買力平価で考えればよいということもできない．そもそも国によって生活資糧や消費構造が違うので，違う国の物価を正確に比較することは困難である．

特に提供される財の質の違いをどのように考慮するか，サービスについてどう計算するかなど，原理的にも解決し難い問題もある．貧しい国では物価

は安くても商品の質がよくないことがしばしばあるし、また賃金が低いことから当然サービスの価格は安くなるが、逆にその国で生産できない輸入品や、特別の訓練を必要とするサービスはきわめて高くなったり、あるいは普通には手に入らないこともある。

購買力平価の計算ではこのような情況をうまく考慮することが難しいために、今度は貧しい国の総生産を過大に評価する傾向も起こる。しかしそれでもその方が交換レートよりも真実に近い値を与えるといってよい。

このような場合に「真の価」を計算することはそもそも不可能であることを認識すべきである。生活の仕方も、自然環境も違う2つの場所での人々の生活を比べて、どちらがどれだけより豊かであるかを厳密に比べることはそもそも不可能である。また一つの国といっても、地域による差、特に都市と地方とでは大きな格差があることも少なくないので、国全体の平均値にどれだけ意味があるかという問題もある。

しかし大まかにいって、現在の世界には大きな貧富の差があることは確かであり、1人当たり国民総生産あるいは所得の差は数十対一という大きさになるであろう。これほど大きな差があるとき、それが厳密にいえば100対1なのか50対1なのかなどということはあまり問題ではないのである。

そこでどうしてこのような差が生じているのか、そして世界にある程度の格差が存在することはやむを得ないとしても、やはりこんな極端な貧富の差があることは望ましいことではないから、どうしたらそれを小さくすることができるのかという問題が生ずる。

9.2 経済成長の構造

現在、日本の1人当たりGDPは、交換レートで評価するとほとんど世界一になっている。購買力平価で評価するとそれは正しくなく、アメリカよりい

くらか低く，多くの西ヨーロッパの国々と同じ程度あるいはそれより若干高い程度であるといわれている。いずれにしても日本が世界でもっとも豊かな国々の一つであることはまちがいない。

しかしいまから半世紀前，敗戦前後の日本はきわめて貧しい国であった。戦争で資本ストックは破壊され，外国からの輸入はできなくなり経済システムは混乱して，生産は落ち，人々の生活は戦前と比べても貧しく悪化した。戦争直後の状態については正確な統計は存在しないが，1950年ごろでも1人当たりGDPは当時のアメリカの10分の1以下であり，世界でも貧しい国々の水準と同じ程度であった。その後50年の間に，日本は1人当たりGDPで多くの国々を追い越し，アメリカに近づくまでになったのである。

どうしてこのような差が起こるのであろうか。それが経済の成長と発展の問題である。

■ 経済成長率の分析

（1）生産関数

前章で述べたように，ある国の特定の年のGDPは

$$\text{国内総生産} = \text{国内総支出}$$

という関係式から決まる。これはまず

$$\text{総供給} = \text{総需要}$$

の関係を表すと考えられることも述べた。ここで右辺が先に決まるか左辺が先に決まるかということはマクロ経済学の問題であるが，長期的に見れば，1930年代の世界大不況のような時期は別として，供給つまり生産能力がその国のGDPの水準を決めることになると考えられる。

ところで生産の水準は，一般にそこに投入される生産要素，つまり労働，資本，自然の量と技術によって決まる。生産関数という形で表せば，総生産Xは労働力L，資本K，自然資源Rおよび技術水準Tの関数として

$$X = f(L, K, R, T)$$

と表すことができるであろう。普通の議論では自然資源Rは生産要素の中に

考えられないことが多い。一つの国について考えるときはそれは変わることはないと考えれば，そのことも一応妥当と考えられるが，しかし多くの国と比較するときにはそれを除くことはできないし，また一つの国についても長期について考えるときには「自然の限界」を考える必要があるので，一般的に入れておくべきである。

ここで労働力 L は基本的には人口，特に一定の年齢範囲にある生産年齢人口と，その中でどれだけの人が労働力として使われるかという労働力率によってきまると考えられ，また資本 K は過去からの蓄積によって与えられる。

自然資源 R はその国にとっては自然から与えられたものであると考えられる。さらに技術水準 T も具体的に数字に表現することは難しいとしても，一定の時点には与えられていると考えれば，上記の生産関数によって，一国の生産力の大きさが客観的に与えられると考えることができるであろう。

（2） 経済成長率の算出

総生産 X が L, K, R, T の関数で表されるとき，X の増加分 ΔX は

$$\Delta X = \frac{\partial f}{\partial L}\Delta L + \frac{\partial f}{\partial K}\Delta K + \frac{\partial f}{\partial R}\Delta R + \frac{\partial f}{\partial T}\Delta T$$

と表される。ここで，$\frac{\partial f}{\partial L}$ は労働投入 L が **1 単位増加**したときの X の**増加分**（すなわち X の L による偏微分係数）であり，$\frac{\partial f}{\partial K}$, $\frac{\partial f}{\partial R}$, $\frac{\partial f}{\partial T}$ も同様である。

ここで

$$\dot{X} = \Delta X/X \qquad \dot{L} = \Delta L/L \qquad \dot{K} = \Delta K/K$$
$$\dot{R} = \Delta R/R \qquad \dot{T} = \Delta T/T$$

と表せば

$$\dot{X} = \beta_L \dot{L} + \beta_K \dot{K} + \beta_R \dot{R} + \beta_T \dot{T}$$

と表すことができる。ただし $\beta_L = \frac{\partial f}{\partial L}\bigg/\frac{X}{L}$ は労働投入 L が **1％増加**したときの X の**増加率**であり，総生産の労働力弾力性係数と呼ばれるものである。β_K, β_R, β_T はそれぞれ資本，自然資源，技術水準についての弾力性係数であ

る。すなわち GDP の成長率は**各生産要素**の成長率と**技術**の成長率の一次式として表すことができる。

ここで技術水準の量的な意味ははっきりしないから，ここで $\beta_T = 1$ とおいてしまうことにしよう。

つまり
$$\dot{X} = \beta_L \dot{L} + \beta_K \dot{K} + \beta_R \dot{R} + \dot{T}$$

ここで，もし技術水準が一定のとき，すべての生産要素が同じ比率で増加するならば，総生産も同じ比率で増加するであろうと考えられることが多い。このことは
$$\beta_L + \beta_K + \beta_R = 1$$
を意味する。またここでさらに自然資源の弾力性係数 β_R を無視すれば
$$\beta_K + \beta_L = 1$$

ここにたとえばそれぞれの係数について
$$\beta_L = 0.6 \qquad \beta_K = 0.4 \qquad \beta_R = 0$$
と仮定し，また
$$\dot{L} = 0.02 \qquad \dot{K} = 0.05 \qquad \dot{T} = 0.01$$
とすれば，
$$\dot{X} = 0.6 \times 0.02 + 0.4 \times 0.05 + 0.01 = 0.042$$
すなわち経済成長率は年4.2％となる。

（3） 成長率における投資の要因

労働力の投入，つまり雇用を増やすにも資本が必要であり，自然資源を保有し，あるいは技術水準を高めるにも投資が必要であると考えれば，GDPの増加を資本の増加と直接結び付けて考えることもできる。すなわち
$$\dot{X} = \gamma_K \dot{K}$$
このような γ_K は資本増加の実質国民総生産に対する効果を表す弾力性係数である（γ はギリシア文字ガンマである）。

そうすると，実は資本の増加すなわち純投資分 ΔK は貯蓄 S に等しいと考えられるから，

$$\dot{X} = \gamma_K \frac{S}{K} = \gamma_K \frac{S}{X} \Big/ \frac{K}{X}$$

と表される。$\frac{S}{X}$ は貯蓄率であり，$\frac{K}{X}$ は平均資本係数と呼ばれる。

そこで，たとえば

$$\frac{S}{X} = 0.1 \qquad \frac{K}{X} = 2 \qquad \gamma_K = 0.8$$

とすれば

$$\dot{X} = 0.8 \times 0.10 \div 2 = 0.04$$

すなわち経済成長率は4％となる。

9.3 経済成長と労働力

■ 開発途上国の労働力

　一国の経済の現実の成長率は，短期的にはもちろん，長期的にも必ずしも上記のような形式的な議論だけでは理解できない場合もある。それにはいろいろな理由がある。

　現在貧しい国々は，開発途上国（developing countries）と呼ばれている。これらの国々は，かつては低開発国（underdeveloped countries）と呼ばれ，もっと前はさらに露骨に後進国（backward countries）といわれていたこともあった。開発途上国という表現は「まだ発展しつつある国々」という意味で，すでに「発展してしまった国々（developed countries）」に対比したいい方であり，ある意味ではそれらの国々の名誉を重んじたいい方であるといえるが，しかしすべての開発途上国が，単にそう呼んだだけで現実に「発展しつつある」国々であるということにはならない。多くの開発途上国にとっては「開発の途上に乗る」ことが第一の問題なのである。

　多くの貧しい国にとって第一の問題が資本不足，あるいは投資不足である

9.3 経済成長と労働力

ことは確かである。すなわち貧しい国々では1人当たりGDPが小さく、したがって所得も低く、貯蓄する余裕もないので貯蓄率S/Xがきわめて低い。そのために成長率Xが小さく、1人当たりGDPを増大させることができないのである。

これは確かに事実であるが、しかし問題はそればかりではない。

（1） 活かされない労働力

開発途上国では、多くの人々が十分な仕事を持つことができない場合が多い。貧しい国ではむしろ完全な失業者、つまり長く収入を得る仕事を持たずにいるということでは生きていくことができないから、いろいろ半端な仕事をしてわずかの金を得たり、家族の農業やその他の仕事を手伝ったりして、何とか食べているという人が非常に多い。

このような人々は公式の失業統計の中には含まれないことが多いが、事実上は労働力としてはその可能な働きの何分の一かしか利用されていないことになる。いい換えれば先の数式のLの値が、生産年齢人口や労働力人口の表面上の数字よりかなり小さくなっていると考えねばならない。

多くの開発途上国では、農村や都市のスラムに、このようなまともな仕事がない人々が多くいる。そのために国全体として労働力の数は大きくても、有効に利用されている労働力は多くないということになる。

（2） 労働力の質

さらに労働力についても、すべての人が同じ働きをすることができるわけではない。人々の能力の差があるともいえるが、むしろ近代社会では一定の教育や訓練を受けた人々でなければ、社会の要求する複雑な仕事を成し遂げることができない。そのような意味で労働力の質が重要な意味を持つ。そうして労働力の質を高めるのにもっとも重要なことは**教育**である。教育のために社会が払う支出や努力は、将来のためのもっとも重要な投資いわばソフトな投資と考えることができる。戦後日本が急速に復興し、さらに急速に成長したのも、また東アジア諸国が最近急速に発展しているのも、その一つの原因は教育が広く普及していることにあると考えられる。

これに対して世界各地の貧しい国々では，貧困のために社会も親も教育のための十分な支出を行うことができず，教育水準が低いために労働力の質が低く，そのために生産を増やすことができないという悪循環が生じている。

■ 生産年齢人口

（1） 労働力となる人口

労働力については，人口の年齢構成が問題になる。つまり幼い人々は，働いて社会的生産に携わることができないのみならず，その養育のために大人の手間を必要とする。また老年の人も働くことができない。さらに衰えれば人の世話を受けなければならなくなる。したがって年少人口や老年人口の比率が高ければ，労働力となり得る人の比率が減る。

普通15歳から64歳までの人々を**生産年齢人口**といい，労働力になり得る人口と考えている。多くの開発途上国では，出生率が高く，したがって年少人口が多いため，生産年齢人口の比率が低くなっている。多くの先進国も19世紀中あるいは20世紀半ばまではそうであった。しかし，いまでは多くの先進国では出生率は低下し，年少人口の比率は減っているが，人々の寿命が長くなっているためもあって，老年人口が増加しつつあり，そのため中には生産年齢人口比率が下がっているところもある。さらに今後生産年齢に達する人の数が減っていくので，老年人口の比率はますます上がることになる。これが高齢化の問題であり，21世紀の初めごろには日本でも多くの先進国でも重大な問題になるであろうと思われている。

生産年齢人口が，すべて労働力となるわけではない。現在では多くの人口は15歳を越えても，後期中等教育あるいは高等専門教育を受けて，社会的経済活動にはかかわらないでいる。大学教育やその他の専門教育を受ける人の数は戦後の期間に非常に大きく増加した。これも人間に対する投資と見なすことができる。

（2） 女性の労働力比率

生産年齢人口の中で労働力とならないもう一つのグループは，もっぱら家

庭の仕事に従事する人々，いわゆる専業主婦である。**女性の社会的進出**が進むにつれて，社会的な仕事に従事する既婚女性は高まっており，女性の労働力比率は上昇しつつある。日本ではまだその率は欧米の先進国より低いが，着実に上昇しつつある。高齢化によって生産年齢人口が減少する中で，女性の労働力比率が高まることによって，労働力の減少を防ぎ，あるいは遅らせることができることが期待されている。

女性の社会的進出は，女性の願望でもあり現代社会の必然的な傾向というべきであるが，しかし家庭の仕事，特に幼児の養育や老人の世話は社会にとっても大切な仕事であり，どちらもその重要性が減るわけではない。

家庭用の電気機械等の導入によって，家事の大きな部分が機械化されたといっても，幼い人や歳とった人の世話を機械化したり，ロボットにやらせたりすることはできない。女性が（あるいは男性にしても）社会的な仕事をした上で，これまでと同じように家事もするという二重の負担を負うことになるのは望ましくないとすれば，幼児の養育や老人の世話を何らかの形で社会的なものにしなければならない。それを企業の営利事業とすることは期待できないし，また望ましいことでないとすれば，そこでは公的な援助が必要になる。そのためにコストがかかることはやむを得ない。

先進国では最近になって女性の労働力比率は上昇したが，開発途上国では女性の労働力比率は高いということも注意すべきである。というのは開発途上国では一般に大多数の人々が農業に従事しており，農村ではほとんどの人々が男も女も農業の仕事に参加しているからである。

（3）　少子化・高齢化の影響

日本では第二次世界大戦直後には出生率は一時きわめて高かったが，その後急速に低下した。また平均寿命は最初はあまり長くなかったがその後どんどん伸びた。そこで第二次世界大戦直後30年間の間は，年少人口の比率が下がっていく一方で，生産年齢に加わる人口は増えつづけ，そして老年人口はあまり増加しなかった。そのために生産年齢人口比率が高くなり，そのことが経済の急速な成長をもたらす一つの要因となった。しかし今後は老年人口

が急速に増加する一方で，新しく生産年齢に替わる人口は減少していくことになる。それが経済成長率を低くする効果を持つことは確かである。

■ 労働力の有効な利用

労働力を使うにしても，それをどのような場所で使うか，つまりどのような分野で利用するかによって，生産される「価値」の大きさに差があるのではないだろうか。その意味で「より生産的」な分野の雇用を増やすことが望ましいのではないかということが，昔から論ぜられいろいろな説が提案された。

また一方では，どのような分野でも労働力が利用されていることは，それだけ社会的必要があることを意味するのだから，どの分野が「より生産的」かを議論することは無意味であるという考えもあった。しかし第4章の労働市場のところでも述べたように，労働力の配分が，すべて市場あるいは競争によって決まるわけではない。

開発途上国や近代以前の社会では，大部分の人々は労働市場において雇用されて仕事に就くのではなく，生まれたときから「家の仕事」は決まっている場合が多い。特に人口の大部分を占める農村ではそうである。そこで人口が増加して，その家あるいはその村の農業生産のためには過剰な労働力が生まれたとしても，すぐ外で働く場所を見つけることは困難である。

したがってそのような人々は家の仕事を手伝うか，村の中で何とか仕事を見つけて食べていくしかないことになる。またそのような人々が都市に出て来ても，生産的な仕事を見つけることは難しいので，その日その日の半端な仕事をしたりしてきわめて貧しい生活を送ることになる。

多くの開発途上国や先進国でも近代以前には，農村や大都市はこのような事実上十分利用されていない過剰な労働力が存在した。そのような労働力を製造業などの産業に雇用することができれば，労働力投入を増やしたのと同じことになり，経済成長が可能になる。しかし近代以前には，人間の自由な活動を妨げ，したがって農村における過剰な労働力がほかの場所で雇用され

ることを困難にする社会的制度や社会的勢力が存在した。また現在でも，開発途上国にはそのような障害が存在することもあるが，それが撤廃されることは経済成長の重要な前提となる。

どのような分野の労働がより生産的かという議論はあまり意味がないが，どの分野が事実上過剰な労働力をかかえていて，したがってそこからほかの分野に雇用を移すことが，労働力のより有効な利用によって経済成長をもたらすかという問題は重要である。

前近代的な社会，あるいは前近代からの制度やシステムが残っている分野，または政治的権力や社会的勢力によって特に保護されたり支持されたりしている分野には，このような過剰労働力が存在している場合が多い。それらの人々を減らしてより有効に利用できる分野へ移すこと，多くの場合，製造業の雇用を増やすことが経済成長の要因となったのである。

そうしてそのことを可能にするためには，社会の古い制度や枠組みを変えること，すなわち社会改革が必要となった場合も少なくない。日本が近代国家として成長を始めるためには，江戸時代の封建的身分制を廃止する明治維新が必要であった。

9.4　経済成長と資本蓄積

経済成長にとって**資本蓄積**は基本的な条件である。過剰な労働力が存在しても，その人々を働かせて生産を増やすためには，生産の成果が得られるまでの間，その人々の生活を維持し，また原料や道具，機械などを備えなければならないから，どうしても資本が必要になる。

■ 資本蓄積と余剰生産物

資本を蓄積する，すなわち資本を増やすためには，人々が消費してしまう以上のものが生産されていなければならない。すなわち**余剰生産物**がなけれ

ばならない。しかし余剰生産物があっても，それが資本として蓄積されるとは限らない。昔から権力者や貴族などは，大量の余剰生産物を獲得しても，それを豪華な宮殿を作ったり，贅沢な生活をしたり，大勢の家臣や僕婢などを養ったりして浪費してしまうことが少なくなかった。そのために経済成長は起こらなかったばかりでなく，生産物を人民から無理に取り上げることによって人々の生活を圧迫し，生活水準を逆に下げてしまうことさえあった。

近代になっても国家の過大な軍事費などを支出することによって，社会の余剰生産物を使いつくしてしまい，経済成長を妨げてしまうこともあった。

ここで経済成長のためには，資本の純蓄積，すなわち資本減耗分を越える資本形成が必要であることに注意しよう。新しい資本が生み出されても，つまり粗資本形成が行われても，それが古くなって摩耗する資本の分を補う以上でなければ，純蓄積はマイナスになってしまい，したがってやがて経済はマイナス成長になるのである。

資本減耗はすぐには目に見えない場合が多いので，このことには気付かれないこともある。第二次世界大戦中，アメリカ以外の交戦国では，戦争の後半になるまで生産は増加したがその後減少した。このことは直接戦争によって被害を受けたこともあるが，戦争中余剰生産物がほとんどすべて戦争目的のために使われ，資本蓄積が行われず資本減耗も補われないことの影響が，戦争が始まってしばらくしてから現れ始めたとも考えられる。

■ 資本蓄積の推進力

(1) 資本家

余剰生産物をそのまま浪費してしまうのではなく，資本蓄積の形にするのにもっとも有効な社会システムが**資本主義**であり，それを行ったのが**資本家**と呼ばれる人々であった。

つまり資本家は労働者が賃金として受け取り，生活のために消費する以上に生産した余剰生産物を売って得た利潤を，一部は自分や家族の生活を維持するために使うが，残りはより多くの利潤を得ようとして投資する。こうし

て自分の資本を絶えず拡大し、より多くの利潤を得ようとして資本蓄積を進めることになるのである。後の時代になると資本蓄積は個々の資本家によってではなく、主として**企業**という組織によって行われるようになる。

資本蓄積は資本主義的な形でしか行われないというわけではない。実際資本主義経済が全面的に発展する以前にも、資本蓄積はいろいろな形で行われていた。しかし資本蓄積が絶えず、また意識的に行われるようになったのは資本主義が経済の中で大きな比重を占めるようになってからである。

（2） 社会資本の蓄積

このことは資本家、あるいは資本主義企業だけが資本蓄積を行ってきたということではない。

実際経済が成長するために必要とされる資本は、機械や設備、建物、あるいは原料や燃料、さらに労働者の生活を維持するための物資などだけではない。道路や橋や港などの運輸交通施設、上下水道、あるいは通信のための設備などの公共的な資本も必要である。それらは**社会資本**、あるいは**社会的インフラストラクチュア**などと呼ばれる。

それだけでなく、安定した貨幣、取引・決裁のための制度、紛争が生じた場合に処理するための法制度、あるいは治安維持、教育、公衆衛生などの面におけるいわばソフトな社会的インフラストラクチュアも必要であり、これらを整備することは社会的な投資と考えることができる。

このような社会的な投資はほとんど大部分国家、あるいは地方の政府によって公的な財源を使って行われ、またそれらは公共的に人々の利用に提供されるのが普通である。社会全体として資本蓄積が円満に行われ、経済が順調に成長するためには、このようなハード・ソフト両面での公共的な資本の蓄積が必要であり、そのために政府の積極的な開発が必要になる。

実際には近代国家は単に経済成長のための条件を作り出すだけでなく、より積極的に資本蓄積を推進し、経済を発展させようとするのが普通である。

■ 資本蓄積のための政策

（1） 資本蓄積のための政府の関与

　資本蓄積のためには，とにかく余剰生産物を作り出すとともに，それが資本蓄積に向かうようにしなければならない。近代以前の社会では国民の大部分は農業に従事していた。そこで外国から資本が入ってくることはないとすれば，余剰はまず国内の農業から生み出されねばならないことになる。そこで初期の段階では，農業の生産力を上げると同時に，余剰生産物が生ずるためには，農民や労働者の所得や賃金は低く抑え，また余剰分を地主や農民などが浪費してしまわないようにしなければならない。

　また資本が必要とされる部門に向かうようにする必要もある。そこで政府は税金をかけたり，特定の産業には補助金を出したりして，資本蓄積を助長しようとする。国防上の理由などもあって，特に重要とされる産業には政府自身が投資する場合もある。

（2） 特定産業の保護・育成

　有効な投資を妨げる社会的な障害が除かれ，また特別な政策が取られないならば，資本はもっとも多くの利潤が得られる，つまり利潤率のもっとも高い分野に向けられるであろう。そこで競争によって，すべての分野の利潤率はほぼ等しくなるであろう。その結果，資本全体としてもっとも効率よく配分されることになると考えられる。

　しかし**長期的**にはこのような配分がもっともよいとは限らない。特にある種の産業は，短期的には利益が得られなくても，その分野の資本蓄積が進み十分成長すれば，国の経済全体に有益な影響を及ぼすと考えられる場合がある。このような場合には，その分野の現在の利潤が低いあるいはマイナスであっても，政府がそれを保護・育成すれば，長期的には有益と考えられる。

　特に遅れて工業化を始めた国では資本蓄積も技術の獲得も不十分であるので，製造業のリスクが高く，先進国の製造業と競争できない場合がある。したがって当面はそのような産業の生産物は国内で生産せず輸入して，代わりに国内で比較的安く生産できる，たとえば農産物などを輸出する方が有利で

あると考えられるかもしれない。

しかしそれではどうしても製造業が発展しないので，製造業に補助金を出したり，特別に資金を提供したり，あるいは外国からの輸入品に高い関税をかけて国内の製造業の製品が売れるようにして，国内の製造業が利益を得ることができるようにし，製造業における資本蓄積を進めて，やがてそのような特別な保護がなくても競争できるように育成するということが行われる。これは幼稚産業保護論（第4章4.6参照）と呼ばれる。つまり産業が幼い間は保護育成し，やがて成人したら一人立ちさせようというのである。

またいろいろな産業を発展させるには，単に一般的に資本が必要であるというだけでなく，特定の機械などの資本財やあるいは原料，また技術的知識などが必要になり，しかもそれらは国内では得られないことがある。そのような場合にはそれらは輸入しなければならず，そしてその代金を支払うために輸出を増やさねばならないことがある。そのためにその国が輸出することのできる生産物の生産を助長し，その輸出を奨励することも行われる。

（3）政府の関与の功罪

政府が資本蓄積の過程にどの程度，またどのような形で関与すべきかという点についてはいろいろな説がある。

かつてソビエト連邦などの社会主義国では資本蓄積はほとんど全部政府によって計画的に行われた。ソ連はそれによって一時は世界第二位となった工業を建設することができたが，しかし後になると資本配分の不合理性が著しくなり，経済の効率が低下して結局社会主義経済システムは崩壊してしまった。

しかし逆に，政府は最低限の社会的インフラストラクチュアの建設以外はすべて民間企業の自由な活動に委ねるべきであるという，いわゆる「レッセフェール」の考え方も正しくない。資本主義経済が発展して経済成長が行われた先進国においても，最初から政府がまったく資本蓄積に関与しなかった国はない。

むしろ政府は資本家や企業の資本蓄積に障害となる制度や社会的勢力を排

除し，また社会資本の建設やいろいろ助成制度を通じて積極的に支援したのである。特に遅れて出発した国々，たとえばドイツ，日本などではイギリスやアメリカなどの先進国にならって産業を発展させるために，技術を導入したり，資金援助をしたり，特定の産業を特に育成したりして，資本蓄積の方向付けを与えたことが多かったのである。

■ 外国資本の導入

　資本蓄積のもう一つの方法は**外国**から借りることである。それには外国の資本が自ら入ってくる，すなわち外国企業が提供する場合と，外国から資金を借りてそれで資本を増やす場合とがある。もちろん外国からの借入に対しては，利潤や利子を支払わなければならず，また最後には元本も返さなくてはならないが，その資本が有効に使われ生産が増加するならば，外国への支払いを差し引いてもなお国民総生産は増大するであろう。

　現在ではアメリカやヨーロッパ，あるいは日本などの先進国から，資本が開発途上国に送られている。また先進国の間でも相互に活発な**資本の移動**が行われている。

　このような資本の移動は，世界で資本の余っている地域から資本の不足している地域へ資本が動くことを意味するから，経済的に合理的であると思われる。実際資本の不足している国では，概して労働賃金が低く，労働力を安く利用できる。また資本が不足しているためにある産業が未発達であれば，その分野に投資し，製品を供給することによって利益を得ることができるので，利益をあげられるはずである。

　しかしそこには問題もある。労働賃金が低いといっても，労働力の質が高くなければ，投資をし，機械や技術を持ち込んでも，必ずしも期待したように生産を行うことができないかもしれない。また産業が全体的に発展していない地域では，特定の産業に投資しても，その生産を続けていくのに必要な原材料や部品，あるいは電力などのエネルギーが円滑に供給されないかもしれない。また制度や言語，社会慣習の違う場所に企業活動を行うことにはい

ろいろ困難もある。

　一方外国からの投資を受け入れる側から見れば，不足している資本が供給され，雇用が生まれることはプラスになり，また外国資本とともに進んだ技術が導入されるという利益もあるが，企業活動の結果生まれた利潤は外国へ送られてしまうから，結局そこで生産された付加価値の一部しか国内に残らないことになる。それ以上の経済発展には結び付かないかもしれない。また利潤を求めて入ってきた外国資本は状況が変わってその国で企業活動を続けることがもはや有利でなくなれば，引き上げられてまた違う地域に行ってしまうかもしれない。

　また利益だけを求めて入ってくる外国企業は経済全体のバランスから見て望ましいと思われる分野に投資するとは限らない。実際旧植民地では本国の資本はその地域に適した農産物の生産などに集中的に投資され，その結果モノカルチャーといわれる，特定の農産物にのみ依存するような歪んだ経済構造が作り出されたのである。

　さらに問題なのは，外国の資本の力があまり大きくなると，それは国の政治をも左右するようになる。自分に有利な状況を維持したり，作り出したりするために政治権力に結び付くようになる。それは政治的に悪い影響を及ぼすことになる。

　かつては先進国の資本は，帝国主義的活動と結び付いて植民地やその他の地域に投資された。そうした本国は政治的のみならず，経済の面でも植民地や従属国を支配したのであった。

　そこで旧植民地などで第二次大戦後独立した国では，外国からの投資に警戒的になりその受け入れに積極的ではなかった。しかし現在では外国からの資本投入は原則として望ましいものとされている。

　企業からでなく，政府間や国際機関との間で行われ，原則として資本を出す側の利益ではなく，資本を受け入れる国の利益になるように行われる資金提供が**援助**と呼ばれるものとなる。援助にはまったく返済を求めない**贈与**と，一定条件での返済を定めた**借款**とがある。

もっとも貧しい国々では，資本が著しく不足している一方，国内では貯蓄はなく，外国企業が投資をしてもすぐに利潤が得られる見込みがないので，経済を成長させるためには援助となる資本の投入が必要であると考えられ，実際に日本を始めとする先進国や国連，世界銀行などの国際機関による援助や資金提供が行われている。

現在ではこのような援助を行うことは先進国の義務と考えられている。

9.5　経済発展のための自然条件

■ 自然条件の要因

ある国の**自然条件**が，その国の経済成長に貢献し，あるいは障害となることは当然である。このことはかつては強調されていたが，最近の経済学ではむしろことさらに無視される傾向がある。自然条件によって経済発展の可能性が全面的に決定されるというのはもちろん正しくないが，それをまったく無視するのも誤りである。

第二次世界大戦前から戦争直後にかけて，日本は国土が狭く自然資源に乏しく，それにもかかわらず人口が多いので，貧しいということがよくいわれたものである。そのことはアジアへの侵略の口実としても使われた。

しかし戦後，日本は戦前より国土が小さくなった上に人口は2倍にもなったにもかかわらず，日本経済は大きく成長し，日本は世界でももっとも豊かな国の一つとなったので，いまではこのようなことはいわれなくなった。

ただ，自然が経済発展の重要な条件であることは依然として事実である。アメリカはいまでは世界でもっとも豊かな国であるが，人口の割に国土が広大で，その上その国土の大部分は地形も気候もよく，農耕や産業立地，あるいは居住に適しており，しかもほとんどすべての自然資源が存在しているという点で，自然条件にきわめて恵まれていることが，その豊かさの重要な要因であることは確かである。

9.5 経済発展のための自然条件

たとえば中国は，国土全体の面積はアメリカとほぼ同じであるが，人口は5倍であるだけでなく，国土の半分以上は高い山脈や高原，あるいは砂漠など人間の居住や産業に適さない土地であり，耕地面積はアメリカの3分の2にすぎない。また鉱物などの自然資源についてもアメリカほど恵まれていない。現在の中国が貧しいことの原因を国土にくらべて人口が著しく多いことや，自然条件が厳しいこと，資源が乏しいことに求めるのは正しくないが，中国がアメリカよりも不利な条件におかれていることは確かである。

自然条件の問題は，単に国土面積と人口の比，つまり人口密度や自然資源の有無だけで考えることはできない。日本の人口密度はきわめて高く，その上国土は山地が多くて居住や農耕に適した部分はさらに小さい。耕地面積は中国の30分の1，アメリカの40分の1以下しかない。しかしながら日本が自然条件の上で不利であるとばかりはいえない。

日本は細長く伸びており，総面積のわりに気候条件の変化も大きいし，雨量にも恵まれている。山が多いことから地形も複雑で，日本の自然は変化に富んでおり，動植物の種類も多い。平地は多くないが森林には恵まれている。全体として日本の自然の生産力は決して低くないというべきである。

もう一つ重要なことは，日本が島国であって海岸線が長く，また良港も多くあることであり，そのために海外との交易に有利なことである。特に日本のように多くの自然資源を輸入し，加工した製造業製品を輸出している国にとっては，このことは大きな利点であり，日本の製造業の工場はほとんど海岸，あるいはその近くに立地して，海上輸送の便宜を利用しているのである。

海上輸送のコストは陸上輸送のコストに比べてはるかに安いことを考えれば，これは日本がイギリスなどとともに，大陸国に比べて持っている有利な点である。

■ 南北格差

このようにそれぞれの国の自然条件が，その国の経済成長に有利，あるいは不利に働くことは確かである。現在まで工業化が進み経済が発展した国々

は，大部分ヨーロッパ，北アメリカ，日本など北半球の中緯度より北のほうに位置している。そのためにこれらの国々は「北」の国と呼ばれることが多い。それに対して貧しい国の多くは，熱帯や亜熱帯に位置している。そこでこれらの国々は「南」の国と呼ばれ，世界中の貧しい国と豊かな国との違いは**南北格差**と呼ばれることも多い。

それはどうしてであろうか。西ヨーロッパや日本などでは，近代以前から農業が発達し，それに基礎をおく文明社会が成立していた。北アメリカの発展も最初は西ヨーロッパから移住した人々が作った農業社会の上に築かれたのである。このような農業社会が成立するためには，一定の自然条件，すなわち適当な温度，降水量，土壌，地形などが必要であることは確かであり，近代的な社会が発展するためにも，最初には一定の自然条件に基礎をおいた農業などの一次産業が十分発達していなければならないことはあきらかである。

しかし近代以前に農業文明が発達していたのは現在の豊かな国々ばかりではない。むしろより古くから発展していたのは，中近東，インドなどの「南」の国，あるいは現在発展しつつあるが，まだ貧しい国といわねばならない中国などであった。ヨーロッパでも古くから文明が発展していた南ヨーロッパの多くの地域は比較的貧しい状態に止まっている。

したがってある国が発展するか否かは，自然条件よりもその国の社会のあり方にかかっている。すなわち労働力の質を高め，また資本蓄積を進めて自然をうまく利用することが，経済発展の条件となると考えられる。

ただし，自然条件と経済の関係は単純でないことに注意しなければならない。人口密度の高い，すなわち人口に比べて国土が狭いことは，農業などの観点からすれば不利であるが，ある種の産業，特に大規模な製造業を発展させるには，大量の労働力を動員する上でも，また製品の市場を作り出す上でも有利である。人口密度が低すぎ人口が少なくなると，資本も蓄積されず，自然を十分に利用することもできないということになる。

また特定の農産物を生産するのに適した土地や，特定の鉱物を多く産出す

る鉱山に恵まれることは，その国の経済発展にとって有利であることは確かであるが，しかしあまり特定の産業に偏りすぎると，他の産業やあるいは産業が全般的に発展するのに必要な社会資本に対する投資が行われなくなり，その国の産業が偏ったものになってしまう。そのために世界の需給関係が変化して，その国の特産物の価格が下がってしまったり，売れなくなってしまったり，あるいは鉱物資源が堀りつくされてしまったりすると，その国のGDPは一挙に減少してしまうことになる恐れがある。

このことは多くの熱帯の国々で，砂糖，コーヒー，ゴムなどの特定の農産物に関して，また金，銀，銅，あるいは石油などの鉱産物に関して起こったことである。

■ 自然環境への人間の関与

またある国の自然条件，特に土地は自然から与えられたままでなく，人間が長い間に作り上げたものである場合が多い。たとえば現在温帯にある多くの国々は，かつては一面に森林で覆われていたが，長い間に森林は伐採されて開かれた農地や牧場となり，あるいはさらに住宅地や工業団地となったのである。またその間に森林は燃料などを取るために伐採されて木がまったくなくなってしまうこともあった。その反面土地は耕され，灌漑や排水施設も作られて肥沃な農地が生み出され，また植林が行われて森林が再生したところもある。干拓や埋立てによって新たに土地が作り出された場合もあった。

逆に長い間に人間が自然環境を破壊して，自然条件を悪くしてしまうこともあった。豊かにあった森林が切りつくされて，燃料や木材の供給がなくなってしまうのみならず，雨をしばらく貯えておく森林の働きがなくなって，しばしば洪水が起こる一方，雨が降らないと川の水が涸れてしまうことにもなった。また，農地も作物を栽培し続ける間に土壌の栄養分がなくなってしまったり，農地の管理が悪いために土壌が流されたり，風に飛ばされたりしてなくなってしまい，豊かな農地が不毛の農地に変わってしまうこともあった。灌漑をしすぎたために地下から塩分が地表に出てきて土地を不毛にして

しまうということも起こった。

　近代になって工業が大きく発展するとともに、工業活動によって排出される物質によって大気や水、土壌などが汚染されることも多くなり、公害や環境汚染という形で問題とされるようになった。これは自然という生産要素の価値をそれだけ損なうものであるが、それに対してはそのままではそれを排出したものはそれを償うことをしないから、何らかの形でそれを抑制することが必要になる。

■ 自然物占有からの利益

　生産要素としての自然は本来人間によって作り出されたものではない。しかしそれは生産を行うために不可欠であるから、それを何らかの手段によって占有することができたものはそこで他の人々を働かせることによって、そこから生産されるものの一部、あるいは大きな部分を獲得することができる。

　市場経済の下では、自然すなわち土地や森林・河川・鉱山などの所有権や占有権を持つものは、それらを売ったり、あるいは一定の期間貸したりして対価を得ることができる。土地の価格や地代も市場においてどのように決定されるかについては第4章に述べたが、基本的にはその供給量は変わることはないから、需要が大きくなれば、土地の価格が上昇することになる。

　一般に人口が増加したり、経済活動が活発になれば、農業やその他の産業活動のために必要とされる土地が増加するから土地に対する需要が増え、その結果、いままで利用されなかった土地が利用されるようになったり、これまで利用されていた土地がより高度に利用されるようになる。そうしてこれまで価格が付けられなかったり地代を生まなかった土地も、地代を要求することができるようになり、またこれまで利用されていた土地の価格や地代が上がることになる。また道路や交通機関、あるいは上下水道、灌漑、排水などの公共的施設が建設されれば、土地そのものに直接投資がなされなくても、土地の価値は上がり、したがってその価格や地代は上昇する。

　このように土地の価格や地代が上昇するのは、土地所有しているだけ者の

努力によるものではないし,また土地そのものの本来の価値が上がるためでもないことが多い。それは土地などの自然資源が需要に対して少ない,つまり**希少性**を持つためである。しかも経済が発展すれば希少性がますます大きくなるからである。そうするとその結果がすべて土地所有者の所得となってしまうのは,果たして妥当であろうかということが問題となる。

また大きな土地あるいはよい土地の大部分を所有するような,大土地所有者がいるような場合には,土地の供給をことさら制限して価格をつり上げ,より大きな利益を得ることも可能になる。このような行為はあきらかに公正なものと思われないであろう。

伝統的な特権を持つ貴族階級や,あるいは社会的政治的な力を持つ地主階級が土地を独占し,土地を持たない多くの農民が土地を借りるために競争しているような社会では,地代がきわめて高く,農民は極貧の生活を強いられ,一方,一部の地主は莫大な所得を得ていることがある。このような場合には所得の極端な不平等が社会不安をもたらす一方,貴族階級や地主階級は,その莫大な所得を,いたずらに贅沢な生活のために浪費したり,外国に預金してしまったりして,国内の産業発展のための資本蓄積の資金には向けないことが多い。このような階級の存在は経済成長の妨げとなる。

こうした場合には土地の所有を制限したり,土地を一部の所有者から強制的に買い上げたり,場合によっては無償で取り上げたりして,農民に分配したり,公有として農民に耕作させるなどの農地改革が行われなければならない場合もある。

■ 公共財としての自然

自然の中のある部分は,所有や占有されることもなく,したがって市場における取引の対象とはならない。そこでそれらを利用することについて対価を払う必要はない。昔から空気や水は人間の生活にとって不可欠のものであるが,それは無限にあるので無料である。すなわち**自由財**であるといわれてきた。

しかし本当はそれは無限にあるわけではない。少なくとも人間にとって有用な，清浄な空気，きれいな水などは無限にあるわけではない。人間の活動によって，しばしば大気や水が有害な物質によって汚染され，人々の健康を損なったり，物的な環境を変えたりすることが起こり得る。それが**環境汚染**である。またそれは明確な被害をもたらすときには**公害**とも呼ばれる。公害をもたらすような物質の排出は禁止されなければならない。

しかしある物質の排出をまったく止めることは不可能であり，またそれが一定水準以下であれば，特に有害とは考えられないという場合もある。このような場合には排出に対して課徴金をかけることによって，排出量を少なくするようにさせることが考えられる（第5章5.4参照）。

伝統的な社会では，森林・牧草地や河川などは共同体の財産として，あるいは複数の共同体の共有財産として，その利用について細かなルールが**慣習**によって定められ，それによって資源が浪費されたり，環境が破壊されたりすることなく，すべての共同体のメンバーが長く利用できるように努力が払われてきた場合が多い。しかし社会の近代化と市場経済の発展にともなって，共同体が解体されるようになり，このような土地や自然資源も特定の個人や企業，あるいは政府の所有物とされるようになると，その利用に関する慣習的なルールもなくなって，資源の浪費や環境の破壊をチェックする力もなくなってしまうということも起こることが指摘されている。

これに対して共有財産については，人々はそこから一方的に利益を得ようとするだけでその維持管理に責任を持とうとしないので，資源の浪費や自然破壊が起こりやすく，むしろ私有財産にすることによってその所有者が合理的な利用，管理に努めるようになり，資源や環境も守られることになるという説もある。確かにそのような場合も起こり得るが，しかし自然資源を「公共のもの」として大切にする精神や，それを具体化した慣習や法律がなければ，市場経済の論理だけにもとづく経済開発が，資源の枯渇や環境破壊をもたらしがちであるのは確かである。

経済発展の初期の段階では，自然保護や環境保全のために必要なコストを

支払う余裕がないという理由で，公害や環境破壊に十分対策がなされず状況が悪化することがある。それは止むを得ない面もあるが，しかし人々の健康やよい自然環境はかけがえのないストックであるから，それを犠牲にしてフローとしての財の生産を一時的に増加させても，長期的には大きなマイナスになると考えなければならない。

9.6　経済成長における離陸過程

　文明社会は長い間に次第に発展したものであるが，その中で経済成長の速さは決して一様ではなかった。ある時期には比較的速く成長したが，またある時期には長く経済活動が停滞していたこともあった。ときには自然災害や気候不順による凶作，内乱，戦争などのために経済活動が逆に低下することもあった。しかし近代になると，西ヨーロッパを始めとして，工業化を開始した国々がかなり長い間経済成長を続けて，1人当たり国民総生産が増大し，国民生活が全般的に向上して現在のような豊かな国々が生まれたのである。

　この過程で前近代の低い経済水準から急速に上昇した過程は，飛行機が飛び立つ状況になぞらえて，**離陸**と呼ばれることがある。西ヨーロッパや北アメリカ，オセアニア，あるいは日本などは19世紀から20世紀にかけてのある時期に離陸を果たしたのであり，それに続いていくつかの国々，特にアジアの国々が離陸しようとしている。

■ 離陸のための条件

　離陸のためには，ある程度長い期間にわたって，比較的高い経済成長率が維持されなければならない。そのためには必要な生産要素が供給されること，技術が進歩して生産性が向上することが必要である。

（1）　労働力と資本

　離陸が始まる以前の国々には，普通労働力は大量に存在する。例外として

最初は人口が少なかった北アメリカでは，主としてヨーロッパからの大量の移民によって労働力が供給された。

　もっとも重要な要因は先に述べたような資本蓄積である。離陸以前の社会は生産力が低く，したがって余剰が少ないから貯蓄も少なく，資本蓄積は進まない。そして資本蓄積を可能化するためには余剰を作り出すとともに，それを資本蓄積に向けるようなメカニズムを作り出さねばならない。そのためにはまずこれまである産業の生産性を上げて余剰を生み出すとともに，それを農民や地主あるいは労働者から奪って，資本家や資本家と結び付いた政府の手に集中し，それを新しい産業を建設するための投資に向けるようにしなければならない。

　そのためにはこれまで地主や貴族が独占していた政治権力の性格を変えて，国家が資本蓄積を促進するようにしなければならない。このことは政治的な変革をともなうことが多い。同時に少なくとも離陸の初期には労働者や農民の所得は低く抑えられるので不満も高まる可能性があり，そのために国家は強制的に不満を抑え込むことも行われる。また資本蓄積を円滑に行うためにはそのための多くの公共的な施設を作り，また法律やその他の制度的枠組を作り出さねばならない。そのことはまた，ときには一部の人々の権利や抵抗を押し切って行わねばならないこともある。そのため離陸の初期段階においては，資本蓄積を可能にするために，国家が権力によって資本蓄積のための政策を推進する時期がある。これはときに**資本の原始的蓄積**の時代と呼ばれることがある。

　封建社会その他の前近代的な社会から資本主義経済の成立に至る過程においては，このような原始的蓄積の時代を経験しなければならないことが多かった。旧ソ連では同じことが1920年代末から1930年代にかけて，すべて社会主義国家の権力によって行われたのであった。

　しかし北アメリカではこの点でも事情が異なっていた。それはヨーロッパから貧しい移民だけでなく，大量の資本も入ってきたからである。そのことと，広大な未開拓の国土に恵まれていたために，アメリカにおける離陸は他

の国に比べてはるかに容易であった。

　離陸の段階で，外国から資本が入ってくることは資本蓄積を促進する効果があるが，しかし外国資本がただ利益を求めて投資されるだけでは，離陸を助けることにはならない。それは，投資が外国資本あるいはその本国が利益を得るような特定の部門にだけ偏って行われて，その国の産業がバランスのとれた発展をすることが妨げられるからであり，また投資の利益が持ち出されてその国に再び投資されず，結局資本蓄積が十分に行われないことになるからである。

(2) ソフト面の条件

　労働力と資本があるだけでは，離陸をするのに十分ではない。それを有効に利用して生産を拡大する技術が必要である。そしてその労働力，資本，技術を結び付けて生産活動を行うため経営，管理の能力，あるいは積極的に経済活動を新しい分野で展開しようとする態度やものの考え方などが必要であり，それは企業家精神と呼ばれることがある。そのためには少なくとも一部の人々が古い階級から解放され合理的な思考と経済的な態度を身に付けていることが必要になる。

　近代において経済の離陸をそもそも可能にしたのは，蒸気機関を始めとする科学技術であり，それが現実に経済成長を推進したのが産業革命であった。そうしてその過程を担ったのがブルジョアと呼ばれた近代的な資本家たちであった。

　遅れて離陸した国々では，その時の先進国から技術を学び，外国の技術を導入して産業革命を遂行した。遅れた国が離陸をしようとした場合，問題となったのは，労働力の質，つまり労働者の教育，訓練の不足や，資本蓄積の不十分さだけでなく，経営や管理のノウハウおよび企業家精神の不足であった。

　高度な経済への離陸，そして経済社会の全般的な発展のためには，少なくとも一部の社会階層が合理的で勤労と節約を旨とする宗教的，倫理的思想を持ち，経済発展に主導的な役割を果すことが不可欠であるという説もある。

その代表者であるマックス・ウェーバーは近代的な資本主義の発展には，プロテスタンティズムの「精神」を持った近代的市民階級の成立が前提となったと主張した。

このような立場の人々は，真の離陸，すなわち社会経済の全面的な近代化は，西欧，あるいはその後継者である北アメリカやオセアニアなど以外では不可能であるという主張に傾きがちであった。しかし第二次世界大戦後の日本の発展，そして最近のアジア諸国の発展は，このような考え方が西欧中心主義に偏ったものであることを示しているというべきである。

■ 国家の役割

離陸の初期の段階では，特に遅れた国では国家が大きな役割を果さねばならないことが多い。そのことは政治権力が強大になり，しばしば国民の自由な意志の発展が抑えられることになりやすい。離陸の初期における**権力の集中**はしばしば開発独裁と呼ばれることがある。第二次世界大戦後に独立した旧植民地国ではこのような現象がしばしば見られた。旧ソ連におけるスターリンの独裁もその一種と見ることもできる。

しかし開発地域の中では，やがて権力と結び付いた官僚族や一部の特権グループが，国全体の発展よりも，むしろ自分たちの利益を守り，拡大するために政策を左右するようになり，そのことが国民全体の勤労意欲やモラルを低下させ，また企業家精神の発達を妨げて，結局経済成長を阻害することとなった。旧社会主義国の経済システムの崩壊はその結果であり，また多くの開発途上国も困難にぶつかっている。

ただし逆に最初から市場経済の論理だけにまかせて，政府が何もしなければ離陸がスムースに行われるだろうというのはもちろん誤りである。何もなかったところに新しい社会を建設したアメリカやオーストラリア（といっても実はそこには先住民族がいたわけであるが，白人たちはそれをほとんど完全に滅ぼしてしまったので，そこから影響を受けることはなかった）は別として，一般に社会は歴史的に多くの制度，慣習，ものの考え方，そして特権

的階層の存在や民族的・宗教的分裂などを引きついでいる。

　これらのものの多くは経済発展の妨げになる。それらを打破することが離陸の準備として必要不可欠であるが，そのためには農地改革などを含む社会的改革を行わねばならず，どうしても強い政治的な力が必要であることは否定できない。

■ 輸出入の要因

　離陸は外国と無関係に行うことができないとは限らないが，現実には外国との関係が重要な意味を持ち，西ヨーロッパ諸国，特にイギリスやオランダは近代化の初期，アメリカやアジアとの貿易の支配権を握ることによって大きな利益を得，それによって資本蓄積を推進することができた。また世界でもっとも早く産業革命を行ったイギリスは「世界の工場」と呼ばれるようになって工業製品を世界に輸出して利益を得，資本蓄積を進めた。

　遅れて出発した国々は，先進国から資本を受け入れることもあったが，そうでない場合にも進んだ国から技術を導入することが必要であり，外国から機械を買い，また技術者の指導を受けたり技術特許を買ったりすることが必要になった。そのための支払をするために金銀や外国通貨が必要となり，それを売るためには輸出を増やさなければならなかった。

　輸出可能なものはその国に適した農産物や鉱産物，あるいは高度の技術や大きな資本を必要としない労働集約的な工業の製品であったから，政府はこれらの産業を保護して輸出を奨励する政策を取った。また離陸の段階では国民の所得が低く，工業製品に対する国内の需要はあまり大きくなかったから，一部の工業製品を国外に輸出することによって生産の規模を拡大し，大量生産の効率性にもとづく利益を売ることもできた。技術が著しく劣っていない場合には，賃金が低いことが世界市場における競争に当たって有利になった。

■ 成熟期への移行

　離陸がある程度進歩すると，国民総生産が増大するが，労働者や農民の賃

金や所得の上昇はそれに遅れるので，資本の利潤が増大し，そこから再び投資される部分も増加して，貯蓄率，すなわち純資本形成の比率も上昇する一方，まだ資本は過剰になるほどには蓄積されていないので，資本の生産性は下がらない，すなわち9.2で述べた資本係数は増大しない。このことから経済成長率は加速度的に上昇することになる。そこでよい条件の下では，きわめて高い成長率が実現されることになる。これが高度成長期であり，1950～1973年の間の日本がその典型である。最近のアジア諸国でもそれが見られる。

しかし高度成長はいつまでも続くことはない。1人当たり国民総生産が非常に高い水準に達すると経済成長率は再び低下する。すなわち経済は成長期から成熟期に入る。

9.7 経済発展の成熟段階

多くの先進国では，1人当たりの国民総生産が非常に高い水準に達した後は，むしろ経済成長率は低下している。これが**成熟**と呼ばれる現象である。そのようなことが起こる理由はいろいろ考えられる。

■ 成熟期の特徴

（1） 出生率の減少

まず第一に1人当たり国民総生産がある程度の高さに達すると，出生率が大きく低下する現象が見られる。このことはしばらくの間は年少人口の減少という形で労働力人口比率の上昇をもたらすが，やがて労働力が減少する反面，老年人口が増加して，**社会の高齢化**という現象が起こる。そうして労働力の供給は減少することになる。

（2） 経済成長率の低下と外国への投資

第二に1人当たり国民総生産が増加すれば，それだけ消費支出以外，つまり資本形成に向けられる分が増大し得ると考えられるが，しかし資本ストッ

9.7 経済発展の成熟段階

クの蓄積が大きくなると，それに対応して資本の減耗分も増加する。特に高度成長期に集中的に形成された資本は，やがておき換えなければならない時期がくる。そこで総資本形成は大きくても，その中で資本減耗を補うことに当てられる部分が大きく，総資本形成は小さくなる可能性がある。特に公共的な資本については，減価償却費が積み立てられていないことが多いから，その減耗分を償うことも，租税その他を通じて国民の所得の一部を振り向けることでまかなわなければならない。

さらに労働力が増加しない状況の下で，資本蓄積が進むと，資本の増加による国民総生産の増加の比率は低下するであろう。すなわち逆に国民総生産の増加のために必要な資本係数は上昇することになる。このことから経済成長率は低下してくる。

そうしてこのような国ではいわば資本が過剰な状態になるから，それは資本の不足する国に流出する，つまり**外国への投資**が行われるようになる。かつて帝国主義の時代にはそのために外国を植民地として支配したり，直接に支配しなくてもいろいろな形で特別の権利を得て，従属させるということが起こった。現在ではこのようなことは少なくともあからさまには行われなくなっているが，先進国から開発途上国へ向けて，あるいは先進国相互の間でも外国への投資はきわめて活発になっている。それは基本的には，先進国では資本が過剰になっているからである。

(3) 内需の延びの鈍化

一方国民生活がある水準以上になると，生活のためにどうしても必要なものや，誰でも欲しいと思うようなものに対する需要はほとんど満たされることになり，したがって国民の所得が増えてもあまり需要は増大しないであろう。そうすると投資もあまり活発に行われなくなり，供給よりむしろ需要が伸びないために経済成長率が低下することになるであろう。

一般に需要の増加が期待できなくなれば，投資は行われなくなり，そのことによって国民総生産の成長が止まり，所得の増大の停止，そして**消費需要の停滞**という形で，経済の全般的な停滞をもたらすということも考えられる。

かつて1930年代の大不況期には，資本主義経済は停滞の段階に入ったと見なす人が多かった。そこで経済をもう一度活発にするためには，政府による有効需要の創出がなければならないと考えられた。このことを理論化したのがケインズである。

しかし第二次世界大戦後は，資本主義経済は再び活発になり，先進資本主義国も経済成長を続けたので，資本主義経済が全体として成熟から停滞の段階に達したという見方は正しくないと思われるようになった。

ただ一国の経済が無限に成長を続けて，1人当たり国民総生産がいくらでも大きくなるとは考えられない。また，先進国がやがて成熟段階に達して経済成長率が低下し，後から離陸した国々が追いついていくということは，世界全体で見れば望ましいことであろう。

経済のグローバル化が進んでいる現在では，経済の成長や発展についても，それぞれの国ごとに考えるのではなく，世界全体の経済の問題として把握しなければならない。つまり世界全体として労働力や資本をどのように配分し，また限られた自然資源をどのように利用するか，それについて世界全体の経済成長をどのようにして達成し，またその成長をどのように公正かつ公平に分配するか，それによって貧困を解消するかを考えなければならない。もちろんこのような問題について計画を立て，政策を実行する世界政府が存在しない現在では，経済活動は主として企業に，また政策の実行は各国政府に委ねるほかはないが，国際機関を通じ，また各国政府の協力によって，できるだけ望ましい状況を作り出す必要がある。

その意味で成熟段階に達した先進国は，世界全体の発展のために貢献することが求められるのであり，またそのことによって成熟から停滞へと向かうことも避けられるであろう。

10

21世紀の課題と経済学

　21世紀の人類文明は新しい段階を迎えようとしている。

　20世紀には科学技術は大きく発展し，それによって世界経済は大きく成長した。科学技術にもとづく文明は人類の生活を大きく変え，全体として向上させたが、また戦争による破壊力も拡大させ，環境破壊をももたらした。

　21世紀にも科学技術はなお発展を続けるであろうが，それをいかに適切に利用して，すべての人にとって望ましい人類社会を建設するかが世界の人々にとっての課題である。経済学もそのような社会の建設に貢献しなければならない。

10.1　科学技術と経済

■ **文明発展の流れ**

　人類の長い歴史の中で，人間の社会は栄枯盛衰をくり返してきた。世界のいろいろな地域で生産が増加し，人口が増え，人々の生活が向上するとともに強力な国家が出現し，繁栄した。しかし時とともに，生産の増加は止まり，社会秩序が混乱すると，人々の生活は逆に悪化し，さらには生産は逆に低下して，混乱が一層激しくなった。ついには国家は亡び，社会は衰退することになった。そのうちやがてまた同じ場所，あるいは違う地域で新しい社会が勃興した。このような過程は歴史の中に述べられている。

　人類社会は決して一直線に発展してきたわけではないが，しかし長い間には全体として人類の知識は拡大し，技術は進歩し，生産力は上昇し，生活は向上し，文化は発達して，文明が発展したのであった。

　そのような発展が行われたのは，結局人類の知識と技術とが，次第に蓄積されてきたからである。生物の種としての人類が生まれてから数十万年の間は，このような進歩はきわめて遅かった。しかし，いまから数千年前，農業の発達とともに文明社会といえるものが生まれてから，進歩は速くなった。それは農業と牧畜によって人間が太陽エネルギーを有効に利用することができるようになったからであった。また文明の発生とともに文字が発明されて，知識と情報の蓄積が可能になったからである。

　しかしそれでも文明の発展の速さはきわめて遅く，ときには世界全体として見ても人類社会が衰退することもあった。キリスト教紀元1年頃世界全体の人口はほぼ3億人であったと推定されているが，それから1800年後の19世紀初めの世界人口は9億人程度であり，この間せいぜい3倍に増加したにすぎなかった。しかも19世紀初めにおいて，西欧の一部にはすでに高度の文化と文明が発達していたが，しかし世界の大多数の人々の生活は，2000年前の人々の生活と比べても，それほど改善されてはいなかったであろう。

10.1 科学技術と経済

けれどもその後200年間の進歩はきわめて急速であった。現在世界の人口は60億に達し，1800年当時の6倍を越えている。そうして少なくとも西ヨーロッパ，北アメリカ，日本，オセアニアなどの地域では生産力が著しく上昇し，人々の生活水準は大幅に高まった。これらの国々の大部分の人々の生活内容は実質的には1800年当時の貴族の生活よりよいといってよいであろう。もちろんまだ世界には多くの貧しい人々がいる。しかし少なくとも20世紀の後半になると，科学技術文明は世界のほとんどすべての地域に及び，人々の生活は開発途上国においてもいろいろな面で改善されつつあるといってよい。

20世紀後半の50年間は，大まかに見れば世界全体として，これまで歴史上かつてなかった経済成長の時期であった。人口はこの間ほぼ2.5倍になり，総生産は4倍になったと推定される。経済の発展と医学や公衆衛生の進歩により，人々の平均寿命は開発途上国も含めて大きく延びた。

■ 科学技術の発達と経済成長

このような発展が可能になったのは18世紀以来の産業革命によって，科学技術が発達し，それが社会に普及したからであった。特に蒸気機関の発明以来，最初は石炭，続いて石油あるいは原子力，さらにそれから得られる電力のエネルギーを大量に利用することにより，生産力が大きく上昇したからである。それとともに市場経済と資本主義的企業の発達により，技術の進歩を経済成長に結び付けるシステムが成立したのであった。

（1）情報革命

21世紀を迎えて，科学技術はますます発展しつつある。20世紀の後半になって科学技術の発展に新しい方向が生まれてきた。一つは**コンピュータ**と**情報通信**の発達にともなう，情報の獲得，伝達，処理，適用，蓄積等のすべての面における技術の大きな発展である。それによって社会活動のすべての面で情報の利用が大きく拡大し，また加速化された。このような現象は**情報革命**といわれることがあり，また社会全般にそれが影響を与えていることから社会の**情報化**ということがいわれている。

またかつての産業革命は人間や動物の筋力を機械の力でおき換えることによって生産力を大きく上昇させたが，情報革命によって人間の頭脳や目，耳等の感覚器官を利用し，手によって操作するなどの作業を機械でおき換え，自動化することができるようになった。

（2）　労働生産性の大幅な向上

このことは経済全体に大きな影響を与えることはあきらかである。かつての産業革命は主として工業と運輸業を中心として起こり，大量生産，大量輸送システムを作り出すことによって生産力を上昇させた。そして産業革命による経済の発達はしばしば工業化を意味するものと思われた。Industrial revolution ということばは「工業革命」と訳すことも可能である。

しかし情報革命は製造業にももちろん影響し，自動機械やロボット化が進んでいるが，その影響はすべての産業に及んでおり，またかつての産業革命が主として生産の現場で起こったのに対して，情報革命の影響はいわゆる**間接部門**，つまり企業の経営や管理にかかわる部門にも及んでいる。現在では金融業はもはやコンピュータと情報通信システムなしでは成り立たなくなっている。

このような情況は経済システムのあり方を大きく変えるであろう。全体として見れば，間接部門や流通部門を含めた全体としての労働生産性は大きく上昇するはずである。

かつての工業化によっても工業を中心として労働生産性は大きく上昇したが，しかし大工場には大量の労働者が働いていただけでなく，大きな組織を管理し，また大量の製品を流通させるために多くの人手が必要であった。また，かつて大企業は会計処理のためだけでも経理部に多数の人を雇用していたのである。しかし工場の生産工程が大幅に自動化されただけでなく，管理部門や流通取引もコンピュータ化されたことによって，すべての部門で必要な労働力は大幅に減っているのである。

（3）　情報化と多様化

生産力が大きく上昇したことにより，少なくとも先進国では常に供給が需

要を上回る傾向が生じている。産業革命以前に生産力が低かった時代には，供給が社会の最低限の必要を満たすことができないこともしばしばあった。特に天候の異変や社会動乱などによって当時の中心産業であった農業の生産が減ると，飢饉が起こることもあった。

産業革命以後は，多くの人々の生活を向上させることができるだけ生産力が上昇したが，しかし工業が大量に生産したものは，最初は繊維品など従来からあった人々が必要とするものであった。20世紀になると家庭用電気機械や自動車，あるいは合成化学製品などの新しい製品が現れたが，それらは「文明生活」に必要なものとして広く受け入れられ需要された。したがって供給に対応する需要が原則として生まれ，そして大きな資本設備を持って大量生産を行うことが重要となった。

しかし少なくとも先進国では，現在人々の暮らしの上で基本的な必要は満たされるようになっている。つまりすべての財の限界効用は低下しているといってよい。そこで単に製品を供給しただけではそれに対する需要があるとは限らない。つまり消費者の要求もある意味では「難しく」なっているのであり，またその好みも「多様化」しているのである。したがって単に大量生産によって安い製品を供給するだけでは不十分で，多様な，しかも変わりやすい需要に応じて多種多様な製品を，しかもすばやく供給しなければならない状況が生まれているのである。

つまり需要に関する情報を把握し，それを速く利用することが必要になっているのである。そうして情報化は一方ではこのようなことを可能にする手段を与えているのである。

このことは経済全体，特に産業構造や雇用構造に大きな影響を与えるであろう。すべての経営や管理に携わる人々，そしていわゆる**第三次産業**といわれる部門の大部分，商業，金融，不動産，あるいは通信，教育，公務サービスなどが何らかの形で情報を扱うことを仕事としていることを考えれば，その影響の及ぶ範囲はきわめて広くかつ深いであろう。その結果経済全体に大きな構造変化が起こることが予想されるが，その過程はまだ始まったばかり

である。

（4）バイオテクノロジーの進展

20世紀後半に起こった科学上のもう一つの革命は遺伝子の実体がDNA分子であることをあきらかにするとともに，DNAの上に書かれた遺伝情報を読み取り，かつそれを操作することを可能にした**分子生物学革命**である。その結果として生物を対象とする**バイオテクノロジー**が生まれた。もちろん生物を対象とする技術は農業，牧畜，醸造業などの中に長年蓄積されてきたが，それらは主として長年の試行錯誤の過程によるものであり，農業を始めとする産業は基本的には自然のリズムに支配されてきたのである。

これに対してバイオテクノロジーは生物を初めて計画的に操作することを可能にし，また生物生産の過程を自然のリズムから自由にする道を開いたといえる。バイオテクノロジーはまだ発展の初期にあり，その操作についてはまだわからないことが多い。またその中には特に人間に適用される場合，深刻な倫理上の問題を起こす可能性もあるが，しかし21世紀にそれが重要な役割を果たすことは確実である。そうしてそれは農業を始めとする第一次産業のあり方を大きく変えるであろう。

実は20世紀の技術の発達の中で，伝統的には生物から得られていた資源の多くが，化学的に合成されるようになった。合成繊維はその大きな例である。しかしバイオテクノロジーの発達により，今後はまたいろいろな物質が生物的な過程を利用して生産されるようになることも考えられる。そうしてまたそのような生物的な過程自体は工業的な条件の下で管理されるであろう。

バイオテクノロジーの発達は第一次産業と第二次産業の融合化を進めることになるかもしれない。

（5）研究開発の様相

科学技術の発達自体は，それ自身の論理を持っていると考えることもできる。しかしそれが社会に広く普及し，経済に大きな影響を及ぼすためには，それを可能にする社会的条件が必要である。西欧で産業革命が起こったのも，単に科学が進歩し，いろいろな発明が行われたためだけではない。それを産

業に応用し経済発展に結び付けることを可能にする社会的条件が存在したからであった。

現在では科学技術の研究，開発は主として**政府**と**企業**および**大学**などの研究機関で行われている。企業は利益を上げるために新しい技術を開発しそれを企業活動に利用することにきわめて熱心である。現在市場での競争はますます激しくなっているので，新しい技術を開発することは企業が生き残るために必要とさえなっているのである。

20世紀の前半は２つの世界大戦を始め，戦争や内乱が多かった。また20世紀後半1990年までは米ソ二超大国の冷戦の時代であった。20世紀の戦争は科学技術による戦争であったので，各国政府はこの間，軍事目的のための科学技術の開発にきわめて熱心であり，しばしば巨大な金額を費やした。しかしその技術の中には後に平和的な目的に利用され，経済発展に寄与することになったものも少なくなかった。コンピュータ，航空機，ロケット，原子力などはその中で顕著なものである。

冷戦終結後，軍事目的のための科学技術の開発が盛んでなくなったのは，もちろんそれとしてはよいことである。各国政府が平和目的の科学技術の開発に同様の熱意を示すかどうかは問題ではあるが，しかし戦争のない世界でも科学技術を発達させることは，その国が世界の政治経済において有力な地位を占めるために重要であることは，ますます強く認識されているので，今後も各国政府が科学技術の進歩に力を入れることは確かであろう。

また大学などは，かつてはあまり実用的な技術に結び付かない「純粋学術」の研究を重視する傾向が強かったが，最近では技術開発と結び付く研究にも積極的になっている。

教育が普及して科学技術の専門家の数も大きく増えていることも考えると，今後科学技術の研究開発がますます進むことには疑いの余地はない。

（6）　テクノロジー発展の光と影

しかし科学技術の発達の社会的影響については単純には考えられない。労働生産性が大きく上昇すれば，経済が大きく成長する可能性もあるが，逆に

失業率が大きく増加する危険性もある。そうすると逆に経済成長はマイナスになってしまうかもしれない。

　また，技術の進歩によって引き起こされる社会構造や経済構造の変化は，いろいろな場面で矛盾を生み，混乱を起こすかもしれない。そうしてその中に巻き込まれた人々の生活を破壊し，苦痛を与えることになるかもしれない。とくに科学技術の開発と利用が企業が利潤を得る目的だけのために行われると，望ましくない影響が生ずるかもしれない。公害問題はその一つの例である。

10.2　21世紀経済の方向と課題

　20世紀が終わり，21世紀に入った現在，世界の経済はどのように変わっていくであろうか。もっとくだいていえば世界の人々の暮らしはどうなるであろうか。

■ 国民経済から世界経済へ

　20世紀まで，経済は国を単位として考えられてきた。しかしすでに述べたように，政治的には強力な国民国家といわれるものが作られ，それが経済においても単位となって国民経済が成立したのは近代になってのことであった。その中で，以前のより狭い地域を単位とした経済は国民経済の中に統合され，またより広い範囲を結ぶ貿易は，国を単位とする国際貿易といわれるようになったのである。

　20世紀において先進国の国民経済は大きく発展した。またアジアや南アメリカ，あるいはアフリカの一部の国々では，以前の古い社会秩序が壊れ，また旧植民地だった地域が独立して，国民国家が建設されるとともに国民経済が形成されつつある。ただし，アフリカなどの旧植民地でヨーロッパの国々の勢力争いの結果，たまたま作られた領域が一つの国として独立したような

ところでは，一つの国家が経済の単位としてまとまるには適していない場合もあり，また大洋の中の小さな島国などでは，一つのまとまった経済を作るには小さすぎる場合もある。けれども20世紀の後半には，世界の大部分の地域の経済が国を単位としてまとまった国民経済を作っているといってよい。

しかしながら20世紀も終わり，世界各国の間の貿易や，人や資本の移動もますます盛んになり，経済的結び付きは密接の度を増している。また多くの国にまたがって国境を越えた活動を行う，いわゆる多国籍企業の活動もますます活発になっている。そうして国境を越えた取引をできる限り自由化しようというのが最近の世界的な傾向である。

ソビエト連邦や東ヨーロッパの社会主義体制が崩壊して，資本主義経済に戻り，また中国が改革開放政策によって市場経済に転換してから，少数の国を除き，世界のほとんどの国がこのような世界的な経済交流に参加するようになった。その結果，世界の経済は一体化を強め，多くの国がそれぞれ独自の国民経済を形成しながら，その間に交渉を持つという国際経済体制から，世界全体を一つの経済として考えることのできる**世界経済**が形成されつつあるといってもよい。

■ 経済的統合の促進

政治的にはまだ世界は多数の国家に分かれており，それぞれが独立国家としての主権を主張している。また旧ソビエト連邦やユーゴスラビアが崩壊して，そのあとに多数の独立国家が成立したように，むしろ独立国家は増える傾向にある。もちろんその逆にヨーロッパ連合（EU）のように，政治レベルでも国家的統合が進みつつある地域もある。そこでは国家権力の重要な要素である通貨の発行についても**ユーロ**という共通通貨が発行されるようになった。また国際連合などでは，世界の平和や環境，あるいは人権にかかわる問題については国の主権にかかわることについても討議され，場合によっては多くの国の協力によって強制的な措置も取られることもある。

しかし全体として見れば，世界が政治的に統合され，一つの世界政府が成

立するのはまだそれほど近い将来のことではないであろう。また現在の世界の各地域の社会的，文化的な違いはきわめて大きく，民族的，宗教的対立もいろいろあって，それを越えて一つの統一的な政治体制を作り出すことは無理であると思われる。

しかし経済的な一体化の方はこれからも急速に進むであろう。情報技術の発展による情報通信の発達は，世界の市場を一体化し，経済的統合を促進するであろう。そうしてそのことが結局は政治的にも統合へ向かわせることになるかもしれない。

歴史的にも一つの国の経済的統合が政治的に統一的な国民国家が成立するよりも先に進行し，それが政治的統合を促進した場合も少なくなかった。日本でも江戸時代の日本は政治的には多数の藩がほとんど独立して分立していたが，商業の発達とともに経済的には全国市場が成立し，国民経済が次第に形成されて，明治維新後の国民国家成立の基礎となったのであった。

経済関係の密接化は，商品貿易や人の交流を通じて，異なる地域の人々の相互理解を深めるとともに，生活習慣やものの考え方も共通化する傾向がある。21世紀に入った現在，世界中少なくとも大都市では生活スタイルが完全に西欧化し，同質化している。このようなことはやがて政治的統合をも容易にするであろう。

しかし世界全体が経済的統合から政治的統合へと進み，やがて平和で繁栄した一つの世界が作られるであろうという夢を実現するには困難も障害もある。経済的交渉が盛んになることは，常に異なる地域の平和的関係を促進するとは限らない。経済的利害の対立から，政治的紛争が生じ，戦争にまでいたるということもあった。第一次大戦や第二次大戦も，少なくともその原因の一部は植民地や領土，自然資源をめぐる経済的利害の対立にあった。

軍事技術の発達した現在では，経済的利害をめぐって戦争することは，たとえ戦争に勝ってもそれによって得られる利益より被害の方が大きくなってしまった。だから21世紀になって，たとえば少なくなった石油資源の争奪で大きな戦争が起こるという可能性は高くはないと思われるが，しかし紛争や

局地的な戦争が起こることはあり得る。

　しかしより基本的に重要なことは，現在の世界経済の統合化によって，世界中のすべての人々が利益を得るようになっているか，すなわちそれによって一部の人々や一部の国々だけが利益を受け，他の人々はかえって損失を被るということがないかということである。国民国家が形成される過程で国民経済の統合が進んだとき，一部の封建的領主階級などは損を被ったが，大多数の国民の生活は向上した。そうして封建的領主の特権などは正当なものと認められなかったので，国民経済の発展と国民国家の形成は歓迎すべきものとされたのである。

　世界経済の形成は同じように世界のすべての人々に利益をもたらすであろうか。もしその利益が一部の人々，一部の国々によって独占されてしまうならば，社会的不満が累積し，政治的紛争や，社会的混乱が増すであろう。

■ 経済格差の問題

（1）　依然として存在する格差

　一国の国民経済の目標が，200年以上前にアダム・スミスが述べたように，その国の国民に十分な生活必需品，便宜品を供給することにあるとすれば，先進国については，いまやその目標はほとんど達成されているということもできる。

　少なくとも1人当たり年所得が30,000ドルに達するような国では，国民の大部分の生活は物質的には「豊か」といってよいであろう。また失業者や，いろいろな意味で「社会的弱者」といわれるような人々に対しても，保険や社会保障の制度によって，その生活はほぼ保障されている。もちろんまだ問題はないわけではないが，しかし全体として見れば，供給が不足しているために国民全部の生活を保障することができないということはない。

　しかし世界全体で見れば残された問題も大きい。そこにはまだきわめて大きな格差が存在し，数多くの貧しい人々，何億にも上るほとんど飢えている人々がいる。他方そのような国々でも一部の人々は豊かであり，先進国の普

通の人々よりはるかに豊かな生活を送っている。このような国では建前上は平等や民主主義が保障されていても，貧しい人々は事実上基本的な人権も与えられていない場合が少なくない。

さらに多くの国々では，少数民族や特定の社会グループに対する差別や抑圧，あるいは男女間の不平等もなくなっていない。

（2） 平均寿命による比較

前章で述べたように，1人当たり実質所得の正確な比較は困難であるとすれば，もっと明確な指標は**平均寿命**である。現在世界でもっとも平均寿命が長いのは日本であり，男77歳，女84歳に達している。欧米の先進国では男70歳以上，女75歳以上であり，また女性の方が男性より6～7年長い。これに対してインドなどでは男・女とも60歳以下で男女の差もほとんどない。アフリカではまだ50歳以下の国もある。日本では明治末までは男女とも40歳程度であったから，20世紀中に大きく伸びたことがわかる。

平均寿命は生活水準に正確に比例するとはいえないかもしれないが，個人個人の所得だけでなくその国の公衆衛生や医療の水準をも反映するという意味で，やはり国民の平均的な福祉水準を表すと考えられるし，この面からも世界的に大きな格差が存在することはあきらかになる。

さらに開発途上国の中の大きな国では，国内の地域間に，特に農村と都市の間に，所得や社会サービス，保健，医療，教育などの面で大きな格差が存在することが多い。そうしてそれが所得だけでなく平均寿命の地域差となって表れていることも少なくない。

（3） 経済格差縮小への方途

世界経済がその基本的な課題を果たすためには，少なくとも世界の大部分の人が，その生活上の必要を満たし，生活に満足できるようになるか，そのようになることについての希望が持てなければならない。具体的にいえば生活上の最低限の必要も満たせない貧困を解消すること，そして人々が不公正と感じるような不平等をなくさなければならない。

しかしそのことは依然容易なことではない。現在世界中でもっとも豊かな

国ともっとも貧しい国の1人当たりの所得の格差は100対1とまではいかないまでも数十対1になっている。かりにその差が50対1としても、それを50年で追いつくには貧しい国の1人当たりの所得は豊かな国の所得より年8％強多く成長しなければならないことになる。50年間も1人当たり国民所得が8％の経済成長率を持続することは不可能に近い。しかもその間豊かな国の経済も成長するから、差は容易に縮少しないであろう。

しかし豊かな国の成長を抑え、あるいはむしろその所得を減らすことによって格差を縮少することも、強力な世界統一権力が存在しない限り不可能に近い。世界経済全体が何らかの理由で大混乱に陥ったり、あるいは大戦争や大災害によって社会秩序が崩壊して、世界全体が貧困に陥ってしまえば、世界が平等に貧しくなることはあり得るが、それはもちろん絶対に望ましくないことである。

（4） 経済成長の促進とその限界

日本やあるいは最近の東アジア諸国のように、ある期間きわめて高い成長率を維持して、かなり貧しかった状態から、世界でももっとも豊かな国の一つになったり、あるいはそれに近づきつつある国もある。そうして日本を含めて、もっとも豊かな国々では、人口はすでに増加が止まり、長期的には減少に向かいつつあると同時に、経済成長率も低下している。

したがって世界の経済格差が一気に縮少する、あるいは徐々にであっても一斉に縮まっていくということは不可能であっても、貧しい国の一部が次々と高度成長を始めて、順に豊かな国のグループに加わっていくことにより、次第に世界で豊かな地域や豊かな人々が増大し、貧しい国が減っていって、格差が解消していくというコースが考えられるかもしれない。

しかしそのようなことが実現するには困難もある。韓国やマレーシアのような国はもちろん、日本にしてもそれほど人口は大きくなく、高度成長を開始する前の、世界経済に占める比重は小さかった。そのため急速に工業製品の輸出を拡大し、また国内で産出しない原材料や燃料の輸入を増大させて、それによって工業化を推進し、経済を拡大させることができた。そのような

国が製品の輸出や，原燃料あるいは工業化に必要な機械などの輸入を急速に拡大しても，世界経済全体に対する影響はそれほど大きくなかったからである。

しかし中国やインドのような10億を越えるほどの人口を持つ国が同じような形で，急速な成長を持続することは難しい。中国はすでにかなりの程度の工業化を進め，繊維産業や家庭用電気機器，鉄鋼などの生産額は世界一となっているが，それでも1人当たりの工業生産高は日本の10分の1程度である。

そこで中国が今後も工業生産をますます急速に拡大させて，1人当たりの生産高で日本やアメリカに近づくことは困難であろう。もしそうなるとすれば中国の工業生産高は日本の10倍，アメリカの5倍という大きさになって，それだけの製品に対する需要は世界に存在しないと思われる。また中国は必ずしもすべての原料や燃料を自給できるほど資源に恵まれてはいないから，そうなると世界的な資源不足が起こってしまうかもしれない。

日本は現在消費するエネルギーの80％以上，工業原料の大半，そして食料の70％を輸入に依存する一方，高度の工業製品を輸出して，貿易の黒字を続けているが，同じことをするのは中国ではその人口の大きさから不可能である。

(5) 開発途上国における所得格差

もう一つの問題は，国内の分配の問題である。これまで述べた経済格差が解消するためには国全体の生産が拡大すると同時に，それが平等に分配されるようにならなければならない。現在の先進国においても工業化の初期の段階では，労働者の賃金は低く労働条件は劣悪で，資本家と労働者の所得の格差は大きく拡大した。

その当時まだまだ国民の大多数を占めていた小農民や農業労働者あるいは小商人，職人などの所得はきわめて低く，地主や豊かな商人との間の格差もきわめて大きかった。しかしその後の経済発展とともに労働者や農民の運動，政府による社会保障政策などによって，労働者や農民の所得は向上し，他方累進所得税や相続税によって豊かな人々の所得は相対的に小さくなって，国

内の所得や生活水準の格差は大幅に縮少した。

　これに対して多くの開発途上国では，労働組合や農民組織なども弱く，また政府の社会保障政策や税制も不十分であったり，また政府の政策が特権的な階級の人々によって強く影響されたりしているために，所得格差は経済成長とともに縮小せず，むしろ拡大する場合が少なくない。

　特に1980年代以降，世界的に政府の経済に対する干渉を弱め，**市場**に委ねようという傾向が強くなっており，またソビエト連邦や東ヨーロッパの社会主義体制の崩壊後その動きは一層顕著になっているが，そのことはまだ社会保障のシステムが作り上げられていない開発途上国では，不平等の拡大を放置し，結果的にはそれを促進する可能性がある。特に国民の大多数を占める農民が工業化の進む中で著しく不利な立場に置かれ，都市と農村，都市の中産階級と農民との間の格差が拡大している。

　先進工業国においてしばしば農業は政府によって保護され，農民の所得が保証されているのに対し，開発途上国では農産物価格は低く抑えられていることが多く，そのことが労働者の賃金を低くすることを可能にし，輸出競争力を支えている場合が少なくないが，しかしそのため経済が成長しても，本来生産を大きく拡大することのできない農業部門の所得は上昇しないことになる。

　また経済成長の中で国民の生活条件を向上させ，より一層の発展を可能にするために必要な，教育，医療，公衆衛生，あるいは国土全般に及ぶ交通・通信などに対する公共投資も開発途上国では不十分であるが，市場経済化が強くなると，政府の財政的な基盤も弱くなって，これらの部門を拡充する資金不足が拡大することになりがちである。したがって開発途上国で経済成長が続いても，自動的に貧困が解消されるとはいえないであろう。

　そのためには市場経済の働きを補い，場合によってはその力を抑制する**政府**の働きも必要であり，特に国際的な協力が必要である。

　貧困の解消といっても，ただ単に貧しい人々が「食べていける」ようになるだけでは不十分である。人は自立して社会に貢献し，それによって自ら生

活を維持していくことができるようにならなければならない。

またすべての人が社会的活動に何らかの形で自発的に参加することができ，そうして自分の働きに対して正当な報酬を得ることを期待できなければならない。分配が平等であったり，あるいは生活が保障されても，人々が強制的に望ましくない労働をさせられたり，あるいは仕事もなく政府の保障や他人の援助で暮らしているのでは，人々は満足できないであろう。

すべての人々が積極的に働くことによって社会全体として必要な財やサービスが円滑に生産され，そうしてそれが公正に分配されて有効に消費されるということが，経済システムの本来の存在理由であり，それが人類全体に及ぶことが世界経済の究極の目標である。それを実現することは各国の義務であるが，同時に世界全体の人の共同の責任でもあると考えねばならない。

10.3　自然の制約と環境問題

21世紀の人類が直面するかもしれないもう一つの重大な問題は**自然の制約**である。

■ 資源の枯渇

地球は有限の大きさしかないから，そこから得られる**自然資源**は有限であることは自明である。もちろん原理的には有限であっても，事実上無限といってよいものとそうでないものがある。たとえば空気中の酸素は人間や生物の呼吸のためにも燃焼においても絶対必要であるが，大気中の酸素が欠乏することを心配する人はいない。

また資源が事実上無限にあるといえるか否かは技術の発達と生産活動の水準に依存する。かつては肥料や火薬の原料として重要であった窒素は硝石などの鉱物からしか得られなかったので，その資源の枯渇が心配された。しかし大気中の窒素を固定してアンモニアを作る方法が開発されてから，窒素資

源は事実上無限となった。

　20世紀には多くの合成化合物が発明されて，それまで多く生産されず，貴重な資源とされていた天然化合物と同じもの，あるいはより優れたものが平凡な原料から合成されるようになった。それによってこのような化合物に関する資源問題は解決された。また比較的少量しか存在しない元素についてもより含有率の低い資源から獲得したり，リサイクルしたりすることも可能になった。ただし必要な物質を合成したり含有率の低い資源から抽出したりするには**エネルギー**が必要であり，場合によってはかなり大きなエネルギーが必要である。そこで21世紀初めの現在では資源問題はエネルギーさえ十分あればほとんど解決できると思われるようになった。したがってエネルギー資源がもっとも重要な問題になる。

■ エネルギー資源の問題

　人類は産業革命以来，最初は石炭，そして後には石油，あるいはそれから得られる電力等から得られるエネルギーを大量に消費することによって，工業を発展させ経済を成長させてきた。しかし本来石炭や石油はかつて地上に繁茂した植物や多数生存した動物が地中に埋まり長い間に作られたものであって化石燃料といわれるが，その存在量は有限である。したがってその消費できる量には限界がある。

　石油については世界全体で現在の消費量の数十年分しかないといわれている。石炭はもっと多いといわれているが，それでも数百年分である。燃料としては石油の方が石炭より使いやすく優れているので，石油が枯渇してしまうと重大な影響を及ぼす。天然ガスはやはり化石燃料と考えられているが，優れた燃料である。その埋蔵量はまだよくわかっていないが石炭より少ないことは確かである。

　しかし現在のエネルギー消費量は国によって大きな差がある。1人当たりのエネルギー消費量はアメリカは日本の2.5倍，中国の10倍，インドの20倍である。貧しい国々のエネルギー消費量は少ないので，もしこれらの国々が豊

かになればそのエネルギー消費量は増加しなければならない。そのことは世界全体のエネルギー消費を大きく増加させるであろう。そうするとエネルギー資源，特に石油は枯渇してしまう危険性がある。他のエネルギー資源，たとえば原子力については安全性の問題もある。また太陽光発電などもまだそれほど大きなエネルギーを得られるようになっていない。

■ 食糧生産の限界

　もう一つの問題になる資源は**食糧**である。すでに第1章で述べたように，約200年前ロバート・マルサスは「人口は2倍，4倍，8倍……と幾何級数的に増加するが，食糧生産はせいぜい2倍，3倍，4倍……と算術級数的にしか増加しない」と述べて，人口増加により必ず食糧不足が起こると主張した。

　食糧生産は製造業生産と違って，本質的に土地の広さや気候によって制約されており，無限に拡大することはできないというのは事実である。しかも世界全体としてもはや新しい耕地を拓く余地はあまりない。21世紀に入ってもなお人口はかなり増加すると予測されている。世界の人口が現在の2倍の120億になっても，なお十分な食糧が供給されるであろうか。それは確実とはいえない。

　さらに人々の**所得**が上昇すると食糧の消費も増加する。豊かになっても食べる絶対量はそれほど増加することはないが，食事の質が向上し，より多くの動物性食品を摂るようになる。そして牛，豚，鶏などの家畜は，飼料の形で穀物を消費するので，それらを含めた1人当たりの穀物消費量が増大することになる。そこで世界全体が現在より豊かになれば，1人当たりの穀物消費量は人口の増加率以上の比率で増加し，穀物不足が起こるのではないかということも懸念されている。

■ 地球環境問題

（1）環境問題の歴史

　自然制約のもう一つの面は地球環境の保全である。

環境問題には色々な形がある。すでに述べたように人類は文明の発生以来，自然環境に過度の圧力を加えて破壊し，その結果生活や生産の自然的基盤を失うようなこともしばしば行ってきた。過度の伐採による森林破壊，過度の農耕や牧畜による砂漠化や地力の喪失などである。さらに近代になって工業化が進むと工業都市において工場の排煙や廃水による大気汚染や河川や湖沼の水の汚染が生じ，しばしばその程度が甚だしくなって人々の健康を害するようになった。そのような環境汚染はしばしば公害と呼ばれた。

公害は日本ではいわゆる高度成長期の終わりである1970年ごろもっとも悪化したが，その後人々の関心が高まり政府もいろいろな対策を取るようになって，公害を防ぐ技術が開発され，そのための施設も設置されて，状況は改善した。同じような公害問題は，いまなお新たに工業化しつつある国々ではしばしば起こっているが，先進国では人々の関心も高く，よい環境を維持するための努力がなされている。

最近問題になっているのはより広い範囲におよぶ環境破壊，しばしば地球環境問題といわれるような問題である。たとえば酸性雨の問題では，工業地域で出す排煙や排気によって出された酸化物が国境を越えて拡がり，それによって酸性となった雨が降って遠い地域の森林を枯らすのである。

（2） **地球温暖化問題**

地球環境問題の中でももっとも大きい問題は二酸化炭素CO_2ガスによる**地球温暖化問題**である。産業革命以来，人間社会は地中から石炭や石油，天然ガスなどの燃料を燃やしてエネルギーを得てきたが，これらの資源は本来植物や動物が大気中のCO_2を同化してその体を作った後，それが地中に埋められ長い時間に炭化したもので化石燃料と呼ばれる。

人類はそれを燃料として燃やすことによって再び地中の炭素をCO_2の形にして大気にもどしていることになるが，それによって大気中のCO_2の濃度は上昇することになる。100年前に比べるとすでに大気中のCO_2濃度は30%以上増加したといわれており，しかも毎年確実に上昇している。

一方地球は絶えず太陽から光線の形でエネルギーを受け取って暖められ，

そしてまた熱を周囲の宇宙空間に放出している。そこで受け取るエネルギーと放出するエネルギーがバランスするところで地球の温度は一定に保たれる。原子力エネルギーを除けば，人類が利用しているエネルギーはほとんどすべて，本来太陽から受け取ったエネルギーの一部であり，化石燃料エネルギーは何千万年から何億年も昔に太陽から受け取ったエネルギーが地中に蓄えられたものなのである。

ところが大気中のいくつかの成分，水蒸気 H_2O，CO_2，あるいはメタン CH_4 などは，地球から放出される熱線の一部を吸収して空間への放出を妨げ，大気の温度を引き上げる効果があるので，**温室効果ガス**と呼ばれる。

そこで大気中の CO_2 ガス濃度が上昇すると，その温室効果によって地球の大気の温度が上昇することになる。これが地球温暖化問題である。このような問題が存在することは以前から知られていたが，1980年代の後半になって世界各地で暖冬や猛暑，あるいは平均気温の上昇などが観測されるようになって，大きな問題とされるようになった。

すでに世界全体の平均気温は CO_2 ガスの温室効果によって0.5℃上昇したともいわれている。そうして CO_2 濃度がこのように上昇を続ければ，21世紀中には世界の気温が大きく上昇し，いろいろな異常気象や気候の変動，あるいは海水の温暖化による膨張や南極大陸の氷床の融解などによる海面上昇などによって，大きな被害が出ることが心配されているのである。

ただしこの問題についてはまだ科学的に解明されていないことも多いので，はっきりしたことはいえない。地球上の気温は全体としても，また地域的にもいろいろな周期で変動をくり返しており，そのような変動の原因もそのメカニズムがよくわかっていないので，たとえば1980年代後半からの気温上昇が本当に CO_2 濃度の上昇によるものなのかどうかもはっきりしないし，また CO_2 濃度がもっと上昇した場合，世界の気温がどれだけ上昇し，それによって各地にどのような気候変動が生ずるかについても，いろいろな予測が行われているが，まだ正確なことは何もわからないというべきである。けれども気候に変動が起こることは確かであり，それが人類にとって破滅的なものであ

ることがわかってからではもはや手遅れであるから，いまからCO_2濃度の上昇を抑制しなければならないというのが温暖化防止論の考え方である。

　温暖化問題は，かりに資源としての化石燃料が無限にあったとしても，それを消費し続けることは危険であることを示している点で，成長に関する自然の制約がいわば2つの方向からきていることを示している。この点では原子力あるいは核エネルギーについても，それは地球上の太陽から宇宙空間へのエネルギーの流れに対して，エネルギーを付け加え，その流れを変えることになるから，やはり危険を含んでいるといえるであろう。

　その点では太陽光や，太陽エネルギーが形を変えた風力，水力，潮流，あるいは植物のバイオマスのエネルギーを利用することは，地球上のエネルギーの自然な流れの一部を利用するものであるから，資源として枯渇しないのみならず，環境についてもより安全であるといえる。

■ 自然の制約への対処

　資源問題や環境問題に対処するには，基本的に2つの方法がある。一つは技術を改善し，あるいは新しい技術を開発することである。それによって資源の消費量を減らし，あるいは少ない資源をより豊富な資源でおき換えることができるし，また環境を破壊するような廃棄物の排出を減らすことができる。

　もう一つは人々の行動を変えることである。すなわち乏しい資源を使用したり環境を破壊したりする財の消費や行動を抑えることである。それには個人としての行動だけでなく，社会の集団的な行動も含まれる。

　たとえば資源を消費し，環境を破壊することがもっとも大きいのは戦争である。戦争においては大量の資源が単なる破壊のために使われ，また人間が構築したものや自然が破壊される。敵国の自然環境をことさら破壊するような行為も行われる。

　自然から課された制約に対処するためにもっとも大切なことは人々の協力である。人々が互いに対立し敵対していたのでは，資源の保護も環境の保全

も十分に行うことができないのは当然である。

■ 公共ストックとしての自然資源・自然環境

　人々の活動の世界的な結び付きがますます強くなり，ある地域の人々の活動が世界的に影響を及ぼすようになった現在では，地球上の自然，すなわち自然資源と自然環境は人類全体の共通の財産，人類全体にとっての**公共財**と考えなければならない。

　しかもそれは人類が今後も繁栄するために，いや単に存続していくためにも必要なものであるから，現在生きている人々だけでなく，将来の世代をも含んだ全体の公共財である。資源の浪費と環境を破壊することは，このような公共財を一部の人々が勝手に使ってしまうことを意味するのである。

　地球の有限性から生ずる経済成長への制約とか，あるいは成長と資源・環境の保全の矛盾とかいわれることもあるが，しかしそれは本来矛盾ではない。というのは経済成長を考えるとき，単にフローとしての財，サービスの生産だけでなく，同時にストックの変化も考慮しなければならないからであり，地球上の自然資源，自然環境は人類にとって貴重な公共ストックなのである。したがってこのようなストックを減らして生産を増やしても，それは真の意味の経済成長とはいえないのである。

　普通のGDPの計算はフローが中心であり，ストックを考慮する場合でも，原則として人が作った固定資本に限られ，土地などの自然によって与えられたストックは本質的に価値が変わらないものとして計算の外におかれてしまう。しかし，ふつうの意味では資産として評価されない，大気や水などを含めたストックとしての自然の価値が重要なのであり，それが減少することが問題なのである。

　したがってこの要素を正しく考慮することが必要である。といっても一部にいわれているようにGDP計算に自然の要素を加えて真の経済成長率を算出すべきであるというような考え方にも賛成できない。自然のストックをGDPと同様に価格評価しても，それは恣意的なものとならざるを得ないし，その

結果は意味のわからないものとなってしまう可能性が大きいからである。

問題は経済活動の成果がもっぱら GDP に反映される数字で評価される結果，企業活動も，そして多くの場合，政府の政策も，GDP に現れないような面は無視することになるという点にある。その結果，自然資源保護や環境保護のために使われる財や労働はもっぱら単なる**コスト**として扱われることになって，その結果として自然ストックが保全される面は評価されないことになるのである。その結果資源や環境の保全については企業や政府も消極的になるだけでなく，そのための技術開発の努力も行われないことになるのである。

したがって何らかの形でこのような自然のストックの価値の変動が経済関係に反映するようにすることが望ましい。もちろん直接に自然ストックの一部を破壊するような行為は法律で禁止すべきであるが，稀少な資源を使用したり，環境を汚染する物質を排出したりする行為に対しては課徴金を課して，自然ストックの減少がそのような行為を行うことのコストに反映するようにすることも必要である。

逆に自然ストックを保全したりその価値を高めたりする行為に対しては，補助金や奨励金を出すことも考えられる。そして重要なことはこのような政策によって人々の現在の行動に影響を与えるだけでなく，自然ストックを保全するような技術を開発し，現実に適用し，進んで社会システムを自然ストックの保全の観点からより合理的なものとすることである。そのような過程の中で資源保全と環境保護はしばしば結び付き，より少ない資源を有効に使うことによって，環境破壊も少なくすることができる場合が多いのである。そしてそのことによって，より一層の経済成長も可能になるのである。

■ オイル・ショックの教訓

1973年から74年にかけて石油産出国の作っている石油輸出国機構 OPEC は共同して原油価格を大幅に引き上げて，世界中に**オイル・ショック**といわれる大きな影響を及ぼした。特に必要なエネルギーの大きな部分を輸入石油に頼っていた日本は大きな影響を受けて，それまで年平均10%を越える高度

成長が一気に終わり，初めてマイナス成長を記録しただけでなく，その後の年成長率は3～5％程度に低下した。ちょうどこの頃公害問題が重大化し，自動車や工場の排気，廃水などに対しても厳しい規制が取られるようになった。

原油価格が一気に4倍にも上昇したことは日本の多くの企業を困難に陥れたが，しかしそれによって多くの企業はエネルギーの利用効率を高くし，エネルギー消費を減らしてコストを下げる技術，いわゆる省エネルギー技術の開発に真剣に取り組んだ。

また自動車の排気や工場の排煙，廃水中の汚染物質を減らす技術にも大きな努力が払われるようになった。その結果，GDP1単位当たりのエネルギー消費量は10年間の間に30％以上減り，その経済は成長したにもかかわらず，エネルギーの総消費量はむしろ減少した。さらにその間，排気，排ガス中の汚染物質は大きく減少した。エネルギー消費効率の減少と，排気ガスの汚染物質は減少し，ボイラーやエンジンなどの改良と燃料投入のコンピュータを利用した注意深い制御によって同時に成し遂げられたことも少なくなかった。このようなことが原油価格の高騰という外部的な経済条件の変化と，政府の公害規制の強化という政策とによって起こったことに注意しよう。

OPECによる原油価格の突然の引き上げは，いわば独占形成による価格引き上げであり，競争市場における自然な変化ではなかった。しかしその前には石油価格は低い水準に長い間止まっていたのであり，長期的な石油資源の不足の可能性を考慮すると，それはストックとしての原油の価値を正しく反映したものとはいえなかったと思われる。OPECによる価格引き上げが妥当なものといえるかどうかは別としても，それによって省エネルギー技術の開発が促進され，結果として地球にある原油ストックのより有効な利用が可能になったことは事実である。

このような技術はなお開発される可能性があり，またすでに開発されている技術を開発途上国に移転することもできる。開発途上国の1人当たりエネルギー消費量は先進国に比べれば著しく少ないが，単位GDP当たりのエネル

ギー消費量は高い場合が多い。このことは開発途上国ではエネルギー消費の効率が低く，したがってより進んだ技術を導入することによってエネルギー消費量をあまり増加させることなく経済成長を実現する余地があることを示している。

　資源環境問題についてはこれ以上くわしく述べることはできないが，経済成長を考える際に自然ストックを保全することは経済成長の絶対的制約となると考える必要はないこと，技術開発と社会システムの合理化によって自然ストックの利用効率を高めることによって，ストックを破壊することなく成長を実現する可能性があることは明確に認識すべきである。

　市場メカニズムを通ずる経済関係の変化にはオイル・ショックの場合にも見られるように，自然ストックの利用を効率化し，またそのための技術開発を促進する効果を持つこともあるが，しかし市場の機能だけでそれが自動的に実現されることは保証できない。やはり政府の政策も必要である。

　ただし地球環境問題や地球規模の資源問題に有効に対処するには各国ごとの政策だけでは不十分であり，世界的な協調が必要になる。人類全体の共有する公共財である地球の自然ストックを保全するには，全人類が協力しなければならないのは当然である。

■ 21世紀経済の課題

　21世紀において人類社会は解決しなければならないいくつかの重要な課題に直面しているが，その中でますます明確になっていることは，いまや世界の全人類社会はますます強く一つに結び付けられつつあるということである。

　依然として政治的には世界は多数の主権国家によって分割され，経済的にもそれぞれ独自の通貨や制度を持つ国民経済が成立しているが，しかし経済活動は国境を越えた結び付きをますます強めつつあり，次第に単に国民経済が複数集まったものとしての国際経済ではなく，世界全体を一つのマクロ経済と見なすことができるような世界経済が形成されつつあるといってよい。

もちろんまだ世界経済が真に一つのものとして成立するのは先のことであるが，しかし世界全体の人々の運命はもはや互いに切り離せないものとなっているのであり，その中で異なる国々の政府，国民の間の協調と協力は人類社会の発展のために，またそれぞれの国の発展のために不可欠となっているのである。

10.4　経済学の役割

経済学は社会科学の一部門であると考えられている。社会科学とは社会を科学的に分析する学問である。科学的ということは何よりも**客観的**であることを意味する。

■ 社会科学としての経済学

（1）客観的表現

客観的ということには2つの意味がある。一つは科学的分析の現象となるものは何らかの形で客観的に観測された現象でなければならないということである。科学的な分析の対象となるものは，それが何であるかを客観的に明確なことばで表現されているものでなければならない。そういうものはまた**経験的事実**と呼ばれることもある。社会科学の対象となるのは社会的事実，つまり人々の集団の中で，人々の相互の交渉によって起こる客観的現象，あるいは経験的事実である。

ただしここで客観的現象，あるいは経験的事実というのは，必ずしも人が直接見たり聞いたりした事象を意味するわけではないことに注意する必要がある。社会科学者がある社会的事実を考察するとき，その人は直接そのようなことにかかわっていることはほとんどない。

多くの場合，それはその人のいるところから遠く離れた所で，しかも過去に起こったことである。その人は直接その事実を観測することはできない。

10.4　経済学の役割

その人が持っているのはその事実について何らかの形で直接の観測にもとづいていると考えられる記録，あるいは報告である。しかしそれが必ずしも事実を正確に伝えたものであるとは限らない。

現在では毎日，新聞やテレビなどのメディアによって社会的な事実に関し，莫大な量の報道が行われている。それらは社会について科学的に考察する場合の第一次的な素材を与えている。しかしそれらの報道がすべて正しいとは限らない。それは単に人々は観察やその記録にあたって間違いを犯しやすいというだけでなく，社会的な現象については人々は直接利害関係を持つこともあり，また何らかの価値判断を持っているために，その観察や記録が客観的でなく歪められたものになりやすいためである。

したがって社会的な現象については，何が本当に起こったかということを，その記録や報道を批判的に吟味してあきらかにすることも社会科学的考察の重要な役割である。

（2）　数量的表現

経済的現象，すなわち人々の経済的行動に関する現象については，それが**数量的**に表現されることが多いことが一つの特徴である。人口，生産量，あるいは価格等々，経済に関する客観的事実は数字で与えられることが多い。数字に表すことはものごとをより正確に表すことを意味する。ある国が大変大きいというのではよくわからないが，その国の国土面積が100万km²であるといえば，その国の「大きさ」が明確になる。社会的な事実が数字で与えられればその意味が明確になることが多い。

しかし数字についても問題はある。一つは数字が正確でないかもしれないことである。実際人口の数字などでも，2桁目が正確でない国も存在する。もう一つは数字の意味が必ずしも明確でないことである。GDPの数字はある国の経済活動の大きさを表す基本的な指標としてしばしば用いられるが，しかしそれが何を意味しているかは，実ははっきりしないことが多いのである。

経済に関する多くの数字は，統計かあるいは統計から加工計算によって作られたものである。統計は官庁などの業務や，官庁に対する届出，登録など

の記録から，あるいは総計を得ることを目的とした統計調査の結果作られたものである。人口，生産高，貿易などに関するデータは統計から得られるものである。これに対してGDPの数字などはいろいろな統計データから複雑な計算の過程を経て作られるものである。

統計には誤差や一定方向への偏りがつきまとう。完全に正確な統計というものはあり得ない。しかし逆に社会について判断をするとき，むやみに正確な数字を求める必要はない。

たとえば2000年の日本の人口はおよそ1億2600万であるといえば十分であって，それ以上細かい数字は必要ないであろう。だから統計に誤差があっても，それが一定の大きさを越さなければ問題はない。

（3）問題の明確化

社会科学の役割の一つは，漠然としたことばで表されている社会的課題を，現実にそれが何を意味しているかを，事実に結び付けて明確にすることにある。たとえば「現在の世界では貧困が最大の問題であり，それを解消することがもっとも重要な課題である」といわれるとき，まず「貧困」とは何かということの**意味**を明確にしなければ，そもそも何が問題なのか正確にいえないことになる。

そうするとたとえば「貧しい人」とは「1日に支出可能な所得が1ドル以下の購買力しかない人」と定義され，そうしてそのような人が世界に何人いるかが推定されることになる。もちろんここで1日1ドルというのは絶対的な意味があるわけではないから，それをたとえば1日1.5ドルとしても2ドルとしてもよいけれども，ここで一つの基準を決めることが重要である（もちろんここで10ドルとしてしまったのでは「貧困」の定義としては不適当となってしまうであろう）。

そしてまたそのような意味で「貧しい」人々が何人いるかを正確にすることは困難であるが，しかし大体どれくらいの数の人々がいるかがわかれば，問題は明らかになる。そうして，その上で「貧困問題を解決する」というのは「このような人々をなくすこと，あるいは大幅に減らすこと」と定義する

10.4 経済学の役割

ことができ，そうすれば課題の目標がはっきりしてくるのである。

（4） 論理の価値中立性

社会科学におけるもう一つの客観性の意味は，その**論理**が客観的でなければならないということである。

社会的事実は人々がかかわることであるから，人々はそれに関して当然に価値判断や利害関心を持っている。社会科学が客観的でなければならないというのは，社会的事実の間の論理的関連を論ずるときに，このような価値判断や利害関心によって論理が歪められてはならないことを意味する。また特定の事実について，それが道徳的に正しいか否かというような判断を下してはならないということを意味するとも考えられる。

もちろん，このことは社会科学者が価値判断を持ってはならないということではない。それどころか社会科学者の社会的事実に関する研究は，本来社会科学者が社会の望ましいあり方についての関心から出発している場合が多いのであり，それはまた望ましいことである。

しかしそのことと，ある特定の社会的事実をよいとか悪いとか決めることとは別である。社会科学の役割は，たとえある社会的事実が「悪い」ことであっても，そのことを悪いとしたり，あるいはそれを起こした人々を道徳的に非難することではなく，なぜそのようなことが起こったかの論理をあきらかにすることにあり，それによってまたそのようなことが起こらないようにするにはどのようにしたらよいかを示すことにあるのである。直接そのことに関わる人々を非難しただけでは問題の解決にはならないことが多いのである。

（5） 前提とする個人の行動原理

社会現象は人々の行動によって生ずるものである。社会科学はそのような現象の中にある論理を研究する科学である。人間は一定の目的のある意図を持って行動する。したがって社会科学の前提には個人の行動についての**基本的な原理**が想定されなければならない。

経済学においては人間は自分の利益を最大にするように**合理的に行動する**

ものと想定されている。人々が暮らしの中で，手に入れられる財やサービスをできる限りうまく利用して最大の効用を得ようとしていると仮定することは妥当である。

　もちろん人はでたらめな行動をしたり，あるいは誤って自分の利益に反することをすることもある。しかし少なくとも理論的に考える場合には，まず人々が合理的に行動すると想定するのは当然であろう。

　ただしここで自分の利益を最大にするように行動するというのは，必ずしも人が利己的に行動するという意味ではない。この場合自分の利益というのは，抽象的な意味であって，自分が望ましいと思うこととほとんど同じ意味であると考えてもよい。だからその中には家族やあるいは自分の属する企業，あるいは国家などの利益をはかることも含まれるのである。

　いずれにしても，人々が暮らしていく場合，財やサービスを自分の目的のためにできる限り有効に利用しようとしていると仮定することは，人間が自分のことしか考えない利己主義者であると考えることを意味しないのである。

（6）　意図せざる結果の解明

　社会科学の重要な課題は，社会の中で人々が行動した結果は，必ずしもその意図したところと一致しないことを示すところにある。それは社会の中で人々が互いに交渉し合い，影響を及ぼし合った結果，それぞれがまったく予想しなかったような現象が生ずることが少なくないからであり，その論理を客観的にあきらかにすることが社会科学の課題なのである。

　アダム・スミスは人々が市場において狭い意味の自分の利益だけを考えて行動する結果，社会全体の経済が効率よく運営されることになると論じ，それは人々がいわば「見えざる手」に導かれているかのようであるといった。逆にケインズは，人々が倹約して貯蓄に励めば，個人としては金持ちになれると思われるかもしれないが，皆がそのようにして消費支出を減らしてしまうと，需要が減り，結局生産も減少して，国全体としてはかえってより貧しくなってしまうと論じた。

　つまり私的利益を図ることが公的利益を増進することもあり，また逆に個

人としては望ましいとされる行為が社会的には悪い結果を生むことになる場合もある。そのような関係を客観的な論理によってあきらかにすることが社会科学の課題である。

（7） 問題の状況依存性

さらに注意すべきことは，社会においてはあることが原因となって生ずる結果は，状況に依存することが多いということである。一定の原因が**常に**一定の結果を生むとは限らないのが，社会科学の対象となる事実と自然科学の対象となる事実との違いであるといってよい。

市場における競争も常に社会的に効率のよい結果を生むとは限らないし，また個人が倹約し貯蓄を増やすことが，社会的にも必要とされる場合もある。

すなわち市場における無制限な競争が，生産者のいわば共倒れに終わる場合もあり得るし，また1人の強者が競争相手をすべて打ち倒して利益を独占してしまう場合もあり得る。社会全体に資本が不足している場合には，個人が貯蓄を増やすことは必要なことであるが，資本が過剰であれば逆によくないこととなるのである。

（8） 経済的事実の数学的定式化

経済学においては，経済的な事実が数字で表されることが多いので，経済の論理は**数量的関係**，あるいは**数学的な式**で表現されることが多い。経済学の教科書では（この本ではなるべく数式を使わないようにしたが）多くの数式や数学的関係式が見られる。

数式で表現し，**数学**を用いることは対象となる事実の関係を明確に表現するために有益である。それはたとえば物理学に現れる方程式とは違って，必ずしも厳密に当てはまるものではないのみならず，それが近似的にしろ当てはまるのは一定の前提条件の下であり，条件が変われば当てはまらなくなることに注意しなければならない。

■ 経済の論理

先進国の経済社会は，すべて基本的には同じような制度や構造を持つよう

になっている。このことから，先進国の経済には同じような論理が成立し，したがってまた同じような関係式も当てはめることができると考えられる。

　現在の先進国とは異なる制度や構造を持つ経済，すなわち開発途上国や近代以前の社会の経済については，どのように考えるべきであろうか。それには2つの面がある。

　一つは経済の論理には，すべての社会を通じ共通の面があることである。人間は互いに協力して生活を維持し，子孫を残していかなくてはならないことに変わりはない。そこで，このことにかかわる限り，経済学はすべての社会の経済に**共通の論理**をあきらかにするものでなければならない。特に現在の世界の国々の中には，先進国とは違った制度や構造を持ちながら，急速に先進国を中心とする世界経済の中に巻き込まれつつある国が多く，そのような状況を理解し，そしてそれらの国々が経済を発展させ，国民生活を向上させる方向を考えるためには，これらの国々の経済も，いわば共通の論理で理解する必要がある。そうして現在の世界の経済を支配するものが，先進国を中心とする市場経済の論理である以上，これらの国々の経済についても市場経済の観点から分析することは必要である。

　しかしながら他面，社会制度や経済構造，あるいは社会慣習や人々の考え方の上でも，先進諸国とは異なったものを多く持っている国々では先進国におけるような経済の論理がそのままでは当てはまらない場合も少なくないことに注意する必要がある。

　すでに述べたように経済学の論理や法則性は，必ずしも明確には述べられていない前提条件の下で初めて成立するものであるが，開発途上国ではそのような前提条件が成立していないことが少なくないのである。

　たとえば市場における自由競争の効率性にしても，そのことが成り立つためには多くの前提条件が必要である。すなわちまず市場における取引についての法律を含む社会制度，商品を運び，情報を伝達する運輸，通信システム等々は不可欠である。もしこれらのことが成立していない状況の下でただ「自由競争」だけを導入しても，経済がかえって混乱に陥ることは，たとえば社

会主義体制解体後のロシアなどで見られることである。

　したがって開発途上国の経済について，主として先進国の経済を対象として発達した経済学の論理を適用する場合には，その国の社会経済の具体的な状況について十分な注意が必要である。

　しかし逆に開発途上国の経済については，先進国の経済を中心とした現在の経済学とはまったく別の論理で考えなければならないとするのも誤りである。それは第一に，いまや世界の経済がいわゆるグローバル化の中で，ますます一体化しつつあり，そしてそれを支配しているのが先進国において発達した市場経済の論理であるのは否定しようもない事実だからである。どんな国でも，いまや世界から孤立して生き延びていくことはできないのであり，世界経済の論理に適応しなければならないのである。

　同時に，そのことは世界の人々が直面する課題もまた国や地域を越えた世界全体，人類共通のものとなっていることを意味しているからである。地球環境問題はそのあきらかな例であるが，貧困の問題もますます一国や一地域だけの問題とは考えられなくなりつつある。このような状況の下では当然経済学は全世界的な観点から問題を考えなければならない。そのための論理は基本的には現在の経済学の中に用意されているといってよい。

　経済学は**現代の社会とその課題**とを理解する上で欠くことのできない学問である。

10.5　人類社会の理想と経済学

　21世紀人類社会の基本的な課題，少なくともその一つは経済的な問題，すなわち増大する世界人口を構成するすべての人々に，豊かなあるいは少なくとも貧しくはない生活を保障すること，そのことを有限な地球の上で自然資源と環境を保全しながら実現することであるということができる。その解決のために経済学は大きな責務を与えられているといってよい。

しかしながら経済はあくまで手段であって、最終的な目的ではないことも忘れてはならない。人間が人間にふさわしい生活をし、社会が望ましいあり方を達成するためには、もちろん人々の暮らしが安定し、維持されることが必要であるが、しかしそれがすべてではない。昔から「金持ち」が必ずしも「幸せな」人でも「尊敬される」人でもないことは、しばしば強調されてきたし、また経済的に発展しつつある社会が、必ずしも公正で、望ましい社会秩序や倫理を持った社会であるとは限らないこともあきらかである。

昔から道徳として説かれる「清貧のすすめ」にはいかがわしい面もある。それはしばしば貧しい人々に対して、不平等な社会秩序に対して不平をいうことなく大人しく働くことを強いるものだったからである。あるいは社会の生産力が低かったときには、多くの人々が貧しいことはやむを得ないこととしてあきらめなければならなかったからであった。しかし現在では科学技術の発達により、少なくとも世界の人々が飢餓に陥るような貧困からは免れることは可能になっている。したがってまた世界に極端な貧困や飢餓が存在するとすれば、それは社会経済システムに欠陥があるからであるといわざるを得ない。それを直すことは経済学を含めた社会科学の課題である。

しかしそのことは世界の人々が「無限に豊かになる」ことができることを意味するものではない。それは不可能であり、また実は望ましいことでもない。冷静に考えれば人々が消費することのできる財やサービスの量に限界があることはあきらかである。

市場経済、その中で発展した資本主義システムは市場における競争を通して、社会の生産力を大きく発展させ、人々が貧困から脱出することを可能にしたといってよい。しかし同時にそれは、人々を駆り立て、人々をひたすらより多くの貨幣を得るために競争に向かわせ、またその貨幣をより高価な商品のために支出させようとしている。より多くの所得を得ることが、よりよい生活を送るための手段ではなくなって、それ自体が多くの人々にとって目的となってしまっている。

経済学は市場経済の効率性を証明し、市場経済が他の経済システムより優

10.5 人類社会の理想と経済学

れていることを主張してきた。それは世界の現実の歴史の中で大体において正しかったことが証明されたといえるかもしれない。しかし効率性は重要ではあるが、すべてではない。限界効用低下の法則は個人だけでなく、社会にも、また人類全体にも当てはまることであって、財やサービスの生産と流通を効率化し、より多くの財やサービスを生産し消費することの重要性は、生産力が十分に高くなれば、次第に低下するのであり、倫理、文化あるいは感情というような、より抽象的な無形のものが重要になってくるのである。

経済学にもこのような意味での限界があることは認識しなければならない。人類の課題の解決に当たっては、人間や人間社会を全体として理解し、その望ましいあり方を考察しなければならないし、そのためには哲学や倫理学のような人文学、また社会学や政治学、あるいは歴史学のような他の社会科学の理解が必要になる。

経済学は一定の論理を持った理論体系を作っているが、経済学の対象が生きた人間社会である限り、それは決して閉ざされた完結したものとはなり得ないものと考えねばならない。

索 引

あ 行

赤字財政　223

市　66
一般均衡　101
　――価格　101
　――理論　170
移転　185
意図せざる結果の解明　320
イノベーション　171
インセンティブ　87
インターネット　121
インフレーション　22, 222
　――ギャップ　220

ウェーバー, M.　59

エネルギー　307
　――源　250
　――保存の法則　32
援助　275
エントロピー増大の法則　32

オイル・ショック　63, 177, 313
温室効果ガス　310

か 行

外貨　132
外国資本の導入　274
外国投資　133
外生的原因　242
開発途上国　264

外部不経済　47
価格　220
　――水準　228
科学技術　293
核家族　146
格差　258
革命　244
家計　145, 210
貸し倒れ　110, 122
家事の外部化　14, 15
家事労働　9
化石燃料　31, 307
寡占　94
　――的競争状態　94, 143
家族関係　59
価値　23
金貸し　25, 123
株式　116, 125, 238
　――会社　58, 136
　――市場　126
株主　136
貨幣　19, 118, 220
　――価値の変動　110
　――国定説　22
　――数量説　228
　――の価値尺度機能　23
　価値貯蔵手段としての――　24
カルテル　94
環境　2
　――問題　47
慣習　282
関税　159
間接金融　122, 124

間接税　79, 158, 212, 236
　　──の逆進性　160
間接部門　294
完全市場　90
完全な情報　86
管理機構　58
官僚　54
官僚制　59
　　──専制国家　54

企業　136, 271, 297
　　──意思　141
　　──金融　123
　　──の行動　139
　　──の論理　141
　　──留保　236
企業家　143, 171
　　──精神　171
気候変動　243
技術　263
　　──革新　82, 171, 249
希少性　276
帰属地代　184
帰属家賃　184, 210
技能　41
規模の経済性　168
規模の効率　84
逆行列表　235
客観的表現　316
キャピタルゲイン
　　　115, 185, 199, 204, 223, 229, 238, 253
キャピタルロス　185, 232, 238
教育　41, 265
　　──費用　189
供給　67, 240
　　──曲線　68
共産主義　61
競争のルール　181
共同体　43, 51
競売　67

金銀　20, 132
銀行　127
均衡財政　225
近代化　179
近代文明　56
金融恐慌　255
金融資産　123, 184, 229, 237
金融政策　223
金融制度　122
勤労所得　184, 186
　　──の格差　185

空洞化　177
国の安全保障　134
クラウディングアウト効果　227
グローバル化　143, 179, 180, 256, 290, 323

経営学　141
経営者　139
景気　242
　　──の周期的変動　242
経験的事実　316
経済　2
　　──システム　4, 11
経済外部性　163
　　──の内部化　164
経済学　2, 316, 322
経済格差　303
経済効率　92
経済政策　162
経済成長率　214, 262, 288
経済体制　49
　　混合──　62
経済的支配圏　176
経済発展の成熟段階　288
経済発展のための自然条件　276
系列会社　137
ケインズ, J.M.　61, 216, 224, 252, 290
ケインズ経済学　216, 225
結合生産物　99

索　引　　**329**

ゲームの理論　94
限界効用　69,147
　　——低下の法則　70
限界生産性　189
限界生産費　73
　　——増加の法則　73
限界生産力　104
減価償却費　40,45
現在価値　138
原始社会　50
減税　226
現物地代　46
減耗　40
権利資産　229

交易　51,119
公害　173
交換　16,19,118
　　——価値　28
　　——レート　132,259
　　商品と貨幣の——　66
好況　221,242
　　——期　242
公共財　312
公共資本　45
公共投資　223
好景気　221
広告　87
交替　236
公定価格　195
購買力平価　259
効用　69,147
高齢化　267,288
子会社　137
国営企業　155
国益　176
国債　125,161,226
国際貿易　129,174
国内概念　213
国内価格　132

国内最終需要　209
国内純生産　211
国内所得　211
国内総支出　209
国内総生産　209
国富　40,237
国民概念　213
国民経済　298,301
　　——計算　208
　　——の実質成長率　214
国民国家　176,298,300
国民所得　212
　　——の分配　236
　　市場価格表示による——　230
　　要素費用表示による——　230
国民総生産　40,213
　　市場価格での——　213
　　要素費用の——　213
小作農　193
個人業主所得　192
個人の行動原理　319
個人の自由と平等　59
国家　52,152
固定資本　7
固定資本減耗　211
固定費　73
古典派経済学　214
子供を持つコスト　150
雇用の変動　248
雇用量　104
ゴルフ場の会員権　116
コンドラチェフの波動　249
コンピュータ　289

さ　行

財　6,9
債権　237
財産所得　184
最終需要　208
財政　152

財政投融資　128
財閥　143
　　――解体　143
差額地代説　114
サービス　6, 9
サミット　180
産業　230
　　資本集約的な――　128, 130
　　労働集約的な――　128, 130
産業革命　55, 294
産業連関表　231

シェア競争　96
時間外労働　107
自給自足　43
事業所　230
資金の供給量　110
資金の需要量　109
資源　3
自作農　192
資産　111
　　――価格　112
　　――効果　239
　　――所得　146
　　――の移転　185
市場　18, 66, 305
　　――価格　67
　　――均衡　78
　　――均衡価格　67
市場経済　18, 59, 324
　　――の効率性　168
　　――の論理　64
私生活の分離　12
自然　7, 42, 306
　　――の制約　34, 36, 296, 306
自然資源　47, 296
自然的原因　242
下請け　137
実質額　213
実質国民総生産　213

実質利子率　110
実物資産　184, 229
ジニ係数　202
資本　7, 26, 42, 104
　　――の移動　274
　　――の懐妊期間　247
　　――の原始的蓄積　284
　　――の国際的な移動　134
　　――の陳腐化　247
資本家　270
資本形成　209, 210
　　純――　209, 211
資本減耗　45
資本財　7
資本主義　26, 270, 290
　　――経済　44
　　――システム　55
　　産業――　55
資本ストック　44
資本蓄積　269, 289
社会基盤資本　154
社会システム　4, 11, 36
社会資本　45, 271
社会主義　57
　　――経済　44
　　――国　273
社会制度　41
社会総余剰　78, 195
社会組織　52
社会秩序の維持　153
社会的インフラストラクチュア
　　　　　　　　　151, 154, 267, 271
社会的外部費用　173
社会的慣習　190
社会的原因　242
社会的公正の維持　164
社会保障　154
社会民主主義　61
社債　124, 125
借款　275

シャルルマーニュ, K. 53
収益率 139
自由財 281
重商主義 132
終身雇用 106
囚人のジレンマ 96
住宅 204
収奪 16
収入 184
自由貿易 131
主権 152
出生率の減少 288
需要 67, 240
　——曲線 68
シュンペーター, J.A. 142, 171
商業 51
商業者 118
証券会社 128
少子化 151, 267
乗数 220
　——効果 220
商人 51
消費 6, 203
消費関数 221
消費支出 209
消費者 13, 146
　——金融 122, 129
　——余剰 72, 76
　——ローン 123
消費需要 221
　——の停滞 289
商品経済 18, 19
商品生産 51
情報化 293
情報革命 293
情報技術 250
情報通信 289
　——ネットワークシステム 121
情報の不完全性 86
職人 43

植民地 56
食糧生産 308
女性の社会進出 267
所得 60, 184, 308
　——格差 305
　——効果 100
　——再分配機能 200
　——再分配効果 160
　——乗数 220
　——の不平等 198
所有と経営の分離 136
人口過剰 15, 151
人口減少 15
人口増加 245
人口論 35
審査 125

数学 317
数量的定式化 321
数量的表現 317
ストック 7, 40, 185, 237, 312
　ソフトな—— 8, 42, 49
　知的—— 49
ストライキ 108, 192
スミス, A. 11, 19, 40, 56, 87, 132, 215, 301

生産 6
生産関数 261
生産者余剰 74, 77
生産的労働 8
生産年齢人口 266
生産費 73
生産要素 7, 48, 263
生産力 46
政治 239
政府 152, 210, 297, 305
政府事業からの収入 161
世界経済 299
世界市場 129
世界貿易 55

332　索　引

せり　67, 117
世話　15
戦争　243
専売　92, 155

総供給　208
創業者利得　127, 143
総最終需要　209
総産出　208
総需要　208
増税　226
相続　185
　——税　164, 200
総付加価値　209
贈与　17, 275
組織内の上下関係　59
組織内分業　11
租税　52, 158
　——の公平性　159
ソビエト連邦　61

た　行

第一次産業　231
大学　297
大企業　58
対個人サービス業　197
第三次産業　231, 295
大組織　58
代替財　96
代替生産物　99
第二次産業　231
大不況　61, 126, 224, 255
大量生産システム　58
兌換銀行券　21
兌換紙幣　21
多国籍企業　175
短期　137, 242
短期金融　121, 123
団体交渉　107
担保　125

弾力性　83, 194
　供給の価格——　83
　需要の価格——　83

地球温暖化問題　309
地球環境問題　3, 309
地代　46, 113
知的財産権　172
地方自治体　152
地方政府　152
中央銀行　128, 162
中央政府　152
中間財　7
中間需要　208
中小企業　143
長期　137
長期金融　121, 123
直接金融　122, 124
直接税　158, 212, 236
貯蓄　146, 148, 211
　——率　264
直間比率　161
賃金　44
　——市場　109
　——水準　104
　——労働　44
賃金格差　186
　企業間での——　187
　企業内での——　187
　性差による——　186
　年齢・学歴による——　186

手形割引　124
デノミネーション　228
デフレーション　216
　——ギャップ　220
　——不況　222, 252
デフレータ　213
転嫁　159

索　引　　**333**

等価交換　28
投機　113
投資　26, 138, 246
　　——活動の周期　247
統制経済　166
東南アジア　63
投入係数　234
投入産出表　231
独占　171
　　——禁止　172
　　——資本　58
　　——資本主義　58
　　——的供給者　88
　　——的需要者　90
　　——的大企業　172
独立需要　216
独立投資　221
土地　46, 104
　　——の生産力　46
取締役会　136
取り付け　255
奴隷　42
奴隷制社会　42

な　行

内需の縮小　289
内生的原因　242
内部化　161
内乱　244
ナチズム　61
南北格差　278

にせ金　22
ニューディール政策　61, 252
人間の再生産　12, 37

農業協同組合　129, 196
農作物　194
農地改革　193
農民　43

は　行

バイオテクノロジー　296
廃棄　6
配当　126, 136
ハイパーインフレーション　5, 22, 162, 222, 251
売買取引　66
配分　17
覇権　55
派生需要　210, 216
派生投資　221
パブリック　13
バブル　113, 230, 253
パレート最適　170

非営利団体　167, 210
比較生産費説　130
東アジア　63
非自発的失業　224
ヒトラー, A.　61, 253
標準産業分類　230

ファシズム　61
フォード, H.　58
フォード・システム　58
付加価値　209
不換紙幣　21
不況　221
　　——期　242
福祉国家　155
複製可能性　34
不景気　221
不生産的労働　8
物資の循環　31
物資普遍の法則　30
ブーム　113
プライバシー　13, 151
ブランド　86
不良債権　255
フロー　40, 185, 312

――計算　238
不渡り　124
分業　11
　　国際的な――　174
　　社会的――　11
　　性的――　14, 191
　　世界的な――　56
分子生物学革命　296
分配　6
　　――率　236
文明社会　52, 292

平均資本係数　264
平均寿命　302
ペティ, W.　6
偏見　190
ベンチャー企業　144
変動　236
変動費　73, 81

封建制　54
法人　136
補完財　97
保険会社　128
保護政策　196
保護貿易　131
補助と規制　156

ま　行

マクロ経済学　214
マクロ経済政策　162, 180, 223, 225
マーケティング　87
摩擦的失業　224
マルクス, K.　60, 171
マルクス主義　48
マルサス, R.　35, 245, 308

見えざる手　56
見込み収益　112
ミル, J.S.　41, 215

無形の技術　41

名目額　213
名目利子率　110

モノカルチャー　275
問題の状況依存性　321
問題の明確化　318

や　行

夜警国家論　153

有効需要　216
郵便貯金　128
ユーロ　299

養育　150
幼稚産業保護　131, 157, 273
預金　127
　　――準備率　127
　　――創造　128
　　――通貨　228
余剰生産物　51, 269

ら　行

リカード, D.　114, 215
利子　25, 108, 122
利潤　29, 45
利子率　112
リスク　140
　　――プレミアム　110, 125
リスト, F.　131
流通　6, 16
　　――機構　86, 120
　　――システム　121
　　――速度　228
　　――独占　92
　　――のためのコスト　120
流動資本　7

離陸　283

累進所得税　164, 200
累進税率　158
ルーズベルト, F.　61, 252

冷戦　62, 253, 255, 297
劣等財　100

労働　7, 8, 42, 104, 146
　──価値説　48
　──組合　192, 107
　──時間　107
　──所得　184
　──地代　46
労働力　42, 44, 104, 133, 265, 268, 283

　──弾性係数　258
　──の移動　133
労働力市場　104
　──の社会総余剰　105
ローマクラブ　35
ローレンツ曲線　201
論理の価値中立性　319

わ　行

割引率　109, 138

欧　字

EU　176, 299
G7　180
OPEC　313
WTO　181

著者紹介
　　　　竹　内　　　啓（たけうち　けい）
1933年　東京に生まれる
1956年　東京大学経済学部卒業
1963年　東京大学経済学部助教授
1975年　同　教授
1987-1994年　東京大学先端科学技術研究センター教授
　　　　　　併任
1994年　東京大学定年退職
現　在　明治学院大学国際学部教授　東京大学名誉教授
　　　　主要著書
『数理統計学』（1963年，東洋経済新報社）
『近代合理主義の光と影』（1979年，新曜社）
『宇宙・地球システムと人間』（2001年，岩波書店）

新経済学ライブラリ＝1
現代経済入門
2001年6月25日 ©　　　　　初　版　発　行

著　者　竹　内　　　啓　　　発行者　森　平　勇　三
　　　　　　　　　　　　　印刷者　加　藤　純　男
　　　　　　　　　　　　　製本者　石　毛　良　治

【発行】　　　　株式会社　新世社
〒151-0051　東京都渋谷区千駄ヶ谷1丁目3番25号
☎(03)5474-8818(代)　　サイエンスビル

【発売】　　　　株式会社　サイエンス社
〒151-0051　東京都渋谷区千駄ヶ谷1丁目3番25号
☎(03)5474-8500(代)　　振替　00170-7-2387

印刷　加藤文明社　　　製本　石毛製本所
≪検印省略≫

本書の内容を無断で複写複製することは，著作権者および
出版者の権利を侵害することがありますので，その場合
にはあらかじめ小社あて許諾をお求め下さい。

ISBN4-88384-020-4
PRINTED IN JAPAN

サイエンス社・新世社のホームページのご案内
http://www.saiensu.co.jp
ご意見・ご要望は
shin@saiensu.co.jp　まで．